PROFESORADO, ESCUELA Y DIVERSIDAD.

La realidad educativa desde una mirada narrativa.

© José Ignacio Rivas Flores, Analía Elizabeth Leite Méndez, Mª Esther Prados Mejías (coordinadores).
© Ediciones Aljibe, S. L., 2014
Tlf.: 952 71 43 95
Fax: 952 71 43 42
Canteros 3 - 7 - 29300- Archidona (Málaga)
E-mail: aljibe@edicionesaljibe.com
www.edicionesaljibe.com

I.S.B.N.: 978-84-9700-798-6
Depósito legal: MA 1564-2014

Diseño, maquetación y cubierta: Al-Ophiucus XXII
Ilustración de cubierta: © AlexVector

Imprime: Imagraf. Málaga.

José Ignacio
Rivas Flores

Analía Elizabeth
Leite Méndez

Mª Esther
Prados Mejías

(Coordinadores)

PROFESORADO, ESCUELA Y DIVERSIDAD.

La realidad educativa desde una mirada narrativa.

Ediciones
Aljibe

ÍNDICE

Prólogo
Desorganizando las "enciclopedias educativas". Buscando nuevas narrativas pedagógicas

Gustavo Fischman
University of Arizona (USA)

> «*Los animales "i) que se agitan como locos, j) innumerables, k) dibujados con un pincel finísimo de pelo de camello", ¿en qué lugar podrían encontrarse, a no ser en la voz inmaterial que pronuncia su enumeración, a no ser en la página que la transcribe? ¿Dónde podrían yuxtaponerse, a no ser en el no lugar del lenguaje?*»
>
> Foucault, 1968, 2.

Este conocidísimo ejemplo aparece en el prefacio de **Las palabras y las cosas** de Michel Foucault (1968). Las primeras líneas del libro relatan la reacción de Foucault a «*cierta enciclopedia china*» descrita, a su vez, por Jorge Luis Borges. Esa mítica enciclopedia detalla un sistema utilizado para clasificar animales, pero de una manera muy diferente a las clasificaciones que conocemos. En concreto, divide a los animales en:

> «*a) pertenecientes al Emperador, b) embalsamados, c) amaestrados, d) lechones, e) sirenas, f) fabulosos, g) perros sueltos, h) incluidos en esta clasificación, i) que se agitan como locos, j) innumerables, k) dibujados con un finísimo pincel de pelo de camello, l) etcétera, m) que acaban de romper el jarrón, n) que de lejos parecen moscas*»
>
> Foucault, 1968, 1.

La lectura de la enciclopedia de Borges hizo que Foucault experimentara algo parecido a una epifanía y escribiera que dicho pasaje del autor argentino sacudió «*todo lo familiar al pensamiento –al nuestro: al que tiene nuestra edad y nuestra geografía–*» (Foucault, 1968, 2). La enciclopedia de Borges permitió a Foucault vislumbrar las consecuencias de analizar el mundo partiendo de un marco muy diferente a los presupuestos dominantes de su cultura. Las reflexiones de Foucault sobre este sistema de clasificación pusieron de relieve el hecho de que la percepción y comprensión cotidianas siempre se ven influidas por una "enciclopedia" preexistente de clasificaciones y organizaciones culturales. En ese sentido, el autor francés (1968, 2) afirma lo siguiente: «*En el asombro de esta taxonomía, lo que se ve de golpe, lo que, por medio del apólogo, se nos muestra como encanto exótico de otro pensamiento, es el límite del nuestro: la imposibilidad de pensar esto[1]*».

El análisis de Foucault sobre la enciclopedia plantea una cuestión fundamental que se repetirá a lo largo de esta breve introducción en la que analizo la com-

---

1. Soy consciente de la tendencia "orientalizante" que presenta la narrativa de Borges, pero dicha tendencia no influye negativamente en la calidad literaria ni en la capacidad perturbadora de su esquema clasificatorio alternativo.

pilación de José Ignacio Rivas, Analía Elizabeth Leite Méndez y Mª Esther Prados Mejías y sus colegas **Profesorado, escuela y diversidad. La realidad educativa desde una mirada narrativa**. En concreto, propongo reflexionar sobre dos sencillas preguntas:

- ¿Cuál es la base para validar nuestra "enciclopedia educativa" actual?
- ¿Qué pasaría si nos atrevemos a buscar el equivalente educativo de la enciclopedia china de Borges?

Siguiendo a Foucault, habría que señalar que el lenguaje de cualquier enciclopedia reúne ciertos signos y separa otros. Es un lenguaje que ordena y estructura los signos que representan el mundo, y ese mundo descrito (es decir, esa narrativa enciclopédica particular del mundo) adopta ese orden específico hecho posible en el no lugar del lenguaje.

Teniendo en cuenta la relación propuesta por Foucault, voy a pedirle al lector/educador que deje de leer durante un par de minutos y considere cuáles serían las categorías de alumnos más habituales en las enciclopedias educativas contemporáneas.

Una lectura rápida de la gran cantidad de libros y tratados de autoayuda pedagógica que se vienen publicando sugiere que lo más probable es que en las enciclopedias más "educacionalistas" los alumnos se dividan en categorías bien diferenciadas: buenos, malos, que obtienen buenos resultados, que no obtienen buenos resultados, superdotados, con necesidades especiales, chicos, chicas, minorías, mayorías, etcétera...

Son categorías estrictamente dualistas que ayudan a establecer el orden de las cosas, de los cuerpos, del pensamiento y de los sentimientos. Ahora bien, pregúntese el lector lo siguiente: ¿se puede decir que estas categorías reflejan la estructura del aprendizaje que tiene lugar en su escuela? ¿Tienen alguna base en su "bioescuela"? ¿O puede ser quizá, por el contrario, que la realidad de las escuelas (o, al menos, lo que percibimos como "realidad educativa") sólo sea posible a partir de las estructuras educativas (en sus materializaciones organizativas, legales, curriculares, arquitectónicas y culturales) desarrolladas con tenacidad modernista al menos desde mediados del siglo XVIII?

Dentro de esta enciclopedia del sentido común en la escolarización no hay espacio para que los educadores se hagan preguntas sobre sus competencias personales relacionadas con estas u otras narrativas pedagógicas, ni tampoco sobre la competencia de un colega para leer los textos de sus alumnos, ni sobre la competencia de un supervisor para reconocer la relevancia (o poca relevancia) de las narrativas generadas por un docente y sus alumnos. En esta enciclopedia del sentido común pedagógico necesitamos clasificar, establecer jerarquías, buscar indicadores que nos permitan legitimar y validar nuestros sistemas clasificatorios, disponer a los alumnos por orden de peor a mejor y tener la certeza de que contamos con una lección bien organizada.

A pesar de estos deseos de organización y previsibilidad, ese orden presenta grietas. Hay que señalar que el orden de las cosas tiene dos caras. En primer lugar está el orden «*que se da en las cosas como su ley interior, la red secreta según la cual se miran en cierta forma unas a otras»* (Foucault, 1968, 5). Podríamos decir que el orden de las cosas constituye o hace posible una cierta estructura de nuestro lenguaje y nuestros sistemas de clasificación. De alguna manera, nuestras categorías "reflejan" la naturaleza exterior. Ahora bien, el orden *«no existe a no ser a través de la reja de una mirada, de una atención, de un lenguaje»* (Foucault, 1968, 5). Así, podríamos argumentar que la estructura de nuestras enciclopedias hace posible nuestro conocimiento del orden de las cosas y que la "red secreta" no existe a no ser en las rejas o cuadrículas creadas por nuestro lenguaje, nuestras narrativas y nuestros silencios.

Durante miles de años, las personas se han reunido para hacer posible esa "red secreta" que se hace lenguaje al contar y escuchar historias. En todos los grupos y culturas se encuentran ejemplos de narrativas y todas ellas tienen tantas finalidades como narradores hay. La narración puede ser una forma de revivir acontecimientos, reelaborarlos y darles sentido. Las historias sirven para poner las experiencias de los individuos a disposición de grandes comunidades y para comunicar tanto problemas como soluciones. Además, las historias permiten documentar y conservar las experiencias y conocimientos más importantes de una comunidad y ayudan a definir nuestras múltiples formas de pensar, de actuar y de entender nuestras vidas.

En nuestro día a día, recurrimos a las historias para comunicarnos con nuestros familiares, amigos, vecinos y colegas de trabajo, para compartir información con ellos, para darle sentido a dicha información, para entretenernos, para seducirnos, para pelearnos, para decir mentiras, para tratar de convencernos mutuamente, y con mayor o menor grado de éxito para enseñar y aprender. Cualquier docente sabe que a sus estudiantes les resulta más fácil recordar informaciones si estas se incluyen en una historia. Y las historias tienen más capacidad de conmovernos que otras formas de presentar y organizar el conocimiento. Por otro lado, al igual que la imprenta de Gutenberg influyó poderosamente en la creación y distribución de narrativas sin las cuales no podría entenderse el inicio de la Edad Moderna ni el concepto de escolarización pública y masiva, también las tecnologías digitales están teniendo una profunda influencia sobre las narrativas y las escuelas en este principio del siglo XXI.

Hoy en día docentes en todos los niveles y orientaciones se enfrentan cotidianamente con los límites del discurso modernista sobre las funciones de las escuelas y por tanto con las limitaciones de las tradicionales enciclopedias de «narrativas escolares» a las que estábamos acostumbrados. En buena medida esos límites están directamente relacionados con las desigualdades que atraviesan nuestras sociedades y las barreras que impiden pensar efectivamente en cómo transformar las escuelas a partir de otros conceptos y modelos de igualdad social y educativa. En este maremágnum de lo viejo y lo nuevo, de narrativas milenarias mezcladas con tecnologías digitales y redes sociales, tanto educadores como estudiantes son activos participantes, aún y cuando las condiciones de participación sean muy diferentes y, mientras que unos son obligados a seguir la lectura de **Un mundo feliz** en escuelas diseñadas para producir obedientes dependientes, otros asisten al advenimiento de quizás "un (otro) mundo feliz" de escuelas más divertidas, enseñanzas más significativas (on-line y presencial, humanista y científica) y donde las redes sociales no sean solo y digitales. Las escuelas contemporáneas son impresionantes, emocionantes y extrañas y pocas personas están mejor capacitadas que José Ignacio Rivas, Analía Elizabeth Leite Méndez y Mª Esther Prados Mejías para ofrecer una descripción tan amplia como apasionante de las formas en que están reformándose las instituciones y las historias en las escuelas.

Uno de los grandes méritos de este libro es reexponer elementos que aunque sean conocidos son siempre difíciles tanto de aceptar como de ayudar a los lectores a reflexionar sobre ellos. Para cada situación hay siempre más de una historia que contar y, si nos referimos a situaciones escolares y a lo que Rivas, Leite y Prados denominan muy acertadamente bioescuelas, hay tantas narrativas como actores participan en ellas. Dado que las historias son verdades que se relatan desde el punto de vista del narrador y con un fin concreto, diferentes narradores tendrán diferentes versiones que contar sobre las mismas situaciones o acontecimientos, así que la misma historia puede adquirir nuevos significados si se cuenta en un contexto paralelo. Esto no quiere decir que las historias tengan que ser necesariamente inexactas o sesgadas (al menos, no más que otras formas de dar sentido al mundo). Lo que sí es cierto ese que las historias reflejan un punto de vista de manera mucho más clara que otras formas de describir, estudiar y evaluar la realidad.

Las historias son personales, particulares, puede incluso que algo peculiares. A veces nos dicen más de lo que esperamos o deseamos saber. Por ejemplo, en la mayoría de reseñas literarias, las introducciones no dicen demasiado sobre la historia personal del autor ni sobre la historia de las relaciones personales y profesionales que llevaron a contratar sus servicios.

Hay historias que no van directamente al grano (eso suele decirse, por ejemplo, de las historias que cuentan los niños y las personas de edad avanzada). En ocasiones, los significados de una historia resultan difíciles de desentrañar, mientras que en otras revelan más de lo que pretenden. Soy consciente de todos estos problemas y, a pesar de ello, considero que, con este libro, Rivas, Leite y Prados y colegas dan a los educadores un gran ejemplo de que el uso de narrativas no sólo es una de las formas más poderosas de expresión humana, sino también una de las formas más útiles de reflexionar sobre las escuelas en el siglo XXI.

Referencias

FOUCAULT, M. (1970). *Las palabras y las cosas: una arqueología de las ciencias humanas*. Buenos Aires. Siglo XXI, 1968.

FOUCAULT, M. (1972). *The archaeology of knowledge* (A. M. Sheridan Smith, Trans.). New York. Pantheon.

FOUCAULT, M. (1988). "The masked philosopher" (Alan Sheridan, Trans.). In Lawrence D. Kritzman (Ed.) *Michel Foucault: politics, philosophy, culture. Interviews and other writings, 1977-1984* (pp. 323-330). New York. Routledge.

Introducción.
Algunas reflexiones para abrir caminos

José Ignacio Rivas Flores
Analía Elizabeth Leite Méndez
Universidad de Málaga

Mª Esther Prados Megías
Universidad de Almería

«Un puente es un hombre cruzando un puente»

Vila Matas.

Cada nuevo ciclo político, económico o social, parece que necesariamente viene acompañado de una nueva vuelta de tuerca en educación, con la pretensión de conseguir una mejora en el sistema educativo. Los términos en que usualmente se plantea son los de más eficacia, más calidad, más control, más competencias... Este planteamiento siempre viene acompañado de un discurso fuertemente redentorista que pregona que una "mejor" educación es una condición para el progreso y la mejora de la sociedad. Sin duda es en estos momentos cuando los ideales modernistas que auparon la educación como pilar de los sistemas democráticos liberales, afloran con más fuerza (Díaz y Rivas, 2007).

El momento actual sigue estas mismas pautas, sin que tampoco podamos situar de forma muy precisa a qué periodo nos referimos. A una etapa de crecimientos de postulados críticos y de investigación que preconizaba un mayor protagonismo de los docentes, le ha sucedido en los últimos 10 años un renovado discurso conservador de corte tecnocrático que se filtra en todos los niveles y facetas del sistema educativo. De cualquier modo, las propuestas se han sucedido unas a otras en cada uno de estos ciclos de los últimos 40 años, adoptando diferentes posiciones pedagógicas y epistemológicas: a la aparentemente obsoleta enseñanza por objetivos, le sucede la pedagogía operatoria, a la que luego sustituye la enseñanza constructivista y ahora recalamos en el puerto de la enseñanza por competencias. Cada una venía de la mano de un fuerte (con matices) aparato teórico y, sobre todo, metodológico y procedimental. Ninguna ha cumplido con la promesa de salvación que pretendía, pero todas han sido objeto de estudios, investigaciones, debates, confrontaciones y polémicas, que le han ido dando un estatus en la historia del sistema educativo.

Para los objetivos de este libro nos interesa especialmente fijarnos en el sentido de estas investigaciones, ya que han sido un elemento crucial en la confrontación que conlleva esta sucesión de posiciones teóricas y prácticas. Hay un punto en común que vincula todo el proceso: en todos los casos (con muy ligeras excepciones) el interés que ha presidido el proceso es el de diseñar estrategias y procedimientos adecuados para el "buen hacer" de los docentes. Esto es, en casi todos los casos ha funcionado un modelo tecnocrático más preocupado por los procedimientos y el control, que por la autonomía y la creación. Sin duda el hecho de que fuesen reformas planeadas desde las políticas de turno ha contribuido mucho en este sentido, reforzando, por un lado, las intervenciones y decisiones desde "el afuera" y debilitando "el adentro" de los centros, los proyectos y los procesos educativos. De este modo se generan dos mundos paralelos, incomunicados, pero con un claro dominio de uno sobre otro.

Bajo nuestro punto de vista, entrando de lleno en nuestro foco de interés, esta forma de proceder compromete fuertemente el trabajo del docente, colocándolo en una situación de dependencia y subordinación. Se le obliga a una continua reformulación de las justificaciones de su práctica en función de los sucesivos discursos. Esto está generando, en nuestra opinión, un fuerte escepticismo hacia cualquier nuevo cambio que se proponga, abandonando la vanguardia del cambio educativo. Su trabajo en el aula, en cualquier caso, sigue evolucionando al ritmo que le piden las nuevas culturas y prácticas sociales de su alumnado y de los contextos de actuación, y es en este espacio en el que realizan sus innovaciones y generan sus prácticas (Leite, 2007). Casi siempre, sin embargo, sus voces permanecen encerradas en estos muros escolares con muy poco impacto social y en las políticas educativas. Sin duda, la tradicional desconfianza hacia el docente sigue estando muy presente a día de hoy, la cual se traduce, por un lado, en una forma de negación y, por otro, en su invisibilización como sujeto y la legitimidad de su producción.

Las investigaciones educativas generalmente están reforzando esta posición, de forma más o menos intencional. En cualquier caso, da la sensación de que subyace de una forma latente una concepción positivista y jerarquizada del conocimiento que se cuela en nuestras actuaciones como académicos. Sin duda, la posición de poder con la que se actúa institucionalmente contribuye de forma importante a perpetuar esta situación. Es significativo, por ejemplo, el auge de investigaciones orientadas a la evaluación de las reformas educativas, de las prácticas de innovación, de programas de diversa índole. Sin duda la necesidad de rendir cuentas a la sociedad sobre el efecto de las políticas educativas es una exigencia democrática. El problema viene cuando el enfoque de estas evaluaciones se centra en la valoración de los procedimientos, de las estrategias, los materiales, etc., sin tener en cuenta la globalidad de la cultura escolar, de la cultura profesional o de las diversas culturas con intersección en las prácticas escolares (Rivas, 2004).

Fruto de este pensamiento, podemos decir que la investigación educativa anda a la búsqueda de la piedra filosofal capaz de resolver la educación por sí misma, convirtiéndolo en un sistema eficaz, independientemente de los docentes, del alumnado, de los contextos o de las prácticas socio/políticas. "Las buenas prácticas" se han convertido en consigna política y pedagógica, en un nuevo intento de encontrar "qué funciona" en la educación. No hay una prescripción de entrada, pero si una búsqueda de un modelo adecuado y replicable, el cual va instalando una cierta hegemonía en el discurso escolar actual (basta hacer un recorrido de los últimos libros o literatura al respecto) en el que se valida fundamentalmente el hacer. Los resultados que produce, en este caso, son despojados de sentido en la medida en que están desvinculados de los contextos específicos, de una historia particular, de un sistema de relaciones... Por tanto no dejan de ser sino nuevamente más de lo mismo.

Desde nuestra perspectiva, este enfoque nos lleva a un cierto callejón sin salida. Como antes decíamos, no se cumplen las promesas de mejora y los agentes educativos se ven confrontados con esta paradoja. Por un lado se les ofrece una tabla de salvación y por otro la realidad cotidiana se empeña tozudamente en demostrar lo contrario. Al igual que Cándido, el conocido personaje de Voltaire, los docentes marchan a la búsqueda del "mejor de los mundos posibles" ofrecido por cada nueva alternativa, pero constantemente se ven acosados por la vida real, contradictoria, cruel, caprichosa e incierta. Al final, la respuesta que Cándido nos ofrece es harto elocuente, ya que si bien «*todos los sucesos están encadenados en el mejor de los mundos posibles (...) es menester labrar nuestra huerta*» (Voltaire, 2004: 158-159).

Esta necesidad de labrar nuestra huerta es el principio que queremos ofrecer en esta obra. Es justo asignar la importancia que tiene el desarrollo teórico y conceptual, ofrecido por las teorías educativas en todas sus dimensiones. Sin duda ofrecen un orden racional que nos permite entender y comprender aspectos importantes de la realidad y de los procesos implicados en la práctica. El problema viene cuando quieren convertirse en prescriptivas y ofrecer el modo "mejor" de actuar de los docentes, cuando estos afrontan su cotidianidad como el escenario en el que encontrar un punto de acuerdo consigo mismos que les permita vivir su profesión con un cierto grado de coherencia y reflexividad.

De alguna forma habría que empezar a pensar en trazar el camino contrario: cómo transformar la práctica educativa desde la huerta del docente y su peculiar universo de significados, construidos desde y en su quehacer cotidiano. Las sucesivas propuestas de reforma son construidas desde culturas ajenas a la propia escuela y al trabajo que en ella se realiza. La lógica de la investigación científica y del orden académico que la sustenta es diferente, en el sistema sociocultural en el que nos movemos, al de la actividad cotidiana que tiene lugar en el interior de las aulas escolares. Es difícil encontrar un punto de encuentro mientras no cambiemos nuestros focos y nuestras miradas.

Se podría hablar en este sentido, parafraseando a Carnoy (1977), de una colonización de la cultura tanto escolar, como profesional o laboral por parte de la racionalización científica. Dicho de otro modo, tiene lugar un intento de convertir en universales, propuestas que tienen su sentido desde un marco de producción intelectual determinado, pero que en la mayor parte de los casos desconoce cual es el peculiar sistema de pensamiento y de acción de las prácticas escolares. Cual es la "cosmogonía" y el sistema mítico, si se nos permite el paralelismo, que rige para el mundo de la escuela y de las personas que viven, sufren, aprenden y disfrutan la escuela. Incluso, yendo un poco más allá, podemos plantearnos por qué los procesos de generalización se piensan como legítimas posibilidades en los campos educativos, cuando en sí mismos constituyen espacios de lucha, diversidad, creación, conflicto, encuentro, diálogo, distancia.

Retomando la cita de Vila Matas con la que abríamos esta introducción, podemos apuntar alguna reflexión acerca del sentido de nuestras prácticas. El hombre, el puente y la acción de cruzar nos introducen en los ejes principales del debate epistemológico: la realidad, el sujeto, el conocimiento y la acción. Así, nos encontramos con una realidad que se constituye como tal por la acción "del hombre" (o de la mujer[1]) en la misma, el cual actúa de acuerdo al conocimiento que elabora acerca de ella. Obviamente esto lleva implícitas cuestiones como finalidad, intencionalidad, construcción histórica, contingencia, relación, etc., ya que de alguna forma en esta acción se contiene la propia historia del sujeto, pero también de la realidad social en la que se ha construido. Es diferente, por tanto, mirar el puente como una realidad, a mirar al sujeto que cruza el puente.

Investigar desde el punto de vista narrativo nos sitúa en la segunda opción. Le interesa el sujeto que vive su realidad en un contexto determinado y no tanto validar o verificar el funcionamiento de ciertas propuestas metodológicas o curriculares. ¿Cómo viven y actúan los docentes en sus realidades particulares y cómo construyen un conocimiento sobre las mismas? ¿Cómo podemos transformar estas prácticas de acuerdo a modelos de sociedad más democráticos, equitativos, justos y solidarios? Las preguntas cambian, sin duda, en la medida en que modificamos el modo de mirar.

Rodolfo Kusch (1976), desaparecido filósofo y antropólogo argentino, define la cuestión de forma elocuente cuando opone el "ser" como la necesidad de tener seguridad sobre la realidad y el "estar" como la apertura del sujeto al abismo de la existencia que no se resuelve con certezas. El primero busca seguridad y control mientras que el segundo es el modo de participar de la realidad, en toda su complejidad; de formar parte de esa realidad. Dicho de otro modo, «*El que crea cosas, esencias, concreta el mundo. El que sin acento lo disuelve, revierte el problema sobre nosotros mismos y recuperamos lo abismal, la reacción primaria de no saber qué hacer frente a lo dado*». En definitiva, nos opone el puente con el hombre (o la mujer) que lo cruza.

De alguna forma, como plantea el mismo Kush más adelante (136-152), el fracaso de los intentos de colonización radica en el intento de cosificar la cultura y reducirla a supuestos universales racionales, desconociendo los propios universos de significados de los colectivos "colonizados". El docente sometido a la lógica de las prescripciones, negando su proceso de construcción colectiva de significados que ha conllevado su paso por la realidad educativa. Hay un cambio de lógica fundamental que se produce desde la perspectiva narrativa que entronca con esta visión. Nos referimos al cambio que se produce entre el qué digo yo (investigador) acerca de cómo vive el otro su realidad, a qué dice el otro (el docente) sobre cómo vive su realidad. La primera busca la certeza, la explicación, la segunda busca afrontar la incertidumbre mediante la comprensión.

La perspectiva narrativa se entiende desde esta segunda posibilidad. Le interesa comprender la realidad desde la mirada de los sujetos que participan de ella; se centra en el "estar" y no en el "ser". El conocimiento desde esta perspectiva se entiende como un encuentro intersubjetivo entre los diferentes actores del sistema educativo y, en su caso, entre estos y el investigador. Por tanto, se construye desde lo que nos gusta denominar encuentro biográfico o, como plantea Arfuch (2002), espacio biográfico. No existe una realidad a descubrir a través de nuestras prácticas de investigación, sino que existe una realidad que se construye desde la rela-

---

1. Completamos el género ausente en la referencia de Cortázar.

ción, el compartir y la posibilidad de narrarlo. En definitiva, no podemos afirmar que exista nada más allá de las relaciones que establecemos y los marcos que estas son capaces de generar. El relato, en definitiva, es el modo de afrontar el abismo de sentirnos parte de una realidad que se sitúa únicamente en el terreno de nuestra experiencia. Como plantea Jorge Semprún (1998) en su intento de recuperarse a sí mismo y reconciliarse con su historia, en su obra **La escritura y la vida**, «*Una duda nos asalta sobre la posibilidad de contar. No es que la experiencia vivida sea indecible. Ha sido invisible*». El relato construye la realidad y nos recupera como sujetos que actuamos en la misma.

De alguna forma toda construcción sobre la realidad no deja de ser un relato elaborado de acuerdo a una lógica particular. La razón científica forma parte de los relatos con los que construimos nuestro mundo y la realidad, si bien desde un marco diferente y una jerarquía diferente. Pero en este caso es un relato que se impone como producto de lógica supuestamente independiente del sujeto, por tanto de la experiencia. Lo cual la reduce a una situación paradójica, cuando no absurda en bastantes ocasiones, si atendemos a algunas propuestas de investigación.

Frente a este relato que anula el sujeto por la razón, surge el relato que construye el conocimiento desde el encuentro intersubjetivo que ya planteamos y que de este modo se abre al escrutinio público. En definitiva, cuando hablamos de sujeto en la investigación narrativa no podemos circunscribirnos a un solo individuo. En este caso no podemos entender al sujeto actor, sin el sujeto investigador y, sin duda, sin el sujeto lector. La realidad es una construcción colectiva a diferentes niveles. Por tanto, lleva implícita la propia posibilidad del cambio, de la transformación. Dicho de otra forma, en la medida en que el relato construye la experiencia modulando la identidad a partir de ella, se da la posibilidad de transformarla desde una acción diferente y emergente.

El cambio, por tanto, llega desde la posibilidad de generar encuentros desde las distintas experiencias y los relatos que producimos de ellos. Escuchar las voces de los docentes, de los diferentes actores educativos y la posibilidad de encontrarnos en un marco de relaciones democráticas y colaborativas, nos sitúa en el cambio del cambio y de la transformación del cambio educativo. Sin duda, este es el sentido último que pretendemos.

Los trabajos que presentamos en esta obra se mueven en esta perspectiva que estamos planteando. Establecen un diálogo polifónico desde diferentes ámbitos y experiencias que nos dan la posibilidad, como lectores, de reconstruir nuestra propia experiencia y nuestra forma de comprender la propia realidad. El relato no termina en el papel escrito, sino en la mente y en la piel del que la recibe. Es el modo como vamos construyendo sociedad y comunidad.

Nos movemos, pues, desde la profunda creencia en las narrativas como un campo de confluencias sociales, políticas, personales, ideológicas, culturales y educativas, aún poco transitado. Son tres los focos en que se concreta esta mirada en la obra, que suponen una forma de organizar los textos de las investigaciones que aquí se presentan. Esta estructuración no deja de ser sino una de las posibles, pero adquieren sentido a la luz de los contenidos que abordan, ya que emergen desde el propio alcance y contexto de las investigaciones y de los autores y autoras que las presentan. Un primer foco se centra en las narrativas de y sobre la escuela; el segundo foco pone la mirada en las narrativas de la profesión docente y el último intenta dar cuenta de las narrativas en la acción socioeducativa.

A pesar de las diferencias de las perspectivas sobre el currículum, la escuela, el profesorado, el alumnado, la marginalidad y la interculturalidad que se presentan, las investigaciones asumen una perspectiva narrativa común, si bien con diversos matices metodológicos. Esto nos permite reconocer múltiples voces, contextos y significados que asume "lo educativo" en la vida personal, social y política, en el diálogo intercultural, en los procesos de reclusión, de marginalidad, de formación y en las formas de pensar y hacer el currículo.

Así, en las narrativas de y sobre la escuela, nos encontramos con tres trabajos. El primero constituye un desafío al eje alrededor del cual se organizan los procesos de enseñanza y aprendizaje en el mundo escolar: el currículum. Conle nos propone un recorrido anatómico a través del currículo narrativo como una forma de acercar la vida, lo personal, la experiencia, al mundo educativo, creando puentes entre lo cotidiano y lo académico, de acuerdo a la vieja idea de Dewey (1938) que ella misma cita. Estos puentes nos conducen a diversas prácticas curriculares entendidas como complejas redes de articulación entre profesorado, alumnado, contenidos disciplinares y contextos de relaciones, en las cuales se conjugan historias, formas y escenarios narrativos. Desde el punto de vista de esta autora, la narrativa no es un mero instrumento ilustrativo o ejemplificador de los contenidos del currículum, sino que constituye una forma de indagación y comprensión que da sentido al aprendizaje, al conocimiento, a la enseñanza, a la investigación, a la formación…; en una palabra, da sentido a la realidad. El trabajo de Conle nos abre un campo de posibilidades y de reflexión sobre el sentido de lo educativo y el lugar de la narrativa en esta búsqueda de sentido, que también es una búsqueda y una pregunta por el sujeto ausente del mundo educativo, del mundo escolar. Desde este lugar los distintos artículos que se presentan en el resto del libro van mostrando diversas visiones de lo educativo en su imbricación con lo social, personal y político

El segundo trabajo de Rivas y Leite nos brinda una perspectiva sobre el sentido de la experiencia escolar en alumnos y alumnas de pedagogía a través de un estudio biográfico. La posibilidad de reconstruir, analizar e interpretar la experiencia vivida como alumnos y alumnas de los futuros docentes constituye una herramienta de formación potente que reubica y resitúa a "investigados" e "investigadores" en relación a una cultura académica. Esta última, a menudo "formatea" la experiencia escolar vivida de una forma particular, que posteriormente va a tener un peso importante para sostener las prácticas profesionales.

Por último, Padua y Prados cambian el foco biográfico, al dar la voz a estudiantes de magisterio mediante sus autobiografías. Estos textos se convierten en la herramienta de trabajo para la formación inicial, estrategia que al principio crea resistencias y cierto escepticismo producto de los modelos formativos y de investigación, ya discutidos al principio de la introducción, pero que poco a poco va desvelando al alumno y alumna, van más allá de esta capa que oculta a la persona, los sentimientos, los miedos, el lugar del cuerpo... En una palabra: la propia vida, que no puede quedar fuera de la formación, a pesar de que a veces la academia se empeñe.

El segundo foco abre un espacio sobre narrativas en la profesión docente, con cuatro investigaciones con profesorado y estudiantes de magisterio. En la primera investigación, Hernández, Sancho, Creus, Hermosilla y Martínez nos enfrentan con historias de vida de maestros y maestras, de profesoras y profesores, en un intento de adentrarse en sus experiencias de subjetividad y posicionamientos identitarios. Intentan reconocer en los relatos cómo se ha vivido y se vive la necesidad del cambio, cómo se transita en el mundo relacional de la vida profesional desde largas trayectorias de vida.

A continuación, Suárez comparte un largo y complejo proyecto de investigación llevado a cabo con docentes argentinos donde se promueve un proceso de documentación narrativa mediante la recopilación de experiencias pedagógicas. Existe una intencionalidad política, social y educativa al entender la documentación narrativa como una forma de reconstruir la memoria pedagógica de la escuela y como una posible vía de reformulación, de revisión y crítica de la propia práctica.

Como una manera de recuperar la memoria histórica del magisterio, Leite y Rivas nos muestran avances parciales de una investigación con historias de vida de maestros y maestras en proceso de jubilación donde se reconstruyen casi 50 años de experiencia docente, de contextos políticos diversos, de reformas. Esto supone una forma peculiar de mirar los procesos de las identidades profesionales y, en particular, la dimensión política que han ido construyendo y resignificando desde su amplio y complejo recorrido de vida.

Por último Claudio Núñez nos presenta una historia de vida en la que resalta, por encima de todo, la implicación personal que como investigador, tiene en la construcción de la historia. De hecho, los límites entre investigador e investigada son difusos, hasta el punto que es posible decir que más que una historia de vida sobre la maestro objeto del capítulos, lo es del propio Claudio. En definitiva está poniendo de relieve las tenues fronteras entre los sujetos en la investigación narrativa y la forma como somos transformados, a la vez que transformadores de la realidad. Sin duda el texto de Claudio es un ejercicio de exposición de la intimidad personal a través de la investigación.

El foco de las narrativas en y sobre la profesión docente nos muestran la complejidad de los significados que asume para los maestros, maestras, profesores, profesoras, alumnos y alumnas, la experiencia escolar vivida, el trabajo realizado, los contextos y relaciones transitados, complejidad que no puede ser atrapada ni comprendida desde los investigadores o desde un lado de la investigación porque, como muy bien lo expresa Bruner (2003: 126), contar historias es nuestro instrumento para llegar a un acuerdo con las sorpresas y lo extraño de la condición humana. Como también con nuestra imperfecta comprensión de esta condición.

Entrando en el último foco de la obra: "Narrativas en la acción socioeducativa", se presentan dos trabajos diferentes en cuanto al interés en la mirada y en los sujetos. De cualquier modo, desde nuestra opinión comparten, y de allí su relevancia, una intencionalidad en mostrar visiones y versiones sobre el conflicto, la marginalidad y la interculturalidad. En primer lugar, Padua y Márquez nos presentan dos relatos de mediadoras interculturales con población gitana, que a su vez nos remiten a un diálogo incesante con profesores y profesoras, alumnado y familias. Se dejan entrever líneas de discusión, contradicción y constante revisión sobre la escuela, la comunidad gitana y el propio trabajo de mediación desde el lugar de mujer gitana, en uno de los casos. Las percepciones, preocupaciones y vivencias en torno al papel de la escuela en una realidad multicultural que van emergiendo de los relatos, nos llevan a hacernos muchas preguntas sobre el sentido de la mediación como una estrategia que en sí misma conlleva un carácter narrativo.

Cerrando el espacio de narrativas en la acción socioeducativa, el trabajo de Cortés González nos abre una ventana a la realidad de barrios "marginales" de Málaga, en situación de desigualdades socioeducativas como las denomina el autor y a las formas de vivir, sobrevivir y convivir que van construyendo, transitando y resistiendo algunas personas de los mismos "marcadas socialmente". Esta ventana, en particular, nos permite mirar desde distintos planos y dimensiones las diversas situaciones de vida de Logan, el protagonista de esta historia. Situaciones que nos remiten a la marginalidad, a la violencia, a la delincuencia, a la droga, a la soledad y al aislamiento, pero también a las condiciones sociales, políticas e ideológicas en que los sistemas educativos y judiciales actúan, reforzando estigmas, en muchos casos, más que abriendo otros caminos, otras posibilidades, en definitiva, otras identidades.

En su conjunto, las investigaciones ofrecidas intentan mostrar intencionalidades distintas, aunque desde una línea narrativa común, otras formas de comprender a los sujetos, el conocimiento y la realidad, que nos lleva a otros posicionamientos políticos y a una idea clara respecto de las transformaciones y de los cambios sociales: sin los sentidos y los significados que los propios sujetos construyen a medida que viven y narran sus experiencias desde ellos mismos y en la relación con los demás, los cambios se quedan vacíos y se pierden en el olvido.

Como dice el cantautor Argentino León Gieco en su tema **La memoria** (2001):

> «*Todo está escondido en la memoria, sueño de la vida y de la historia... todo está cargado en la memoria, arma de la vida y de la historia*»

Referencias

ARFUCH, L. (2002). *El espacio biográfico. Dilemas de la subjetividad contemporánea*. Buenos Aires. Fondo de Cultura Económica.

BRUNER, J. (2003). *La fábrica de Historias. Derecho, literatura, vida*. Buenos Aires. Fondo de Cultura Económica.

CARNOY, M. (1977). *La educación como imperialismo cultural*. México. Siglo XXI.

DEWEY, J. (1938). *Experience and education*. New York. Collier Books.

DÍAZ NARBONA, I. y RIVAS FLORES, J. I. (2007). *Un Nuevo Modelo de Mujeres Africanas: El Proyecto Educativo Colonial en el África Occidental Francesa*. Madrid. CSIC (Consejo Superior de Investigaciones Científicas).

KUSH, R. (1976). *Geocultura del hombre americano*. Buenos Aires. Fernando García Cambeiro.

LEITE MÉNDEZ, A. E. (2007). *Profesorado, formación e innovación: los grupos de trabajo como vía para la construcción de un profesorado reflexivo y crítico*. Sevilla. Publicaciones Cooperación Educativa.

RIVAS FLORES, J. I. (2004). "De qué conocimiento hablamos". *Epsilon*. 59: 291-302.

SEMPRÚN, J. (1998). *La escritura y la vida*. Barcelona. Tusquets.

VILA MATAS, E. (2010). *Dublinesca*. Barcelona. Anagrama.

VOLTAIRE (2004). *Cándido, o el Optimismo*. Proyecto Gutemberg. Ebook #7109.

1 Narrativas de la escuela

Capítulo 1.
Anatomía de un currículo narrativo[1]

Carola Conle
University of Toronto (Canadá)

Las prácticas del currículum narrativo, más allá del campo de las artes del lenguaje y la educación literaria como tales, no son en modo alguno experiencias marginales. Se han consolidado en la formación inicial del profesorado y en el desarrollo profesional. Han existido clasificaciones de narrativas educativas, así como críticas. Ha habido declaraciones definitorias y revisiones relevantes. Sin embargo, raramente se han descrito elementos curriculares específicos en estas áreas y de ninguna manera son obvios[2].

Este amplio campo de la actividad narrativa llega a ser incluso más diverso —y además más tradicionalmente curricular— si se incluyen en las escuelas propuestas para el aprendizaje narrativo. El uso de historias ha sido recomendado para primaria y secundaria obligatoria, en el campo de la formación artística, así como para la formación moral y medioambiental. Se le ha tratado como una característica de la enseñanza importante, aunque a menudo descuidada[3]. A pesar de esta increíble proliferación de un campo que estaba en su infancia hace quince años, no ha habido una delineación comprensiva de sus variados componentes, ni una diferenciación en las funciones educativas de los mismos, ni propuestas de consideración sobre cómo se podría ver la conexión entre narrativa y aprendizaje curricular fuera de su tradicional uso en la enseñanza de la literatura.

Así como las cualidades curriculares de varias prácticas narrativas se han hecho más diversas y ampliamente consolidadas, su uso debería acompañarse de una comprensión más clara de su naturaleza y función particulares. Me gustaría contribuir a esta comprensión ofreciendo lo que llamo una anatomía del currículo narrativo, a través de la revisión de prácticas más extensas en relación a las funciones curriculares narrativas sobre las que descansan y cómo estas funciones apuntan a resultados curriculares potenciales.

---

1. Artículo traducido por: José Ignacio Rivas Flores y David Herrera Pastor. Publicado en *Educational Researcher*, Vol. 32, No. 3, pp. 3-15.

2. En los programas de grado, la narrativa se ha consolidado en el desarrollo profesional del profesorado (Barone, 1992; Clandinin *et al.*, 1993; Conle, 1997b; Connelly y Clandinin, 1988; Grumet, 1988; Mullen, 1994; Paley, 1979; Schubert y Ayers, 1992). *Las prácticas de investigación narrativa en la formación de profesorado preservicio están empezando a documentarse* (Conle, 1996, 1997b, 1997c; Conle *et al.*, 2000). Ha habido clasificaciones (Connelly y Clandinin, 1990; Elbaz, 1991), críticas (Doyle, 1997; Phillips, 1994), declaraciones precisas (Bullough y Pinnegar, 2001; Conle, 2001) y revisiones (Fenstermacher, 1994).

3. Véase Egan (1986) y Paley (1981) para el uso de narrativa en clases de primaria; Egan (1997) y Drake (1992) en educación scundaria obligatoria; Booth (1994) en formación artística; Puka (1990) y Kuhmerker (1994) en formación moral; y Sandlos (1998) o Hutchinson (1998) en formación ambiental. Se ha considerado un rasgo de enseñanza (Jackson, 1987; Gudmundstrottir, 1991).

Tal revisión no puede incluirlo todo. El campo es demasiado grande. Sin embargo, hay orientaciones prioritarias con respecto a la intención y el uso curricular. Específicamente, las intenciones didácticas e instrumentales difieren de las prácticas en las que el énfasis se pone en la experiencia y la indagación. Para hacer diferenciaciones más sutiles en las prácticas curriculares selecciono suficientes ejemplos de estas orientaciones. El principal espacio se empleará en clarificar las prácticas que ven las actividades de investigación narrativa como actividades curriculares, simplemente porque esta coincidencia no se reconoce generalmente. Los ejemplos en este área vendrán sobre todo de mi propio trabajo y describirán el aprendizaje individual y grupal implicados en encuentros personales y experienciales con textos narrativos orales y escritos. Por supuesto, estos encuentros no se sitúan necesariamente fuera del campo de los estudios literarios, sino que generalmente están fuera de las actividades educativas encaminadas al reconocimiento estético por sí mismo o para la enculturación en el mundo de la literatura. En vez de ello, el propósito de tal currículo narrativo es ser útil en el campo del desarrollo docente y en ciertas formas de educación moral. Una noción de currículum que se ajusta a tales usos necesita abarcar no sólo los acontecimientos curriculares planificados, sino también las experiencias de aprendizaje informal. Comprende no sólo lo que se aprende explícitamente sino también lo que se aprende prácticamente, en un nivel más tácito, tocando no sólo la esfera de lo intelectual, sino también de lo moral, lo práctico y lo imaginativo.

El mapa curricular-narrativo que intento aportar se elaborará con la ayuda de dos marcos analíticos, ambos originarios de trabajos realizados en los años 60 y 70. Uno deriva del crítico literario francés Gerard Genette; el otro de los "tópicos" basado en Aristóteles, del teórico del currículum de Chicago Joseph Schwab, que le ayudó a revisar un campo del currículum en total desorden en ese momento. Utilizo los tópicos de Schwab (1973, 1977, 1983) como denominadores comunes que atraviesan diversas prácticas para determinar diferentes espacios de mejora curricular. De ese modo, sin querer dividir lo que es básicamente un fenómeno holístico, diferencio varias posibilidades de vínculo narrativo, considerando el currículum narrativo a través de tres lentes diferentes: la "narrativa", la "historia" y el "acto de narrar" de Genette (1980). Estas tres facetas de la narrativa son destacadas de diferentes formas en los diversos currículos narrativos, suscitando diferentes formas de vínculo narrativo. Me ayudan a localizar fuentes de aprendizaje curricular y son útiles para distinguir entre los diferentes resultados. De cara a desarrollar estas tareas, primero describo brevemente algunas de las prácticas, de las que seleccionaré ejemplos para mi análisis. Estas oscilan entre varias formas de indagación narrativa en desarrollo docente, a la instrucción por casos, hasta los usos no literarios de la narrativa en las escuelas.

1. Prácticas curriculares narrativas en la formación de profesorado y en las escuelas

Debe asumirse que en la formación del profesorado las prácticas curriculares narrativas tienen sus raíces y están históricamente vinculadas a la investigación narrativa (Conle, 2000a). A principios de los 80, los proyectos de observación participante –por ejemplo, los de Connelly, Clandinin y Fullan (1993)– se centraban en el conocimiento y en el pensamiento del profesorado. Los investigadores, actuando como asistentes del profesorado, tomaban notas de campo narrativas sobre las actividades de los profesores (Conle, 1997b). Escuchando a los profesores, los investigadores reflexionaban con ellos acerca del significado de sus vidas cotidianas dentro y fuera de las escuelas. Se asumía que tal reflexión conjunta era una forma de desarrollo profesional para el docente involucrado. En otras palabras, había un currículum informal de desarrollo del profesorado que se manifestaba en tales actividades de investigación.

En los años 80, en algunos seminarios de formación de profesorado de algunas instituciones, se utilizaba la indagación narrativa como un instrumento en el currículum formal de posgrado (Grumet, 1988; Connelly y Clandinin, 1988; Nicholson y Conle, 1991). Cuando la indagación en estos escenarios era autobiográfica, se veía frecuentemente como parte de las agendas feministas, donde maestras y profesoras encontraban un discurso curricular particular para reflexionar sobre sus propias experiencias. Los estudiantes comenzaron a utilizar el lenguaje narrativo para investigar sobre los intereses de las tesis (Conle, Louden y Milton, 1998) o para discernir y mejorar problemas particulares que percibían en sus propias prácticas de enseñanza (Hamilton, 1998). Tales prácticas, en cuanto formas específicas de investigación, acción y autoestudio, ahora se han consolidado firmemente en los programas de grado en tanto que, paralelamente a la función investigadora, se plantean funciones curriculares. Las experiencias se están investigando narrativamente, incluyendo las experiencias de investigación. Se convierten en experiencias curriculares para el investigador y posiblemente también para la audiencia, en el momento en que las narrativas experienciales son leídas o escuchadas por otros.

En la medida en que la más reciente indagación basada en el arte (Eisner, 1991; Barone y Eisner, 1997) difiere de la indagación narrativa descrita, su función curricular parece estar particularmente orientada a una recepción de la audiencia de los datos presentados por medio de representaciones, imágenes o textos concebidos artísticamente. Los creadores de tales trabajos confían en cambiar a los miembros de la audiencia por medio de la experiencia de datos confeccionados como formas diversas de arte; por ejemplo, en obras de teatro (Goldstein, 2001; Cole y McIntyre, 2001). Las funciones curriculares y de investigación siguen estando estrechamente conectadas.

Se podría decir que, casi en el extremo opuesto del *espectrum* de las prácticas narrativas, los casos narrativos tienen quizás la historia más extensa y más ampliamente aceptada en la formación del profesorado orientada narrativamente, normalmente en la formación inicial del profesorado[4]. En este caso la función curricular se distingue fácilmente: el profesorado de ciencias de la educación, al igual que el profesorado de las enfermeras y los médicos, utilizan casos (Shulman, 1992; Kagan, 1993) para iniciar a los neófitos en la profesión. Los casos sirven como instrumentos para la discusión de temas importantes y como medio para la adquisición de conceptos y prácticas claves.

4. Véanse Sykes y Bird (1992), Silverman *et al.* (1992), Hare y Portelli (1993), Jackson y Ormrod (1998) y Beynon, Geddis y Onslow (2001).

El uso de la narrativa en la escuela varía desde una necesidad intencional de metanarrativas y de historias para vivir (Postman, 1995), a la educación moral (Oser, 1994; Puka, 1990), hasta componentes importantes de las reorientaciones generales en educación (Egan, 1997)[5]. La mayoría de estas prácticas son, ante todo, didácticas e intentan enseñar cosas específicas y predeterminadas de manera formal. El uso de la narrativa es ajena a la formación literaria como tal, pero comparte su dependencia tradicional respecto de las poderosas funciones culturales de la narrativa: Las historias abren posibilidades a nuestra imaginación. La calidad de esas posibilidades es vital para la calidad de nuestro futuro. Una persona sin acceso a ciertas historias es una persona sin esperanza, sin visión social. En palabras de Frye, «*elegimos de acuerdo con nuestra visión de la sociedad. Lo esencial es el poder de elección*» (1963: 63). Las narrativas a las que tenemos acceso delimitan nuestro espacio de elección. Lo que nos ayuda a distinguir el mundo en el que vivimos del mundo en el que queremos vivir es el repertorio narrativo de nuestra imaginación. Los usos no literarios de la narrativa en las escuelas dependen todavía de este rol tradicional de la narrativa.

En los diversos usos del currículum narrativo y en las prácticas de formación de profesorado, el significado de currículum no es el mismo. Las nociones de currículum son difusas y existe un desmesurado número de definiciones (Jackson, 1992). Necesito especificar algunos denominadores comunes que las atraviesan a todas ellas antes de que pueda determinar los diferentes ámbitos potenciales de mejora curricular en las distintas prácticas narrativas. Finalmente, estos ámbitos serán significativos cuando intente revisar las funciones curriculares narrativas utilizando las tres categorías de Genette.

1.1. Ámbitos de mejoras curriculares: los 4 tópicos del currículum en las prácticas narrativas

Una manera de caracterizar los currículos específicos es examinarlos a través de las lentes de los cuatro tópicos: estudiantes, profesores, el contenido disciplinar y el entorno (Schawb, 1977; Connelly y Clandinin, 1988). Estos tópicos se combinan de modos diferentes, haciéndose más o menos destacados y más o menos sobresalientes, en situaciones de enseñanza y aprendizaje. La forma en la que se combinan en una situación particular tiene mucho que ver con la calidad de la enseñanza y el aprendizaje en esa situación y con los resultados concretos. Presentaré ejemplos específicos de las prácticas narrativas a las que me refiero y los describiré de acuerdo a los cuatro tópicos, antes de diferenciar diversos currículos narrativos en función de las diferentes funciones narrativas y señalando los ámbitos potenciales de mejora curricular. Las prácticas curriculares que he seleccionado van desde la formación del profesorado, al desarrollo profesional, hasta las prácticas escolares. Es importante recordar que no restrinjo el término currículum a la presentación de un plan de estudios, ni veo el currículum desarrollándose siempre bajo la guía de un profesor en situaciones formales de enseñanza y aprendizaje.

---

5. Egan (1997) ofrece una reorientación radical de la educación, tomando la noción de "comprensión" para refocalizar completamente nuestras metas actuales de la educación.

1.2. Los tópicos en el currículum narrativo de formación del profesorado y las prácticas narrativas no literarias en las escuelas

Brevemente ejemplifico varias combinaciones de los cuatro tópicos (profesor, estudiante, disciplina académica y entorno) en algunas de las prácticas narrativas y actividades mencionadas. Si la actividad narrativa tiende a hacer indagación autobiográfica del aprendiz como componente clave (ej: Conle *et al.*, 2000), el objeto de la indagación es el aprendiz mismo; es decir, los tópicos del estudiante y la disciplina académica apenas se distinguen, incluso aunque el estudiante pudiera estar examinando aspectos concretos para conseguir datos de su propia vida. Si, por otro lado, la actividad narrativa tiene lugar de manera informal, por ejemplo, como parte de un proyecto de observación participante en la clase de un profesor (ej: Connelly, Clandinin y Fullan, 1993), tanto el investigador como el profesor observado –que también está funcionando como disciplina académica y objeto de indagación– son estudiantes en un currículum narrativo informal, beneficiándose cada uno de forma diferente. Es más, el estudiante –investigador que está constituyendo esta situación de aprendizaje asume un cierto rol de enseñanza, otorgado bajo la apariencia de facilitador y apuntador de la indagación. "Profesor" y "estudiante" son coinvestigadores y coaprendices, cada uno contribuyendo al proceso con su propia y relevante habilidad.

En tales proyectos de formación de profesorado la "disciplina académica" es el conocimiento práctico del profesor/estudiante. No se enseña, sino que se busca, en tanto que el foco inmediato sea darle sentido a los sucesos vividos. El "entorno" varía enormemente, desde el ajetreo de la clase, a la intimidad de la conversación o al aislamiento del investigador enfrentándose a su texto. Todas ellas están encarnadas en la atmósfera investigadora del estudio. Tales situaciones, los aspectos curriculares de las mismas son muy complejos, frecuentemente aportaban los principales avances en el campo del conocimiento y el pensamiento del profesorado (Elbaz, 1983, 1991), pero también eran vistos por los participantes como instrumentos para el desarrollo profesional y, por tanto, tenían un valor curricular.

Otro currículum narrativo tiene lugar en ciertos tipos de investigación, acción llevada a cabo por el profesorado. En este caso existe una convergencia de los tópicos profesorado, disciplina académica y estudiante, aún a pesar de que la disciplina académica suele ser un aspecto específico de las prácticas del profesorado, más que su vida en un sentido más general, tal como sucede en las indagaciones autobiográficas. Un logro de aprendizaje personal para el profesorado involucrado en la investigación/acción es una mejor comprensión de su práctica y puede proporcionar cambios relevantes en su conocimiento. Las consecuencias de esa mejora curricular serían mejoras en la práctica diaria de la enseñanza.

En la instrucción por casos en la formación inicial, los tópicos son, sin duda, más evidentes: el profesor de ciencias de la educación claramente cubre completamente la función de enseñar, los futuros enseñantes son obviamente los estudiantes y la disciplina académica puede variar desde aspectos filosóficos (Hare y Portelli, 1993) a principios psicológicos (Jackson y Ormrod, 1998), o a la gestión de la clase (Silverman, Welty y Lyon, 1992). Quizás esta claridad en relación a los tópicos del currículum contribuye al fácil reconocimiento del uso de casos en la formación y en la valoración del profesorado, mientras que otros métodos narrativos encuentran una cierta resistencia por parte de los futuros enseñantes y de los administradores, quiénes no contemplan, por ejemplo, el autoestudio de los candidatos en sus agendas inmediatas (*Ontario Collage of Teacher,* 1991, 2001; Conle y Sakamoto, 2002).

Los tópicos en las prácticas narrativas no literarias en las escuelas también son bastante complejos. Por ejemplo, la propuesta de reforma de Egan (1997) para fundamentar la escolarización en alcanzar distintos tipos de comprensión —algunos de los cuales se apoyan fuertemente en prácticas narrativas— implica a "estudiantes" y "profesores" de una forma convencional, mientras que la disciplina académica se va formando narrativamente. Un funcionamiento igualmente simple de los tópicos tiene lugar en la sugerencia de Hutchinson (1998) de regresar a un uso tradicional de la narrativa como una estrategia para transmitir modos de comprensión ecológica y cultural a los niños. Por otro lado, en el planteamiento de modelos morales descrito por Oser (1994), practicado por Puka (1990), e investigado por Conle (2002), la función docente es en parte asumida por los "héroes" que se narran y la disciplina académica podría no ser definida fácilmente por ello, aunque las historias que se cuentan pueden tener un contenido específico, la meta curricular es una contribución a la formación moral de cada estudiante en particular. El resultado probablemente variará de un estudiante a otro y podría no ser detectable en el momento de la instrucción debido a que es más probable que ocurra en el dominio moral —práctico— imaginativo que en el conceptual, y podría únicamente hacerse evidente mucho más tarde en la vida del estudiante.

El entorno como tópico curricular tiende a ser muy parecido en el currículum narrativo, así como en otras situaciones de enseñanza/aprendizaje. Se refiere al aula inmediata o al ambiente escolar que acompaña y conforma una situación curricular, así como a influencias culturales. En las prácticas narrativas descritas orientadas a la indagación, el ambiente de aprendizaje tiene que ser tal que tolere y facilite las interacciones narrativas. Estas son bastante diferentes de las interacciones tradicionales que se esperan en las aulas, especialmente en los niveles superiores de la educación en tanto que tienden a no incorporar la discusión argumentativa. El entorno más apropiado para las interacciones narrativas se da en un clima de aula que promueva las relaciones personales y experienciales (Conle, 1996) más que los argumentos. Las presentaciones contextuales más que las generalizaciones son valiosas en tanto lenguaje expresivo más que abstracto (Conle, 1997b).

El entorno y los otros tres tópicos indican las áreas en las que las diferentes funciones de la narración producen efectos curriculares distintos. Los efectos probablemente van a diferir en la extensión en que los tópicos particulares funcionan de forma más o menos destacada e inequívoca en situaciones particulares de currículum narrativo. Señalan los escenarios donde puede desarrollarse el aprendizaje. Por ejemplo, si los tópicos del "profesor" y del "estudiante" se integran en la formación narrativa inicial del profesorado, el candidato sufrirá ciertas experiencias (Dewey, 1934, 1938) que podrían tácitamente afectar a su conocimiento práctico personal (Connelly y Clandining, 1988). Mientras, en las prácticas, donde los tópicos funcionan de forma más separada, podemos ubicar algo de lo que se aprendió más fácilmente y de las maneras más tradicionales de valorar el conocimiento conceptual y práctico[6]. No sólo los tópicos se enfatizan de diferentes maneras, sino que diferentes currículos narrativos requieren diferentes tipos de vínculo narrativo. Para distinguir entre esos vínculos y describirlos, presento las categorizaciones y las definiciones de las funciones narrativas de Genette.

2. Tres facetas definitorias de la narrativa

Las definiciones de narrativa se convierten en herramientas analíticas. Las utilizo heurísticamente para conseguir una idea más clara acerca de dónde se debería mirar si se quiere orientar hacia resultados curriculares. Ligada a una tremenda cantidad de trabajo de "narratólogos" y otros (Carr, 1986; Connelly y Clandinin, 1990; Ricoeur, 1984, 1985, 1988; Sarbin, 1986; Scholes y Kellogg, 1966; White, 1981) la palabra narrativa parece sencilla y es entendida en su uso cotidiano. Incluye una secuencia temporal, un argumento, unos personajes, un contexto y como Kermode (1967) señala, una cualidad teleológica o el sentido de un final. Para mis propósitos, el análisis seminal de Genette (1972/1980) es el más útil. Dedicado a las distinciones en los trabajos literarios, es suficientemente básico y general que parece aplicable a todos los tipos de materiales y actividades narrativas en cuestión para el propósito del análisis curricular. Genette me estimuló a mirar la narrativa desde tres perspectivas, cada una ofreciéndome una visión diferente. Podría centrarme en los movimientos retóricos que crean una "narración" o "exposición narrativa" particular; también podría centrarme en los sucesos y situación que se están describiendo, esto es, en la "historias" que se están contando, dado que los mismos acontecimientos pueden contarse de modos diferentes; y de hecho tiene que haber el "decir" real, sin el cual no habría exposición y quizás tampoco una historia que contar.

Encuentro útil mirar el currículum narrativo a través de estas tres lentes diferentes. Genette (1980: 25) las nombró como *«narrativa o exposición narrativa»* y se refiere al *«discurso oral o escrito que se encarga de contar un acontecimiento o una serie de acontecimientos»*. Está disponible para el análisis textual y, como producto, es corregido por el profesorado o publicado en la investigación. En adelante utilizaré el término exposición narrativa para esta faceta de la narración. Por ejemplo, el relato oral de un superviviente del Holocausto a estudiantes de secundaria (al que se hace mención más adelante en este artículo) (Conle y de Beyer, 2002) se etiquetará como una exposición narrativa. Segundo, lo que Genette (1980: 25) llama "historia", la define como una "sucesión de acontecimientos" que son el contenido del discurso o la exposición. La historia es *«la totalidad de acciones y situaciones, tomadas en sí mismas, sin relación con el medio, la lingüística u otros, a través de las cuales nos llega el conocimiento de la totalidad»*. Cuando siento que tengo algo que contar, es que probablemente

---

6. Cerca del final de este capítulo tiene lugar una discusión específica.

tengo en mente tal conjunto de acontecimientos y que esta "historia" me invita a producir una exposición narrativa. Un superviviente del Holocausto tiene tal historia, pero es improbable que desee o que sea capaz de contarlo todo. Por otro lado, esa historia está motivando el sentimiento de obligación o la urgencia por hablar. En circunstancias muy diferentes el profesorado también podría sentir esa motivación, aunque sólo fuera en charlas casuales en la sala de profesores con los colegas. Hay un cierto contenido que se quiere contar. Utilizo historia en este sentido. Por último, para Genette existe el acto de "narrar", el acto de contar (quizás también escrito o filmado). Incluye la situación en que tienen lugar los actos. El superviviente del holocausto que habló a los estudiantes me dijo que, por supuesto, las diferentes audiencias le motivaban a contar su historia de manera diferente. Las diferencias en la edad de las audiencias, los arreglos hechos por la escuela en el escenario en el que habla, las relaciones que comienza sentir con su audiencia mientras habla y la presencia de otros supervivientes, todo ello afecta la narración. También, cuando cuenta su historia cada vez más frecuentemente, los diferentes actos de narrar afectan al modo en que comprende la historia que tiene que contar. Por tanto, el acto de narrar es tremendamente importante. Podemos comprender nuestra propia historia de forma diferente y crear varias exposiciones narrativas sobre una historia particular en situaciones distintas. Las conceptualizaciones de Genette me proporcionan un marco que sirve para discutir varios usos y efectos de la narrativa en educación. En cuanto empiezo a trabajar con este marco pronto se hace evidente que diferentes currículos narrativos se basan en distintas facetas de la narración por su utilidad curricular potencial. Sin querer restringir esta dependencia a una de las categorías en cada caso, encuentro útil, sin embargo, explorar cómo las diversas relaciones de las tres facetas de la narración destacan diferentes dinámicas de aprendizaje.

3. Distinciones importantes en el vínculo narrativo

El *quid* de la cuestión tiene que ver con las definiciones de las funciones de la narrativa, las cuales son diferentes en situaciones curriculares distintas. La narrativa hace que la práctica particular demande y logre resultados peculiares en situaciones curriculares diferentes. Estas particularidades son de importancia clave cuando intento localizar fuentes de aprendizaje y posibles espacios en los que podríamos buscar resultados curriculares. Echemos una mirada sobre algunos ejemplos específicos de currículum narrativo para ver cómo destacan de manera diferente la exposición narrativa, la historia y el narrar[7].

Comenzaré con un ejemplo de orientación instrumental/didáctica y luego pasaré a diversos ejemplos elegidos del uso de la narrativa como indagación de la experiencia. Ejemplos de esto último serán tomados en su mayor parte de mi propio trabajo, ya que puedo comprenderlos como implicada desde dentro e informar sobre ellos desde una actitud como actora más que como observadora.

7. Estos son los términos que usaré a lo largo del artículo para referirme a las categorías de Genette.

3.1. Casos utilizados en formación de profesorado

Es importante tener en cuenta la distinción de William Hare (Hare y Portelli, 1993) sobre la naturaleza de los casos. Todos los casos en la instrucción por casos, afirma, están escritos para un propósito didáctico. Sirven bien como instrumentos para transmitir conocimiento propositivo o bien como arquetipos para las ideas que los autores de los casos consideran educativamente importantes (por tanto, tales casos necesitan ser memorables). O, como estudios de caso abierto-cerrado, están diseñados para plantear temas de discusión y por consiguiente tener que "brillar con alguna credibilidad" y "apelar al profesor", de manera que los temas se hacen vivos. Usemos el siguiente extracto de Jackson y Ormrod (1998) para precisar la naturaleza del vínculo narrativo en la instrucción basada en casos:

«*A pesar de que Connor, de 13 años, llega al Instituto Kennedy cada día limpio y aseado, su ropa gastada le aparta de los otros estudiantes. Después de dos meses no ha encontrado ni un amigo –un único compañero que le aceptase como es–. Las pobres circunstancias de Connor un día llamaron la atención de todos a tercera hora, en la clase de Historia. Cuando el señor DeVenney está momentáneamente distraído con un mensaje de la oficina, Zack grita:* "Eh Mickey, ¿cómo es que llevas los mismos pantalones todo el tiempo? ¿No has notado que son muy cortos para ti y que parece que se están deshaciendo?" "No puedo hacer nada si mi familia no tiene mucho dinero". *Connor respondió de manera hosca:* "Vaya, ¿Cómo de pobre eres? Yo te veo comiendo un bocadillo de mantequilla de cacahuete y bebiendo Koolaid[8] todos los días en el almuerzo. ¿No sabes que hay comidas gratis para gente como tú?"».

p. 117.

En este texto el acto de narrar está minimizado. No sabemos quién es el narrador. El foco se pone sobre un personaje y una situación que podría haberse extraído, o no, de la experiencia real de alguien. Si es "real", no tenemos la impresión de que uno de sus personajes quiera contar su historia. Los personajes y el narrador son personas diferentes y se cuenta la historia porque necesita contarse, desde el punto de vista de un narrador desconocido, aunque quizás el narrador es el autor en la vida real que quiere presentar una herramienta para el diálogo en el aula. Los detalles que se dan en la exposición narrativa se ve que están allí con un propósito prefijado.

En un caso como éste, es la historia, en el sentido de Genette, la que es importante en un sentido curricular. Quizás es más importante que la exposición narrativa, debido a que el objetivo es poner a discutir a los futuros profesores sobre la situación presentada, en vez de darles, por ejemplo, el análisis textual de la exposición narrativa. Sin embargo, la importancia de la historia también es limitada debido a que sospechamos que fue inventada y no nos implicamos tan intensamente en ella como si, por ejemplo, se nos hubiese presentado la experiencia de un compañero[9] o si la exposición narrativa se hubiera escrito con todos

---

8. Koolaid es una bebida hecha con polvos que se disuelven en agua.

9. Conle, Li y Tan (2002) y Conle (1996) dan ejemplos de la intensa interacción de los profesores en formación con las experiencias de otros.

los dispositivos retóricos que la escritura de ficción puede reunir. Debido a que la mayoría de los casos son exposiciones narrativas relativamente cortas escritas en estilo resumido, no permiten un vínculo profundo durante la lectura real.

Los casos se proponen para dar lugar al vínculo durante el debate o la reflexión complementaria. Los futuros docentes considerarán la historia y la exposición narrativa importantes en la medida en que cada uno ilustra los puntos que considera significativos para su futura vida profesional. Los profesores de ciencias de la educación, al utilizar el texto esperan que conduzca al futuro docente a reflexionar sobre sus posibilidades profesionales. Ellos también saben que el autor-narrador quiere que manejen el material en una manera determinada. A menudo hay preguntas específicas al final del caso y se plantean resultados concretos, no tanto para la historia, como para los estudiantes que lo leen. Además, los profesores pueden tener sus propias pretensiones para el uso de los casos. Por lo tanto, como exposición narrativa, un caso tiene predominantemente un valor instrumental.

3.2. Historias de enseñanza experienciales en la preparación de los profesores

Una historia experiencial de una actividad de enseñanza que se utiliza en la formación de profesorado inicial es retórica y prácticamente bastante diferente de los casos a los que nos hemos referido previamente. Por ejemplo, el narrador es uno de los personajes de la historia, la historia no es intencionadamente ficcional y la principal función curricular está ligada al acto de contar la historia. En uno de mis cursos de formación de profesorado, se pidió a los asistentes que contaran una historia de una estrategia o técnica de enseñanza que experimentaron y usaron en su *practicum* reciente. Elena (pseudónimo) empezó con sus preocupaciones sobre la primera lección a una clase particularmente difícil. Recordaba detalles sobre algunos estudiantes, los comentarios del profesor y que «*la perspectiva de impartir cualquier conocimiento a su audiencia de estudiantes parecía bastante poco prometedora*». El siguiente pasaje comienza con su preparación la noche antes. Dio la casualidad de que la estrategia que Elena eligió era una narrativa. Otros estudiantes no lo hicieron así, pero era importante que el informe de la experiencia de la estrategia fuera narrativa. Ofrezco un extracto de cierta extensión para hacer evidentes las cualidades particulares de la narrativa experiencial:

> «*Con estas caras y comportamientos impresos en mi mente, hojeé incontables antologías de cuentos. No pude encontrar uno que fuese lo suficientemente bueno: algunos demasiado aburridos, otros demasiado difíciles, otros demasiado infantiles y la mayoría anticuados. Finalmente me decidí por* **El francotirador**, *un cuento sobre la guerra civil en Irlanda, en la que un soldado, sin darse cuenta, mata a su propio hermano pensando que era un enemigo. La historia tenía suspense. Te llegaba. Era real. Confié en que funcionaría. Estupendo. La historia estaba seleccionada, pero ¿cómo se hacía para enseñarla? Decidí que me arriesgaría, si no lo intentaba nunca lo sabría. Abandonaría la clase socrática dirigida que mi profesor seguía. Mis estudiantes y*

1

yo estábamos de acuerdo en que simplemente no funcionaba, al menos no en esta clase concreta: "¿Señorita vas a aburrirnos mortalmente como hace el profesor?". Esa noche respondí a ese estudiante en mi cabeza con un rotundo "No".

> *Sabía que era una buena idea para los profesores ensayar y atender los diferentes estilos de aprendizaje de los estudiantes, ensayar y apelar a cuantas sea posible de las siete inteligencias [de Gardner]; atreverse a usar música, vídeo y movimiento en las clases; hacer la experiencia de aprendizaje tan interdisciplinar como sea posible. Esto es lo que hice. Empecé la clase haciéndoles escuchar una poderosa canción contemporánea de una banda de Rock irlandesa. ¿Por qué? Porque la canción, con sus líricas irritantes y ritmos intensos, era sobre la guerra que estaba teniendo lugar en Irlanda. Escucharon atentamente, perforando con el fuego de sus ojos el papel que yo les había proporcionado con la letra de la canción. Indudablemente se preguntaban '¿Por qué nos está haciendo escuchar esto?' Cuando expliqué que la canción representaba el telón de fondo de nuestro nuevo cuento, pude ver en sus caras impacientes que se les había abierto un camino. La mayoría de ellos conocían los horrores de la guerra demasiado bien (y venían de) países donde las políticas de temor e injusticia les eran familiares.*

> *Algo maravilloso ocurrió entonces. Algo completamente inesperado. Comenzaron a compartir sus historias. Historias dolorosas sobre las realidades de la guerra. Podían identificar la angustia en la voz de lamento del cantante. Querían leer la historia: no era sobre sus experiencias particulares, pero apelaba a su experiencia común.*

> *Leímos la historia juntos, en un círculo, haciendo turnos. Algunos de sus marcados acentos hacían difícil la comprensión. Eso no importaba ahora. Lo que importaba era que ya no se preocuparon por cómo planear su próxima escapada de la clase o cómo pasar una nota a un compañero».*

Conle y Sakamoto, 2002: 435-437.

Elena continuó entonces, haciendo que los estudiantes le enseñaran la historia a ella y entre unos y otros en grupos, trabajando juntos sobre la trama, tema, personaje y así sucesivamente. Informaba sobre las presentaciones y sus sentimientos de júbilo en el éxito de los estudiantes:

> *«Les pedí que representaran una sátira describiendo la conversación que seguiría entre el francotirador y su madre o su padre la noche en que el soldado había matado a su propio hermano. Los alumnos se tomaron esto muy en serio.*

> *Concluí el análisis de esta historia mostrando a la clase partes de la película* **En el nombre del padre**. *En ella vieron la canción, la historia y sus sátiras hacerse vivos en la pantalla».*

Conle y Sakamoto, 2002: 435-437.

Tomada de situaciones reales de vida, este fragmento se usa para explorar la propia experiencia del narrador y también se presenta a los colegas como un ejercicio de construcción de repertorio experiencial. En este caso, narrar, el acto de contar, es particularmente importante porque el narrador/aprendiz/profesor intenta contar y escribir todo lo que recuerda de una secuencia docente concreta. Durante este acto de contar, probablemente ellos van a recordar o descubrir incidentes y detalles no presentes al principio de la narración. Estos recuerdos podían de hecho cambiar incluso su historia o provocar una nueva comprensión de la misma. La narración en la clase de Elena se planteó como un acto de indagación y fue asignada por el profesor de ciencias de la educación con el propósito de recoger algunos "datos" de los docentes en formación sobre sus experiencias para familiarizarse mejor con su propio conocimiento de enseñanza y aprendizaje, frecuentemente tácito y práctico. Todas estas experiencias fueron compartidas, escuchar la exposición narrativa de un colega descubriría más "datos" de su propia vida. Al mismo tiempo se estaría compartiendo por cada candidato un repertorio de experiencias docentes vicariamente obtenidas[10].

La historia, en tanto ejercicio, es importante ya que normalmente "quiere" ser contada, bien porque en ese instante fue un momento concreto de éxito profesional o bien de mucha tensión y desafío. La historia es también importante porque podía hacerse parte de un repertorio de experiencias para el autor/narrador y quizás (vicariamente) para miembros de la audiencia. Se podría decir que de esta forma los casos discutidos arriba se parecen. Sin embargo, a diferencia de lo que sucede en los casos, una historia experiencial como la de Elena probablemente entra en el repertorio práctico de un colega en el mismo momento del encuentro, cuando la exposición narrativa y la narración llevan a la audiencia a una historia vicariamente experimentada (Conle, Li y Tan, 2002).

Finalmente, la exposición narrativa −no los acontecimientos vividos o la subsiguiente discusión− es significativa a causa de que llega a ser un objeto de evaluación. En el fragmento ofrecido aquí, el autor/estudiante recibe calificaciones de acuerdo a si la técnica o la estrategia elegida fuera descrita y nombrada en la exposición y si los aspectos narrativos de la trama, personajes implicados, estado de ánimo y contexto fueran suficientemente evidentes.

3.3. La escritura de diarios

En la escritura de un diario, el grado en el que el estudiante se convierte en su propio profesor depende del entorno[11], el cual varía desde los ambientes propios de un proyecto de investigación, a las aulas de formación inicial, a las aulas de primaria y secundaria. En estos contextos, el rol del profesor varía de nuevo (p.ej.: el profesor como audiencia del diario puede estar muy presente en la mente del estudiante y estar dirigiendo una respuesta a un tema particular). Sin embargo, a menudo, la imagen del profesor se desvanece conforme los estudiantes escriben cada vez más por ellos mismos y el acto de narrar asume una función de enseñanza: los aprendices asumen la responsabilidad de la orientación de su currículum conforme a los progresos de la narración. El siguiente ejemplo es de los diarios de Christina West (pseudónimo), escritos al principio de un proyecto cuya recogida de datos tardó tres años (Conle, 1993). Como parte de una tarea de su formación, se le pidió a Christina que escribiera un diario sobre cualquier cosa, lo que sea que estuviese en su mente:

«*Una amiga mía murió el año pasado. Era una amiga muy querida. Su muerte todavía me perturba. Cada vez que pienso en*

---

10. Aunque las conexiones no se exploraron ahora, existe una probable relación entre el repertorio referido aquí y los "fondos de conocimiento" descritos por Moll (1991, chap. 14).

11. Lo pongo en cursiva para recordar al lector que estoy usando los términos de Schwab.

ella, pienso en mi pasado, creciendo. Sin duda, tuvo influencia en mi vida.

Vivía puerta con puerta con nosotros, en mi antiguo barrio. Ella ya vivía allí cuando mis padres se mudaron. La conocí mejor cuando tenía alrededor de nueve años y me ofrecí a cortarle su césped. Ella estaba en los sesenta en ese momento y todavía trabajaba.

En nuestras conversaciones, averiguó que mi cumpleaños era un día después del suyo. Ella me hablaba sobre los diferentes signos del zodíaco y lo que significaba cada uno. Describió las destacadas características que nosotras las Aries poseíamos.

Mis padres me dijeron que su marido había muerto un mes antes de que yo naciese. Era anglosajona. Vivía en la casa que su madre y sus abuelos habían tenido. La casa, probablemente, había sido construida en 1913. Yo estoy segura de que ella había visto muchos cambios en su barrio.

Cuando mis padres se mudaron allí, fue al mismo tiempo que los Italianos estaban inmigrando a Canadá, especialmente a este área de Toronto. Mis padres no sabían inglés y por eso no podían conversar con ella. En mis conversaciones con ella parecía ser una mujer muy prejuiciosa. Creo que esto provenía del hecho de que era reacia a intentar comprender nuestra cultura.

Conforme pasaban los años, nuestra relación evolucionó. Ella era mi recurso para muchas cosas con las que mis padres no estaban familiarizados en el modo de vida canadiense. Me ayudó a comenzar mi colección de sellos, me enseñó a escribir en su antigua máquina de escribir y me mostró cómo hacer flores de crepé.

Por otro lado, yo podía interpretarle mi cultura y modos de ser italianos, para que pudiera comprenderlas mejor. También, yo era la persona que podía hacerle tareas de casa que ella era incapaz de hacer. Ambas aprendimos una de la otra. Teníamos mucho que darnos cada una».

1989 citado en Conle, 1993: 268-269.

Si esta historia tuviera un propósito en el momento de contarla, no era conocida por el autor/docente. Más bien, Christina simplemente sentía que esto era algo que quería y para lo que estaba lista para hablar. ¿Cómo encajan diarios como este en el esquema de Genette? Christina creó una exposición narrativa formada por una historia que construyó a partir de sucesos de su vida. La historia nunca se había contado antes y era muy probable que sólo surgiese como historia a través del hecho de narrar provocado por el ejercicio de escritura de un diario. A Christina estos sucesos le cogieron de forma inesperada. No era parte de un cuadro más grande, tal como un conjunto de historias; no eran parte de alguna tarea que ella hubiera establecido conscientemente.

Más tarde, la exposición narrativa resultante se añadió a otras y se convirtió en parte de una historia mucho más extensa que gradualmente emergió y llegó a reconocerse como una historia importante de la comprensión de sí misma, de Christina como mujer ítalo/canadiense que había querido estudiar Ciencias para demostrar a su padre que estaba equivocado, su padre a quien ella recordaba siempre menospreciando a las mujeres y el valor de las relaciones humanas.

El currículum de Christina en el momento de escribir el diario giraba en torno a su predisposición y habilidad para permitirse a sí misma escanear su vida y escoger algo que intuitivamente sentía que era importante, seleccionar una historia que se creó en gran medida por el mismo acto de narración. De este modo se creó una conciencia para guiarla a una comprensión particular sobre su vida, su elección de carrera y era importante para ella profesionalmente. El tópico del profesor aquí es ambigüo. Como investigador/educador/profesor, tenía una función docente pero el propio acto de escribir de Christina asumió este rol. De hecho, yo también asumí un rol de investigador/estudiante cuando intentaba comprender la exposición narrativa de Christina y la historia implicada. Esta fue mi función como observadora participante en un proyecto de investigación que no ignoraba el currículum del investigador.

3.4 El currículum narrativo conectado a proyectos narrativos de observación/participante

La investigación narrativa que está basada en la observación participante a menudo tiene una función curricular paralela a su función investigadora cuando ciertas prácticas curriculares narrativas se incorporan en la investigación del observador participante. Esta incorporación normalmente ocurre en dos áreas: notas de campo narrativas y relatos narrativos (Connelly y Clandinin, 1991) construidos a partir de esas notas de campo.

Los relatos narrativos tienen la intención de dar *feedback* a un participante y empezar a construir textos de investigación que trasladen los datos de campo hacia una forma publicable (Connelly y Clandinin, 1994). Cuando se construyen relatos narrativos a partir de textos de campo y se comparten con los participantes como medio para el desarrollo profesional posterior, tanto el investigador como el participante están experimentando cambios curriculares. En un relato narrativo la historia es vivida predominantemente por el personaje principal, mientras que el relato como exposición narrativa es, principalmente, construida por el investigador/narrador, que es generalmente un personaje menor. El efecto curricular se dirige al personaje principal, aunque el narrador también está en una situación de aprendizaje. La situación para este aprendizaje se conecta con los espacios creados por la escritura de las notas de campo y la escritura de los relatos narrativos dirigidos al participante. En adelante, me centraré en las notas de campo narrativas, pero los temas discutidos se aplican tanto a estas como a los relatos narrativos.

Los dos pasajes siguientes (a y b) se han tomado de un proyecto de investigación donde observé a Christina West, como profesora de Ciencias de Secundaria, durante sus dos primeros años de enseñanza. Ella había sido participante de mi investigación durante su año de formación inicial y había escrito muchos diarios sobre sus antecedentes personales (incluido el presentado anteriormente). Nos hemos reunido frecuentemente y hemos tenido muchas conversaciones. En el momento en el que se escribieron los pasajes siguientes, habíamos empezado a construir cierta confianza en nuestra relación y ya había una gran base de datos con notas de campo narrativas. Me centro ahora en estos ahora (pasajes a y b) incluso aunque también había conversaciones grabadas y diarios en esa base de datos. Lo que es más sorprendente en estos dos ejemplos es la fascinante relación entre el poder potencial de la exposición narrativa del investigador en la historia de un participante.

Notas de campo narrativas. El poder curricular potencial de las exposiciones narrativas en la historia de Christina. Después de presentar un breve pasaje de mis notas de campo, retomo la función de las exposiciones narrativas, del acto de narrar y de la historia sucesivamente. Su relación es notable en lo que respecta a los elementos del currículum potencialmente presentes en tales actividades de investigación narrativa.

> Pasaje a: «*le pregunté a Christina cómo eran los dos niños con los que ella había tenido dificultades en el Grado 10, y ella sólo dio un pequeño gruñido y dijo que, en realidad, había habido otro problema. Una chica fue atacada en el* hall *por otras tres estudiantes. Aparentemente, la chica dijo que estaba en el lugar equivocado en el momento inadecuado. Pero le había dicho a Christina que tenía miedo de venir a la escuela y también le dijo a Christina que había pensado suicidarse. Cuando volvió a la escuela, estuvo todo el día haciendo sus tareas en la oficina del psicólogo, porque tenía miedo de ir a la clase. Los profesores la estuvieron ayudando a hacer su trabajo allí. Christina dijo que no había un aula para que trabajase Ciencias de esa manera. Ella pensó que quizá la chica tendría que repetir Ciencias el curso próximo. Le pregunté por las otras tres chicas y Christina dijo que estaban temporalmente expulsadas*».

> Conle, 1993: 247.

Hay dos historias en este pasaje: la historia de la experiencia docente de Christina y la molesta historia que Christina contó sobre las estudiantes. Me hablaba entre clases, sacando tiempo de su ocupado día docente. Como narrador de las notas de campo, yo parafraseaba lo que Christina me contaba. Mi lenguaje es escaso, hay pocos detalles y el argumento parece precipitado, en curioso contraste con el impacto educativo y emocional que la historia de las estudiantes obviamente tuvo en Christina. Era una pepita colocada en el flujo de notas de campo que cubrían un día de docencia. No añadí detalles en mi exposición narrativa para hacer esa historia emocional más atractiva retóricamente. A pesar de todo, yo creía que era una interpretación fiel de nuestra conversación. En medio de la avalancha de acontecimientos que un profesor novel encara cada día, mi escasa exposición narrativa meramente recuperaba algo que podría convertirse con el tiempo en parte de una historia curricular importante en la vida de Christina.

Mis notas de campo fueron escritas para ser usadas en una posterior reflexión por parte del investigador y del participante. En cuanto exposiciones narrativas eran importantes porque proporcionaban piezas en un extenso puzzle que debían ser releídas, analizadas y ligadas a otras piezas que finalmente formarían una narrativa comprehensiva de la docencia de Christina y del conocimiento práctico que ella tenía a su disposición. Yo, la narradora, sólo tenía un papel secundario que jugar como personaje. Pero, aunque Christina era sin duda el personaje principal, su historia es contada a través de mi voz. La exposición narrativa de la docencia de Christina fue en su mayor parte creada a través de mis percepciones, de la narradora, y fue formada en gran parte a través de mi conciencia y de los detalles que pude percibir y elegir para poner sobre el papel. Siempre hay reservas por supuesto, ya que la historia docente es vivida por Christina, aunque es manipulada por mí. La forma retórica que le doy influye fuertemente en la exposición narrativa que recibe el participante de mi investigación. Una exposición narrativa "final" (nunca es final, sino que siempre puede recontarse) sólo surgirá gradualmente conforme la extensa base de datos se va trabajando, principalmente por mí, pero también a través del *feedback* que Christina ofrece cuando ve los relatos que construyo a partir de mis notas de campo para su aprobación y reflexión.

El acto de contar, el narrar en términos de Genette, es muy significativo en la tarea de escribir notas de campo. La situación en la que son anotadas es clave. ¿Se escriben desde comentarios garabateados durante la observación? ¿Se escriben completamente de memoria después de completar la observación participante del día? ¿Quizá un día o dos más tarde? ¿Qué dice la escritora sobre la actividad?[12]. Las diferentes situaciones dan forma al acto de contar implicadas en cada una y, por lo tanto, podría tener un impacto curricular distinto.

Durante la construcción de la narración de mis notas de campo, normalmente me planteaba a mí misma recuperar algo de mi memoria, sin filtrarla de acuerdo a su relevancia, consultando breves notas tomadas durante la sesión. En el momento de escribir las notas de campo no podía decidir lo que en última instancia podría ser significativo. Mantenía el lenguaje narrativo, pero no dirigía el lenguaje a Christina como audiencia. Los relatos narrativos para ella serían escritos más tarde con ese propósito. Estos relatos podían contener secciones de mis notas de campo como, por ejemplo, el pasaje a. Los espacios creados entre los comentarios garabateados durante la observación participante, la escritura de las notas y el relato o análisis narrativo consiguiente son espacios de currículum para mí: son mis oportunidades de aprendizaje. Por otro lado, las oportunidades curriculares de Christina dependen de lo que suceda en los espacios creados entre la historia vivida de su docencia y las exposiciones narrativas que se le presentan.

La relación entre la exposición narrativa y la historia en este tipo de trabajo de campo es interesante. La historia es vivida por Christina, y en una pequeña parte también por mí, en la medida en que yo experimento su día de docencia. Puede haber momentos en que se quiere contar la historia, precisamente como era el caso en la historia experiencial docente anterior de Elena. La minihistoria de Christina sobre su estudiante aquel día podría ser uno de esos momentos en los que se quiere contar una historia. Sin embargo, muchas veces una historia está tan metida en la vida cotidiana de la escuela que el personaje principal no tiene urgencia por contarla. Por el contrario, yo, como investigadora/narradora, anotando detalles, empiezo a ver una historia que debería contarse. La cuento y se la doy al profesor como una exposición narrativa a tomar en cuenta. Es una posible interpretación de su historia y espero que Christina también pueda reconocerla como una parte interesante de su vida. Si ese es el caso, y si la exposición afecta de alguna manera a la historia de su vida tal como

---

12. Sanjek (1990) discute estas cuestiones detalladamente sin que de hecho las vea como situaciones curriculares.

ella podría haber tenido intención de contar, este efecto es un suceso curricular en su desarrollo profesional.

No se puede poner demasiado énfasis en la débil calidad de la historia y la influencia clave de la exposición narrativa sobre el modo en que una historia puede desarrollarse o incluso reconocerse. Lo contrario es también verdad, concretamente que una historia pueda ser demasiado poderosa en la vida de un participante y que pueda no convencer en ninguna otra, historias más frágiles sobre ciertos aspectos de la vida del participante. Para hacer más sólido este punto en vista de su importancia curricular potencial, añado aún otra sección de notas de campo del mismo proyecto. La frágil historia de Christina (reconocida por mí antes de que fuese aceptada por ella como tal) se centraba en valorar orientaciones hacia la docencia, el cuidado y las relaciones. Éstas estaban bastante vivas en su formación, pero se hicieron abrumadoras en su primer año de docencia (cursos 9 y 10 de Ciencias). En ese año, la estructura escolar y los valores integrados en el currículum del instituto se habían fundido con el amor de Christina hacia las Ciencias y su valoración del contenido conceptual. Esta combinación amenazó su compasión, delicadeza y voluntad de atender a las necesidades emocionales. El siguiente pasaje de mis notas de campo es indicativo. De alguna manera, este pasaje señala una crisis en las historias docentes de Christina. Era el día antes de los exámenes y los estudiantes no prestaban atención al trabajo de Ciencias que ella quería que hicieran:

> Pasaje b: «*La clase se puso sumamente ruidosa. Christina encontró su propia solución a la tumultuosa situación. Rehusó convertirse en un ogro y se puso seria hacia los estudiantes; ella rehusó gritar o enviar gente a la oficina. También rehusó castigar a todos por la falta de atención de algunos. Las cosas entraron en crisis en este último día antes de los exámenes. Christina terminó hablando a unos pocos estudiantes interesados y dejó al resto bromeando y gritando en el extremo opuesto de la clase. Cuando los estudiantes se fueron, ella me dijo cuan enfadada y desanimada estaba. Dijo que "simplemente no podía hablarles"*».

Conle, 1993: 240.

Christina valoró su relación con los estudiantes. También valoró la importancia de la ciencia. Ambas se habían puesto en peligro. ¿La exposición narrativa, la repetición narrativa de su situación, le ayudaría a reflexionar y reconocer cómo ese episodio encajaba en su vida profesional y privada? ¿Aceptaría ella mi interpretación? Además de estas incertidumbres, que no obstante son la esencia del currículum narrativo aquí, hay incertidumbres ligadas a la interpretación. Sin información contextual, e incluso con tal información, la relación entre la exposición narrativa y la historia no es obvia en absoluto. ¿Esta exposición narrativa cuenta una historia sobre un profesor indiferente, incompetente? ¿O son estas notas malas interpretaciones de una observadora poco comprensiva, poco fiable? ¿Son ambas? ¿O ninguna? Al mismo tiempo, yo creía que escribía sobre una profesora principiante que experimentaba serias tensiones entre dos predisposiciones y objetivos docentes opuestos. Pero la historia detrás de la exposición narrativa no es obvia. Esto, creo, debería ser considerado una obviedad para todas las narrativas. Sin embargo, en una historia tan endeble también reside un gran potencial curricular, debido a que la historia de la vida de cualquiera no es fija. Una exposición narrativa no dice demasiado. Puede volverse a contar y la historia propia, incluso de sucesos pasados, puede llegar a ser bastante diferente del modo en que se describió anteriormente, por otros o por uno mismo. Las exposiciones narrativas intervinientes son claves. Al tomar las notas de campo como exposiciones narrativas, el punto esencial es que el poder curricular del narrador no debe ser soslayado.

3.5. Indagación a basada en el arte

Incluyo unas pocas observaciones sobre investigaciones basadas en el arte porque coinciden con las situaciones de indagación narrativa que he estado describiendo. Sin embargo, hay algunas marcadas diferencias. Los investigadores basados en el arte no se ven limitados por los requisitos racionales propios de las ciencias sociales (Conle, 2001). Desde mi punto de vista, esto cambia los ámbitos para las mejoras curriculares. Los investigadores que se basan en el arte utilizan medios artísticos para estimular la indagación y representar sus hallazgos[13]. Por ejemplo, Finley (2001) restauró y cubrió un maniquí con un *collage* para explorar su propia historia de vida. Sin embargo, los investigadores que se basan en el arte tienden a complementar sus trabajos artísticos con exposiciones narrativas para transmitir el significado a la audiencia y describir el proceso de indagación. Estas exposiciones que acompañan los actos creativos promueven la reflexión y fijan la historia de la investigación en el discurso.

A diferencia de otras investigaciones narrativas centradas en la experiencia con una intención curricular, los investigadores que se basan en el arte no se sienten limitados por los requisitos racionales de la indagación narrativa (Conle, 2001) en la búsqueda y representación de datos. La historia del objeto de indagación cuando se lleva a la escritura ficcional se hace secundaria en relación a lo que los investigadores y participantes consideran como los elementos más importantes a transmitir. Lo que cuenta es el impacto en la audiencia. También el acto de narrar parece menos importante, no sin importancia, pero perdiendo significatividad curricular a favor del hacer estético (Barone y Einer, 1997) y del acto creativo de tomar parte en una actividad artística. La presentación de hallazgos al público se convierte en el suceso curricular principal, la significación curricular de lo que está ligado a las historias se evoca en el lector/perceptor/público. Goldstein (2001) directamente prevé esta meta curricular como uno de los principales propósitos de su proyecto. La obra de teatro que ella y sus participantes crearon a partir de los datos de su investigación está siendo representada como un ejercicio artístico tanto como educativo. La exposición narrativa de su trabajo, en forma de obra de teatro, asume una significación que se parece a la enseñanza por casos. El caso, de hecho, se ha creado de forma muy diferente, siendo el resultado de la observación participante tanto como una representación artística de datos. Goldstein revisa su obra de teatro, su exposición narrativa, para incorporar *feedback* de diversas audiencias. De esta

---

13. Estos medios comprenden desde objetos de arte folk (Finley, 2001) a la metáfora (Mullen, 1997), ficción (Barone, 2001a), gráficos (Kealy y Mullen, 1999), teatro (Goldstein, 2001) y danza (Cole y McIntyre, 2001).

manera nunca es final. Cuando la investigación basada en el arte se usa con estas intenciones curriculares, parece recrear el acto de narrar una y otra vez en una situación curricular diferente.

3.6. Narrativas experienciales en la enseñanza del holocausto y modelado moral

Las narrativas experienciales están empezando a ser importantes en educación moral (Oser, 1994; Puka, 1990) y contribuyen a las prácticas narrativas en las escuelas en ese área. Como parte del programa currículum-cum-narrativa que oferto, selecciono narrativas experienciales contadas a escolares por supervivientes del holocausto, como una de las categorías sobre las que discutir. Mi análisis se basa en un estudio subvencionado de cuatro años (Conle 1997-2001) que me permitió dirigir la presentación de narrativas experienciales a escolares por personas que contaban algunos sucesos inusuales, quizás heroicos, o que están llevando vidas extraordinarias que podrían conformar la imaginación moral de los niños. Michael Englishman fue uno de nuestros ponentes. Superviviente del holocausto, ahora intenta ayudar a los estudiantes de hoy a mantener en sus memorias algo que nunca debería repetirse y que es esencialmente incomprensible: la persecución y degradación de los judíos por los nazis. Las suyas son narrativas de muerte y supervivencia y del intento de construir una nueva vida.

Me contó que ni siquiera intentaría recordar y contar toda la historia, aunque pudiera. Es imperativo para sus continuas acciones educativas que se encuentre un equilibrio entre las tres facetas de la narrativa: entre recordar su historia y juntar sus exposiciones narrativas, de manera que la narración no remueva demasiado la historia, trayéndole pesadillas, y que la exposición no traumatice al público.

Cada narración, de algún modo, añade y cambia la historia que él recuerda. Me dijo Michael que el acto de narrar fue extremadamente difícil al principio; con la experiencia esta dificultad iba disminuyendo. Nunca es fácil. Nunca es exactamente lo mismo. A causa de que su audiencia en parte configura sus exposiciones narrativas, el acto de contar sus historias mantiene la intención de ser una experiencia de aprendizaje para él. Es parte del currículum permanente de Michael Englishman como superviviente. Por otro lado, conscientemente forma exposiciones narrativas que puedan ser asumidas por jóvenes y tener valor curricular. Tienen una función docente concreta y entra en la vida de los estudiantes de una manera curricular.

Los estudiantes traen sus propias construcciones a su comprensión de la experiencia de Michael. Por ejemplo, cuando explica su trabajo en una fábrica Nazi subterránea, construida dentro de una montaña, un estudiante manifestó que había imaginado esto en un desierto, otro lo conectó con imágenes de televisión, un tercero a la película **La lista de Schindler**. Como todos nosotros, los niños conectan las narrativas de lo inimaginable a lo que pueden imaginar, ofreciendo el repertorio imaginativo que tienen. Es muy probable que cada exposición narrativa amplíe ese repertorio de alguna manera debido a que se están haciendo nuevas conexiones constantemente, creando extensiones substanciales de imágenes e ideas previas. Asumiendo que este impacto narrativo sea un he-

Bloque 1

cho, me he puesto como tarea encontrar un lenguaje que me permita reconocer y describir la calidad moral de los modelos morales que ofrecemos a los niños (Conle, 1997-2001, 2002). Necesito preguntarme, ¿por qué las exposiciones narrativas de Michael Englishman son particularmente efectivas en un currículum escolar particular? ¿Qué podría poner en peligro tal efectividad? ¿Cómo la diferencian de las historias literarias bien enseñadas? ¿Podemos saber cómo llegan a ser parte de las historias de los niños y les ayudan a pensar y actuar de manera concreta? ¿Dónde podríamos buscar resultados curriculares? Estas cuestiones las exploro en otro sitio. Sólo la última encaja en el ámbito de esta revisión. Una vez hecho un boceto general de las diferentes cualidades del vínculo narrativo, necesito hablar más directamente de lo que entiendo cuando hablo de resultados curriculares.

4. Resultados de un currículum narrativo

Teniendo en cuenta las definiciones y advertencias que sobre el currículum narrativo he ofrecido anteriormente, voy a considerar donde se podrían buscar los resultados curriculares. Antes de hacerlo, necesito decir algo sobre lo que podría considerarse como resultado curricular[14]. Concibo cinco resultados.

4.1. Avances en la comprensión

Se pueden generar preguntas y puede darse una construcción productiva de significado como resultado de los encuentros narrativos. Un ejemplo podría ser el currículum de formación del Holocausto, que acabo de describir. Los estudiantes/investigadores/audiencias podrían salir con una comprensión más profunda de aspectos o fenómenos particulares. Podrían entender de manera algo distinta a como lo entendían anteriormente. Podría haber una valoración más profunda de las complejidades. Los marcos de referencia podrían hacerse más fiables (Barone y Eisner, 1997).

4.2. El incremento de la competencia interpretativa

Un propósito manifiesto de la actividad narrativa es mejorar las competencias para encontrar las múltiples interpretaciones de un suceso o fenómeno concreto (MacIntyre, 1984; Conle, 1997c). Barone y Eisner (1997) creen que la narrativa debería ayudarnos a darnos cuenta de lo que no se había visto antes y ayudarnos a conocer lo que descuidamos en nuestros esfuerzos de interpretación. Los estudiantes de ciencias de la educación como Elena y sus compañeros podrían ser capaces fácilmente de distinguir y valorar sutiles acontecimientos docentes una vez que han narrado y experimentado vicariamente muchas historias de enseñanza y aprendizaje.

---

14. Teniendo en cuenta el currículum narrativo revisado aquí, de hecho pongo a un lado la enculturación en un canon literario, el desarrollo de capacidades para la crítica literaria, y el incremento de capacidades para la valoración de textos literarios por sí mismos.

4.3. Repertorios prácticos más ricos

Se espera que un resultado de las prácticas narrativas sea el desarrollo de repertorios útiles de naturaleza tanto imaginativa como práctica. Aunque entre las metas de la instrucción por casos está que los repertorios prácticos sean fácilmente accesibles para recordar, los profesores, al utilizar narrativas más experienciales, esperan que estas prácticas puedan proporcionar repertorios tácitos adquiridos a través de la experiencia vicaria. Estos repertorios podrían no ser fácilmente aprovechables para recordarse de manera consciente en un examen. En vez de ello, llegan a formar parte del conocimiento práctico personal de cada uno (Connelly y Clandinin, 1988) y aparecen cuando surge la necesidad en la puesta en práctica (ej: durante la clase) (Conle, 1996; Conle, Li y Tan, 2002).

4.4. Los cambios en la vida

Clandinin y Connelly (2000) han insistido en que a través de la indagación narrativa nuevas historias serán contadas y vividas. Los investigadores narrativos autobiográficos han hablado de cambios específicos en sus vidas profesionales y personales (Lindsay, 2001; Conle, 1999) o en las vidas de sus estudiantes (Conle, Li y Tan, 2002). Otros le piden a los educadores que aprovechen el poder tradicional de la narrativa para hacer las vidas de los estudiantes más significativas (Postman, 1995) y sus acciones socialmente más conocidas y ecológicamente aceptables (Hutchinson, 1999).

4.5. Visiones mejoradas

Uno de los resultados más importantes que no podemos perder de vista es la capacidad narrativa para anticipar en nuestra conciencia lo que podría ser. Las visiones de lo que puede ser —o de lo que no debería ser— son factores importantes en la toma de decisiones, y las narrativas ponen esas visiones delante de nuestros ojos y oídos. Las agendas para la formación moral están elaboradas con tales posibilidades. En ese sentido, no importa en qué medida la narrativa es ficcional o basada en la experiencia, en ambos casos se hace la misma oferta de lo que podría hacerse. Los instructores a través del arte confían en poderosos prototipos e imágenes canónicas (Barone y Eisner, 1997) que a veces puedan eludir la descripción lingüística pero tácitamente pueden guiar la acción.

5. ¿Dónde deberíamos buscar resultados narrativos?

He intentado mostrar que la exposición narrativa, la historia y el acto de narrar representan funciones muy diferentes en los distintos currículos seleccionados. La importancia de las facetas de la narrativa de Genette varía en los diferentes modos en que cada faceta destaca más o se aleja a un segundo término. Esta variedad permite alguna conjetura sobre dónde buscar los resultados curriculares.

5.1. Momentos de encuentro

En aquellas actividades donde los resultados curriculares dependen del efecto de la exposición narrativa sobre las propias historias de la audiencia, los momentos de encuentro son obviamente claves. El principal impacto curricular probablemente tendrá lugar durante los momentos de experiencia cuando se lee o escucha una narrativa (Booth 1961/1983, 1988). Los encuentros de los docentes en formación con los relatos experienciales sobre estrategias docentes de Elena, o los estudiantes de 10° grado escuchando la presentación de Michael Englishman podrían ser ejemplos. La reflexión y la conversación informal posteriores a la experiencia podrían dar sentido a este primer impacto, pero podría no ser importante sin ellas. Los momentos narrativos de encuentros se caracterizan por lo que he llamado "resonancia" (1996), esto es, la conexión metafórica espontánea de las partes de la propia vida con las partes de una exposición narrativa que se está oyendo o leyendo. Los sentimientos y las imágenes descritas provocan una reacción de "yo también", así como los recuerdos de la propia experiencia. Los encuentros narrativos que suscitan una gran cantidad de tales conexiones son sucesos curriculares particularmente productivos debido a que proporcionan una reestructuración potencial de las experiencias previas a la luz del encuentro actual (Gerrig, 1993).

Hasta cierto punto, tales conexiones, a un nivel continuo pero menos consciente, deben producirse por cualquier esfuerzo por comprender cualquier narrativa que se nos presente. Traemos a las palabras y las imágenes que se nos dan nuestras experiencias previas con aquellas palabras, imágenes y significados que hemos asociado con ellas en nuestro repertorio imaginativo. Esta evocación constante de conocimiento previo a través de la asociación contribuye a la experiencia vicaria. Gerrig (1993) señala evidencias experimentales en psicología que sugieren que los cambios asociados con tales experiencias vicarias son menos una cuestión de imágenes e ideas añadidas a repertorios previos, que cambios de sustancia, del viejo por el nuevo.

5.2. Contenido adquirido

El énfasis curricular en el momento de la experiencia de una exposición narrativa es probable que sea importante en todas las actividades descritas en este artículo, con la excepción de la instrucción por casos, donde el seguimiento intelectual y el subsiguiente esfuerzo reflexivo es más importante que el encuentro de las propias historias con las exposiciones narrativas de otros. Por ejemplo, en el uso de casos en la formación de profesorado no es el encuentro experiencial con una exposición narrativa, sino la utilidad instrumental posterior para transmitir contenidos importantes o provocar discusiones sobre tal contenido lo que acarrea resultados curriculares.

Estos resultados pueden ser determinados más fácilmente que los resultados en narrativas experienciales ya que sabemos cómo explorar la adquisición de contenidos en el conocimiento proposicional de los estudiantes. Esto, desde luego, se aplica en la instrucción por casos. Además, podría ser parcialmente útil en currículos más experienciales siempre que la exposición narrativa transmita contenidos interesantes. La formación sobre el Holocausto descrita aquí es un caso concreto. Se transmite contenido proposicional importante. Se podría averiguar qué contenidos fueron realmente recordados. Igualmente, se podría preguntar a los compañeros de Elena sobre los contenidos de las historias/estrategias que escucharon, aunque encontramos que esa construcción de un repertorio en ese ejercicio fue principalmente experiencial y, por lo tanto, no totalmente aprovechable para el análisis cognitivo (Conle y Sakamoto, 2002).

5.3. Cambios en la vida

En actividades donde el acto de narrar es particularmente importante debido a que potencialmente cambia la historia del narrador durante la narración de la historia, podríamos buscar resultados curriculares en la vida del narrador. Deberíamos buscar este tipo de resultados en tesis autobiográficas, como por ejemplo, en la tesis de Lindsay (2001), a la que se hace referencia en este artículo. Podríamos examinar la repetida narración de su investigación de Goldstein (2001). Se podría buscar el impacto de la narración cuando una narradora como Elena escribe sobre sus estrategias en el *practicum* o cuando Christina escribe su diario.

A veces los narradores afirman rotundamente que en su opinión —por supuesto a posteriori— se han producido cambios curriculares en sus vidas personales y profesionales. Lindsay (2001: 198) una profesora de enfermería que acababa de completar una tesis narrativa, autobiográfica y colaborativa, afirmaba: «(...) *puedo ver movimiento en mi vida, desde una congelada posición pasiva a la implicación y concienciación*». Ella admitía una vieja historia: «*Esperaba a que se presentara la oportunidad perfecta de enfermera. Veía el desfile y saludaba a la gente que pasaba, pero me mantenía aparte en el bordillo*» (p. 198). En opinión de Lindsay, la identificación de una vieja historia es a costa de consecuencias prácticas en las acciones actuales: «*las historias que revelamos cuando hablamos con otros de nuestras experiencias tienen significado en términos de lo que hacemos con otras personas*» (p. 195).

Lindsay (2001) siente que está en el camino de convertirse en la autora de su propia vida. El supuesto es que nuestra identidad y nuestro conocimiento práctico, al menos en parte, están constituidos por exposiciones narrativas e historias que contamos y oímos, y que es importante escribir las historias, no sólo vivirlas.

Este es un esfuerzo meticuloso, a largo plazo: «*me ha llevado años mirar lo que ocurrió, e incluso más tiempo discernir el significado de esa experiencia*» (pp. 79-80). La sugerencia es que tal reconstrucción de la experiencia nos libera para ser más útiles a nosotros mismos y a los otros. Lindsay pregunta «¿*cómo puede una enfermera presentarse a un paciente, si la situación reclama una experiencia que no se ha reflexionado o reconstruido para aprender?*» (p. 209).

Como ya indiqué, es notoriamente difícil establecer si ha tenido lugar, sin ninguna duda, tal cambio curricular. A menudo profesores o estudiantes sólo pueden narrar después de un tiempo y *a posteriori*. Estas declaraciones de aprendizaje son parte de su historia, más que exposiciones de facto. Los procesos narrativos de cambio son diversos y difíciles de detectar (Conle, 1997a). Es más, uno nunca puede estar seguro exactamente de lo que ha sucedido, especialmente en la propia experiencia. Incluso, no se debería desconfiar categóricamente o descartar fácilmente el sentido intuitivo de cambio anunciado en la investigación autobiográfica. Hay formas de llegar más allá de la intuición. Tienen que ver con un examen de los conjuntos de exposiciones narrativas a lo largo del tiempo. Se pueden analizar los conjuntos de exposiciones narrativas creadas por autobiógrafos o investigadores narrativos trabajando con participantes, en busca de evidencias de elementos de cuestionamientos tácitos. Donde haya indagación, probablemente hay un aprendizaje en marcha que puede ser confirmado por otros. Por ejemplo, como investigadora del desarrollo profesional de Christina, había acumulado conjuntos de textos de campo y se examinaron para la construcción de unidades narrativas (Connelly y Clandinin, 1986). Cuando yo detectaba cambios, podían ser confirmados por la sensación de Christina de lo que estaba pasando en su vida. O más aún, un examen de mis exposiciones narrativas podía corroborar su intuición de que su historia estaba cambiando (Beattie y Conle, 1996). Puede ser útil prestar atención a la certeza intuitiva del informante o de uno mismo de que están ocurriendo cosas buenas.

Debido a que todavía, algunos años después, estaban a mi disposición como investigadora narrativa los conjuntos de exposiciones autobiográficas sobre los que yo trabajé entre 1989 y 1992, los examiné para detectar mi proceso de indagación y los cambios que conllevaba (Conle, 2000b). Decidí examinar cómo lo que parecía ser una concienciación intuitiva de cambio podía ser corroborado uniendo y comparando conjuntos de exposiciones narrativas. Cuando yo elegía los conjuntos claves, descubrí que estaban conectadas por lo que yo llamé el tercer término en el proceso metafórico que los unía (Conle, 2000b). En mi caso, un tercer término particular había generado inicialmente más y más exposiciones narrativas, ya que había algo en mi historia que estaba produciendo tensión y pedía una resolución. Lo llamé los fines todavía no nombrados, de acuerdo con la dinámica que parecía haber presionado a lo largo de la investigación mi telos tácito. Sin ser capaz de dar nombre claramente a este telos, ni la resolución de las tensiones, tuve que esperar meses y años hasta que la investigación hubo producido muchas exposiciones narrativas y hasta que tuve una intuición de que algo había cambiado en mi propia historia. En ese punto, mis descripciones intuitivas de tensión/dinámica/indagación y sus efectos en mi vida podían corroborarse mediante el análisis textual de las exposiciones narrativas anteriores. No parece demasiado inverosímil entonces decir que los cambios en la propia vida se reflejarán en las historias cambiantes que se pueden contar sobre la propia vida, estarán disponibles para su propio reconocimiento y pueden ser nombradas a través del análisis textual.

6. Comentarios para concluir

En mi intento por clarificar las cualidades curriculares de varias prácticas narrativas, he enfatizado la necesidad de no perderme en deliberaciones, afirmaciones y recomendaciones educativas que traten a los aprendices, profesores, disciplinas académicas y contextos sociales como separados, como entidades independientes, cuando se discuten los temas curriculares. Cuando estos cuatro tópicos se entienden juntos, sí, las nociones del currículum se hacen más complejas; pero también se hacen potencialmente más significativas y socialmente relevantes. La complejidad curricular y la significatividad resultan de las conexiones a la vida y de las experiencias de indagación como búsqueda.

Para prevenir a los profesores de que se les vea como meros técnicos, y a los estudiantes como meros receptáculos, los elementos de indagación y experiencia en situaciones curriculares requieren atención. Las prácticas narrativas obedecen las normas con facilidad cuando no son subsumidas completamente bajo propósitos externos. La narrativa no es meramente un buen medio hacia un fin predeterminado; no sólo sirve como ilustración útil o para proporcionar presentaciones de ejemplos. Es un fenómeno muy complejo. Debido a que está generalizado en la vida cotidiana, puede crear los puentes entre lo cotidiano y el mundo académico que, por ejemplo, John Dewey (1938) tenía en mente. Hopkins (1994: 146-147) describe cómo la escolarización puede ser apropiada cuando permanece próxima a la experiencia, la indagación y la narrativa. El currículum narrativo, sugiere, si se convierte en una orientación principal en la escuela, «*un proceso propulsado por los imperativos del autodesarrollo individual*», donde los estudiantes de manera rutinaria se preguntan ¿qué significa esta asignatura para mi vida?, ¿cómo me ayuda a proporcionar sentido a mi vida o darle una orientación?; los estudiantes podrían examinar la economía «*desde la perspectiva del yo como un actor económico*» o mirar las ciencias sociales en busca de comprensión sobre su etnia, raza o condiciones de vida como ser político y social.

Cuando la indagación toca temas íntimamente conectados con la propia vida, el aprendizaje se hace plenamente importante, tan importante como pueda ser practicar su arte para la actuación de los músicos, pintores o poetas. De forma similar a estas acciones, el currículum narrativo destaca la importancia del momento, la experiencia del momento y lo que suceda en el encuentro con personas y cosas, en cada instante. Pero, ¿con qué frecuencia los profesores y los aprendices se preocupan por las consecuencias, ignorando cómo el currículum se experimenta momento a momento? La calidad del momento puede conformar la motivación, convirtiendo la experiencia del momento, a la larga, en lo que entendemos por experiencia cuando hablamos de mejorar la experiencia o de ser experimentada.

Sin embargo, la asociación cercana al arte, en mi opinión, no debe abandonar la razón. El currículum narrativo que yo he revisado no debería renunciar a la expectativa de que sea creído, por parte del que habla y del que escucha, lo que están diciendo y oyendo, para ser expresado con verdad, y referirse a algo verdadero y moralmente apropiado. Estos son los requisitos de Jürgen Habermas (1981/1984, 1983/1987) para una empresa racional (Conle, 2001) que se encamina a la comprensión mutua[15]. Los ponentes podrían estar equivocados, pero no renunciar a esos supuestos cuando escuchan a otros e intentan comprender sus historias.

---

15. Habermas (1981/1984) estableció claramente que el abandono por los filósofos de una filosofía de conciencia a favor de una filosofía de lenguaje desacredita la noción cartesiana de que podemos sin duda conocer los contenidos de nuestra conciencia, una capacidad ya puesta en duda desde el trabajo de Freud en psicología. Véase Conle (1999).

Bloque 1

Cierro con una nota de cautela: los propagandistas de todo tipo saben que las narrativas pueden influenciar en la vida y pueden convertirse en herramientas de adoctrinamiento. Hace sesenta años la imaginación de toda una nación era formada por narrativas e imágenes de heroísmo y odio. Hoy la imaginación de nuestra juventud está enormemente formada por comedias televisivas, letras de canciones, anuncios, noticias de televisión e historias de vídeo. Éstas se han convertido en herramientas para la comprensión y desarrollan repertorios imaginativos. Muy bien podrían ser tenidas en cuenta como currículum narrativo informal repartido en nuestras casas. Probablemente los procesos curriculares descritos en este artículo sean para aplicar aquí también. El conocimiento más amplio de ámbitos para la mejora curricular, los tipos de vínculos narrativos, la diferenciación de funciones de la narrativa, y una variedad de resultados de currículos narrativos llegan a ser esenciales, si no queremos permitir que estos currículos informales pasen desapercibidos.

Referencias

BARONE, T. (1992). "A narrative of enhanced professionalism: Educational researchers and popular storybooks about school people". *Educational Researcher,* 21(8), 15-24.

BARONE, T. (2001). *Touching eternity: The enduring outcomes of teaching.* New York. Teachers College Press.

BARONE, T. y EISNER, E. (1997). "Arts-based educational research". In Jaeger, R. (Ed.). *Complementary methods for research in education* (pp. 73-103). Washington DC. American Educational Research Association.

BEATTIE, M. y CONLE, C. (1996). "Teacher narrative, fragile stories and change". *Asia-Pacific Journal of Teacher Education*, 24(3), 309-326.

BEYNON, C.; GEDDIS, A. y ONSLOW, B. (2001). *Learning-to-teach. Cases and concepts for novice teachers and teacher educators*. Toronto. Pearson Education.

BOOTH, D. (1994). *Reading, writing and role-playing across the curriculum*. Markham. Pembroke Publishers.

BOOTH, W. (1983). *The rhetoric of fiction*. Chicago. The University of Chicago Press. (Original work published 1961).

BOOTH, W. (1988). *The company we keep. An ethics of fiction.* Berkeley. University of California Press.

BULLOUGH, R. y PINNEGAR, S. (2001). "Guidelines for quality in autobiographical forms of self-study research". *Educational Researcher*, 30(3), 13-21.

CARR, D. (1986). *Time, narrative, and history*. Bloomington. Indiana University Press.

CLANDININ, D. J. y CONNELLY, F. M. (1991). "Narrative and story in practice and research". En Schon, D. A. (Ed.). *The reflective turn: Case studies in and on educational practice* (pp. 258-281). New York. Teachers College Press.

CLANDININ, D. J. y CONNELLY, F. M. (2000). *Narrative inquiry: Experience and story in qualitative research*. New York. Jossey-Bass.

CLANDININ, D. J.; DAVIES, A.; HOGAN P. y KENNARD, B. (1993). *Learning to teach, teaching to learn: Stories of collaboration in teacher education*. New York. Teachers College Press.

COLE, A. y MCINTYRE, M. (2001). "Dance me to an understanding of teaching. A performance test". *Journal of Curriculum Theorizing*, 17(2), 43-60.

CONLE, C. (1993). *Learning culture and embracing contraries: Narrative inquiry through stories of acculturation*. Unpublished doctoral dissertation. University of Toronto.

CONLE, C. (1996). "Resonance in preservice teacher inquiry". *American Educational Research Journal*. 33(2), 297-325.

CONLE, C. (1997a). "Images of change in narrative inquiry". *Teachers and Teaching*, 3(2), 205-219.

CONLE, C. (1997b). "Community, reflection and the shared governance of schools". *Teaching and Teacher Education*, 13(2), 137-152.

CONLE, C. (1997c). "Between fact and fiction: Dialogue within encounters of difference". *Educational Theory*, 47(2), 181-201.

CONLE, C. (1997-2001). *Encounters of ethos in moral modeling and the cultivation of moral imagination*. Ottawa. Social Sciences and Humanities Research Council of Canada.

CONLE, C. (1999). "Why narrative? Which narrative? Our struggle with time and place in teacher education". *Curriculum Inquiry*, 29(1), 7-33.

CONLE, C. (2000a). "Narrative inquiry: Research tool and medium for professional development". *European Journal of Teacher Education*, 23(1), 49-63.

CONLE, C. (2000b). "Thesis narrative. What is the inquiry in narrative inquiry?" *Curriculum Inquiry*, 30(2), 189-213.

CONLE, C. (2001). "The rationality of narrative inquiry in research and professional development". *European Journal of Teacher Education*, 24(1), 21-33.

CONLE, C. (2002). *Encounters of ethos in moral modeling and the cultivation of moral imagination*. Ottawa. Social Sciences and Humanities Research Council of Canada.

CONLE, C. y DE BEYER, M. (2002). *Appraising the moral qualities of experiential narratives*. Paper presented at a meeting of the Canadian Society of Studies in Education. Toronto, ON.

CONLE, C.; LI, X. y TAN, J. (2002). "Connecting vicarious experience to practice". *Curriculum Inquiry*, 32(4), 429-452.

CONLE, C.; LOUDEN, W. y MILDON, D. (1998). "Tensions and intentions: Joint self-study in higher education". Hamilton, M. L. (Ed.). *Reconceptualizing teacher research as self-study* (pp. 178-193). London. Falmer.

CONLE, C. y SAKAMOTO, M. (2002). "Is-when stories: Practical repertoires and theories about the practical". *Journal of Curriculum Studies*, 34 (4), 427-449.

CONLE, C.; BLANCHARD, D.; BURTON, K.; HIGGINS, A.; KELLY, M.; SULLIVAN, L. y TAN, J. (2000). "The asset of cultural pluralism: An account of cross-cultural learning in teacher education". *Teaching and Teacher Education*, 16 (3), 365-387.

CONNELLY, F. M. y CLANDININ, D. J. (1986). "On narrative method, personal philosophy and narrative unities in the study of teaching". *Journal of Research in Science Teaching*, 23 (3), 15-32.

CONNELLY, F. M. y CLANDININ, D. J. (1988). *Teachers as curriculum planners: Narratives of experience*. New York. Teachers College Press.

CONNELLY, F. M. y CLANDININ, D. J. (1990). "Stories of experience and narrative inquiry". *Educational Researcher*, 14 (5), 2-14.

CONNELLY, F. M. y CLANDININ, D. J.(1994). "Personal experience methods". En Denzin, N. y Lincoln,Y. (Eds.). *Handbook of qualitative research* (pp. 413-427). London. Sage.

CONNELLY, F. M.; CLANDININ, D. J. y FULLAN, M. (1993). *Teacher education: Links between personal and professional knowledge*. Toronto, Social Sciences and Humanities Research Council, Joint Centre for Teacher Development, Ontario Institute for Studies in Education, and University of Toronto.

DEWEY, J. (1934). *Art as experience*. New York. G. P. Putnam's Sons.

DEWEY, J. (1938). *Experience and education*. New York. Collier Books.

DIAMOND, P. y MULLEN, C. (1999). *The postmodern educator. Artsbased inquiries and teacher development*. New York. Peter Lang.

DOYLE, W. (1997). "Heard any really good stories lately? A critique of the critics of narrative in educational research". *Teaching and Teacher Education*,13(1), 93-99.

DRAKE, S. (1992). *Developing an integrated curriculum using the story model*. Toronto. Ontario Institute for Studies in Education Press.

EGAN, K. (1986). *Teaching as story telling: An alternative approach to teaching and curriculum in the elementary school*. London. Althouse Press.

EGAN, K. (1997). *The educated mind. How cognitive tools shape our understanding*. Chicago. University of Chicago Press.

EISNER, E. (1991). *The enlightened eye: Qualitative inquiry and the enhancement of educational practice*. New York. MacMillan.

ELBAZ, F. (1983). *Teacher thinking: A study of practical knowledge*. London. Croom Helm.

Bloque 1

ELBAZ, F. (1991). "Research on teacher's knowledge: The evolution of a discourse". *Journal of Curriculum Studies*, 23, 1-19.

FENSTERMACHER, G. (1994). "The knower and the known: The nature of knowledge in research on teaching". *Review of Research in Education*, 20, 3-56.

FINLEY, S. (2001). "Painting life histories". *Journal of Curriculum Theorizing*, 17 (2), 11-26.

FRYE, N. (1963). *The educated imagination. Canadian Broadcasting Company Massey Lectures Series*. Toronto. Anansi.

GENETTE, G. (1980). *Narrative discourse*. Oxford. Basil Blackwell.

GERRIG, R. (1993). *Experiencing narrative worlds. On the psychological activities of teaching.* Newhaven. Yale University Press.

GOLDSTEIN, T. (2001). "Hong Kong, Canada: A one/act ethnographic play for critical teacher education". *Journal of Curriculum Theorizing* 17(2), 97-110.

GRUMET, M. R. (1988). *Bitter milk: Women and teaching*. Amherst. University of Massachusetts Press.

GUDMUNDSTROTTIR, S. (1991). "Story-maker, story/teller: Narrative structures in curriculum". *Journal of Curriculum Studies*, 23(3), 207-218.

HABERMAS, J. (1984). *The theory of communicative action. Volume One. Reason and the rationalization of society* (Thomas McCarthy, Trans.). Boston. Beacon Press. (Original work published 1981).

HABERMAS, J. (1987). *The theory of communicative action. Vol. 2. Lifeworld and system, a critique of functionalist reason* (Thomas McCarthy, Trans.). Boston. Beacon Press. (Original work published 1983).

HAMILTON, M. L. (Ed.). (1998). *Reconceptualizing teacher research as selfstudy.* London and New York. Falmer Press.

HARE, W. y PORTELLI, J. (1993). *What to do? Case studies for teachers.* Halifax. Fairmount Books.

HOPKINS, R. (1994). *Narrative schooling. Experiential learning and the transformation of American education.* New York. Teachers College Press.

HUTCHINSON, D. (1998). *Growing up green: Education for ecological renewal.* New York. Teachers College Press.

HUTCHINSON, D. (1999). "The story of the universe: Ecology and narrative". *Orbit*, 30(3), 24-25.

JACKSON, D. y ORMROD, J. E. (1998). *Case studies. Applying educational psychology.* Upper Saddle River, NJ. Prentice-Hall and Simon and Schuster.

JACKSON, P. W. (1987). "On the place of narration in teaching". D. Berliner y B. Rosenshine (eds.). *Talks to teachers* (pp. 307-328). New York. Random House.

JACKSON, P. W. (Ed.). (1992). *Handbook of research in curriculum: A project of AERA.* New York. Macmillan.

KAGAN, D. M. (1993). "Contexts for the use of classroom cases". *American Educational Research Journal*, 30(4), 703-723.

KEALY, W. y MULLEN, C. (1999). "From the next scale up: Using graphics arts as an opening to mentoring". En Diamond, C. T. P. y Mullen, C. (Eds.), *The postmodern educator. Arts-based inquiries and teacher development*. New York. Peter Lang Publishing.

KERMODE, F. (1967). *The sense of an ending: Studies in the theory of fiction*. London. Oxford University Press.

KUHMERKER, L. (1994). "Curriculum review: Standing tall. Teaching guides for Kindergarten to Grade 12 from the Giraffe Project". *Moral Education Forum*, 19(4), 35-37.

LINDSAY, G. (2001). *Nothing personal? Narrative reconstructions of registered nurses' experience in health care reform*. Unpublished doctoral dissertation, University of Toronto, ON.

MACINTYRE, A. (1984). *After virtue: A study in moral theory*. Notre Dame. University of Notre Dame Press.

MOLL, L. (1990). *Vygotsky and education: Instructional implications and applications of sociohistorical psychology*. Cambridge, UK. Cambridge University Press.

MULLEN, C. (1994). "A narrative exploration of the self I dream". *Journal of Curriculum Studies*, 26 (3), 253-263.

MULLEN, C. (1997). "Hispanic preservice teachers and professional development; stories of mentorship". *Latino Studies Journal*, 8(1), 3-35.

NICHOLSON, K. y CONLE, C. (1991). *Narrative reflection and curriculum*. Paper presented at a meeting of the American Educational Research Association, Chicago.

ONTARIO COLLEGE OF TEACHERS (1999). *Standards of practice for the teaching profession*. Toronto. Author.

ONTARIO COLLEGE OF TEACHERS (2001). *College advice on teacher testing*. Retrieved February 26, 2003, from http://www.oct.on.ca

ONTARIO PRINCIPALS COUNCIL (2001). *Ontario teacher qualification test case study pilot*. Princeton, NJ. Educational Testing Service.

OSER, F. (1994). "Moral perspective on teaching". *Review of Research in Education*, 20, 57-127.

PALEY, V. G. (1979). *White teacher*. Cambridge, MA. Harvard University Press.

PALEY, V. G. (1981). *Wally's stories: Conversations in the kindergarten*. Cambridge, MA. Harvard University Press.

PHILLIPS, D. C. (1994). "Telling it straight: Issues in assessing narrative research". *Educational Psychologist*, 29(1), 13-21.

POSTMAN, N. (1995). *The end of education*. New York. Knopf.

PUKA, B. (1990). *Be your own hero. Careers in commitment*. New York. Rensselaer Polytechnic Institute.

RICOEUR, P. (1984, 1985, 1988). *Time and narrative (Vols. 1, 2, 3)*. Chicago. University of Chicago Press.

SANDLOS, J. (1998). "The storied curriculum: Oral narratives, ethics, and environmental education". *The Journal of Environmental Education* 30(1), 5-9.

SANJEK, R. (Ed.). (1990). *Fieldnotes: The making of anthropology*. Ithaca, NY. Cornell University Press.

SARBIN, T. R. (Ed.). (1986). *Narrative psychology: The storied nature or human conduct*. New York. Praeger.

SCHOLES, R. y KELLOGG, R. (1966). *The nature of narrative*. Oxford, UK. Oxford University Press.

SCHUBERT, W. y AYERS, W. (Eds.) (1992). *Teacher lore: Learning from our own experience*. New York. Longman.

SHULMAN, L. S. (1992). "Toward a pedagogy of cases". Shulman, J. (Ed.), *Case methods in teacher education* (pp. 1-30). New York. Teachers College Press.

SILVERMAN, R.; WELTY, W. y LYON, S. (1992). *Case studies for teacher problem/solving*. New York. McGraw-Hill.

SCHWAB, J. J. (1977). "Structure of the disciplines: Meanings and significances". En Bellack, A. A. y Kliebard, H. M. (Eds.). *Curriculum and evaluation* (pp. 189-207). Berkeley, CA. McCutchan.

SCHWAB, J. J. (1973). "The practical 3: Translation into curriculum". *School Review*, 81(4), 501-522.

SCHWAB, J. J. (1983). "The practical 4: Something for curriculum professors to do". *Curriculum Inquiry*, 13(3), 239-256.

SYKES, G. y BIRD. T. (1992). "Teacher education and the case idea". En Grant, C. (Ed.). *Review of research in education* (Vol. 18, pp. 457-521).

WHITE, H. (1981). "The value of narrativity in the representation of reality". En Mitchell, W. J. T. (Ed.). *On narrative*. Chicago. University of Chicago Press.

Capítulo 2.
Vida y experiencia escolar. Biografías escolares

José Ignacio Rivas Flores
Analia E. Leite Méndez
Universidad de Málaga

¿Cómo recordamos nuestro paso por la escuela a lo largo de una media de 9 ó 10 años de escolarización? ¿Qué recuerdos significativos perduran y de qué modo este poso forma parte de nuestra construcción como sujetos, como ciudadanos, como personas, como profesionales, etc.? ¿Podemos aprender de nuestra experiencia escolar para aventurarnos en la transformación de las prácticas escolares? Estas son algunas preguntas que nos movilizaron a lo largo de un proceso de investigación de 4 años, en el que investigamos las biografías escolares de un grupo de alumnas y de alumnos de 2º curso de los estudios de Pedagogía de la Facultad de Ciencias de la Educación de Málaga[1].

Anteriormente, habíamos investigado las experiencias de docentes de enseñanza secundaria, reconstruyendo sus biografías profesionales (Rivas, Sepúlveda y Rodrigo, 2000 y 2005). Esta investigación nos dio una perspectiva distinta sobre el trabajo docente y el modo de afrontar la comprensión del trabajo docente. La perspectiva personal y el modo como desde la experiencia individual se podían reconstruir los contextos, cambió nuestro enfoque de la investigación.

Esta primera experiencia nos hizo pensar en la necesidad de avanzar en la comprensión de otros actores de la escuela. De este modo iniciamos un trabajo con biografías escolares de nuestros alumnos de pedagogía, como parte del proceso de enseñanza/aprendizaje en primer lugar (Rivas y Leite, 2006; Herrera, Jiménez y Rivas, 2008; Rivas, Herrera, Jiménez y Leite, 2009), pero posteriormente como proceso de investigación acerca de la experiencia escolar del alumnado. Una primera aproximación a este estudio y a la estrategia de investigación tuvo lugar con tres de estas alumnas durante un trabajo colaborativo con ellas a lo largo de un año entero (Rivas y Calderón, 2002). En este proceso fuimos descubriendo algunos de los ejes que caracterizan la experiencia de los alumnos y alumnas a lo largo de su escolarización donde las categorías de tipo social y afectivo primaban, de forma destacada, sobre las de tipo académico e instructivo.

Lo conseguido en este trabajo, planteado como una primera aproximación, nos animó a sistematizar esta investigación ampliando los sujetos, de acuerdo a las autobiografías más destacadas de las realizadas en los 3 años anteriores por nuestro alumnado. De este modo iniciamos el trabajo que aquí presentamos y para el que contamos con la participación de algunos de los autores y de las autoras de

---

1. Bioescuela, Estudio Biográfico de la Experiencia escolar. Fue realizada durante los años 2003 al 2006 por el grupo de investigación HUM619 de la Junta de Andalucía, en la Universidad de Málaga.

estas autobiografías, al que denominamos "bioescuela", en un intento de integrar la experiencia escolar y su sentido institucional, social y político, con las trayectorias personales de los implicados. En definitiva, toda institución, y la escolar en particular, se construye a partir de sujetos particulares que las desarrollan, llenando de contenido personal las intencionalidades sociopolíticas que las generaron. Así, institución y sujetos son dos caras de una misma realidad que se van construyendo y rehaciendo a lo largo de un proceso histórico.

En este juego dialéctico se van configurando las identidades (Rivas, et al., 2010), como un modo particular de leer y comprender el marco institucional en el que se actúa. De esta forma el interés por lo biográfico como estrategia de investigación, no es sino el intento de comprender mejor la sociedad en que vivimos, y de la escuela en especial, desde la peculiar perspectiva de cada uno de los sujetos que forman parte de ella. A pesar de que consideramos que cada experiencia en sí misma es relevante, nuestra finalidad no es tanto el propio sujeto sino el modo en que este ha construido su visión sobre la escuela y, de este modo, cómo ha desarrollo su peculiar modo de actuación en la misma.

No podemos olvidar que nuestra intención inicial con estas autobiografías era la de la formación de nuestro alumnado. Esto significa que a través de estas pretendíamos un proceso de reflexión compartida que les permitiera modificar su visión sobre la escuela y, en consecuencia, estar en condiciones de transformarla. En definitiva, si estos sujetos modifican su visión de la sociedad a partir de la reflexión sobre su propia vida, se están creando condiciones para transformar el mundo. Forma y contenido, de este modo, se convierten en un mismo proceso (Smith, 1997), de forma que trabajar con autobiografías, desde este punto de vista, conlleva el desarrollo de estrategias colaborativas y democráticas de indagación.

Trabajando de este modo, por otro lado, las categorías surgen (emergen) del propio proceso dialógico en el que se comparte la deconstrucción del relato por parte de los implicados. El conocimiento se convierte, de este modo, en la construcción de una teoría ad hoc, podríamos decir, acerca del proceso de su propia vida, la cual ponemos en relación con la construcción de la visión que histórica y académicamente se ha ido construyendo sobre la escuela. Tiene lugar un proceso inductivo que tiene en cuenta y valora como relevante el conocimiento propio de cada sujeto, implícito en el relato de su experiencia. Como decíamos antes, la autobiografía supone el modo en que cada uno hace explícita su comprensión del mundo y de los contextos en los que ha vivido. Es una lectura de este mundo o, si se quiere, lo que ha aprendido del mismo.

Así, este proceso de deconstrucción no se produce sólo en relación a la experiencia y a la vida de cada sujeto, sino que también afecta a los sistemas ideológicos, teóricos y prácticos, que se ponen en juego en el proceso de interpretación colectivo. Al entender el proceso de construcción del conocimiento como un diálogo histórico entre la experiencia individual y la construcción histórica, también se ponen en juego los complejos marcos de análisis que entran en discusión. No se acumulan nuevas evidencias en torno a las teorías establecidas, sino que se elaboran nuevos sistemas de interpretación encarnados en las experiencias particulares de los sujetos participantes, tanto como de los propios investigadores.

Resulta relevante, por tanto, quiénes son los sujetos que elaboran las auto-biografías y qué conocimiento han construido en su historia. En este modelo de investigación se hace más necesario, si cabe, señalar los rasgos de los alumnos y alumnas participantes en el estudio lo cual nos permite contextualizar los sentidos y significados de sus experiencias escolares. Sin duda, las diferencias entre las diversas biografías escolares son significativas, ya que nos expresan diferentes modos de vivir la experiencia escolar. El colectivo con el hemos trabajado presenta unas condiciones peculiares que es necesario reconocer.

Como ya hemos dicho se trata de estudiantes de 2º curso de Pedagogía; lo cual representa un cierto rango de edad, un cierto interés por el fenómeno educativo, así como una configuración peculiar como estudiantes universitarios. En primer lugar se trata de alumnado entre 20 y 22 años en su mayoría, por tanto con una experiencia escolar cercana, pero que desde su condición de universitarios la convierten en "extraña" (en el sentido de que pueden distanciarse de ella, de algún modo, ya que no son ya parte de la misma). Todo acto de escritura es una reconstrucción del pasado desde el presente. Por tanto, no sólo nos habla de lo que fue, sino de lo que somos. Hay un acto de interpretación presente en la narración que nos sitúa en un punto y seguido de un proceso biográfico. En otras palabras, en cada autobiografía está contenida la elaboración que cada sujeto ha hecho de su propia vida (Korthagen y Kessels, 1999).

Por tanto, se trata de sujetos que han superado todo el proceso de escolarización y han accedido, por sus méritos académicos (examen de selectividad y bachillerato) a la universidad. Esto les sitúa, de alguna forma, entre los alumnos "exitosos" del sistema escolar. El porcentaje de jóvenes en este rango de edad, que asisten a la universidad está en torno a un 25 %. Es decir, han logrado superar los diferentes obstáculos académicos que se les han planteado y acceder al nivel superior del sistema escolar. En segundo lugar, son alumnas y alumnos que han optado a la titulación de pedagogía con una nota media no demasiado alta en la mayoría de los casos, lo cual aporta matices a este carácter "exitoso" de su experiencia escolar. En definitiva, según estos indicios, son los que han tenido unas trayectorias más complicadas. En algunos casos hay historias de fracasos continuados y luchas por superarse. En otros son historias que hablan de lo posible y no de lo deseable. Otras, incluso, hablan de éxitos académicos pero, de fracasos sociales. En cualquier caso, no es fácil hablar de una decisión clara y explícita por la pedagogía, en la mayor parte de los relatos.

Por último, al estar cursando el 2º año han permanecido al menos un curso en la titulación de pedagogía, lo cual supone que ha habido una reflexión previa sobre el hecho educativo y su significado social, cultural y político. De alguna forma hay una cierta elaboración de su pensamiento sobre la escuela que se ha ido configurando en otras asignaturas, con otras experiencias docentes, etc.

Estas condiciones establecen unos marcos propios que nos indican el ángulo de visión de la escuela desde el que se afronta este estudio y el marco desde donde se han elaborado los relatos autobiográficos. Al respecto y desde un punto de vista epistemológico y metodológico se resaltan algunas ideas acerca de los presupuestos implicados en el análisis y la interpretación de las biografías.

A partir de este planteamiento afrontamos el desarrollo de este trabajo, que intenta aportar una visión sintética, pero global, de los resultados de esta investigación. Se presentan, por tanto, algunas líneas generales de las principales categorías trabajadas y el tipo de conocimiento que se ha producido a lo largo de este proceso. En otros espacios hemos presentados otros estudios que pueden completar esta visión. Así, por ejemplo, en Celada, Rivas y Leite (2009) se ha reflexionado sobre el proceso de categorización y su incidencia en la construcción teórica de la investigación. En Leite y Rivas (2009) se hace un desarrollo particular sobre la construcción del género en la experiencia escolar, tal como se construye desde estas autobiografías. Por último, en Rivas, Leite, Cortés, Márquez y Padua (2010) se hace una presentación general de la investigación, para incidir de forma particular en el proceso de construcción de la identidad, tal como se ha trabajado en este proceso. Desde otros intereses en Rivas y Leite (2006) se hace un estudio comparado entre la experiencia escolar en España y en Argentina, tomando las categorías y evidencias de Bioescuela y contrastándolas con las producidas en una investigación similar llevada a cabo en la Universidad Nacional del Nordeste, en Resistencia, Argentina.

A continuación vamos a intentar hacer una presentación conceptual de la investigación, focalizando en los aspectos críticos de la misma. Esto es, aquellos que nos preocupan como grupo de investigación y con los que intentamos generar un marco ideológico y cognitivo en el que ir construyendo nuestro trabajo. De hecho, partimos de una visión particular de lo que significa la escuela, el conocimiento, el sujeto escolar y su identidad, así como de la experiencia escolar. Partiendo de esta breve revisión afrontaremos los contenidos de la investigación a partir de las categorías interpretativas que se plantearon y que constituyen la construcción de nuestra teoría sobre la experiencia escolar.

1. Algunas preocupaciones conceptuales. El sentido de la experiencia en la escuela

El tema de la experiencia escolar constituye un campo complejo y diverso, desde el punto de vista conceptual. De alguna forma abarca la globalidad de lo que acontece a los sujetos. En definitiva, es el modo en que se concreta la acción institucional a través de la vida propia del alumnado, así como del profesorado y otros actores implicados. No se puede hablar, bajo nuestro punto de vista, de un determinismo institucional que establece los modos de pensar, de hacer y de ser de los sujetos, de tal forma que habría unas formas de actuar y de pensar generales. Más bien podemos hablar del escenario escolar como un lugar de encuentro entre las biografías personales de esos diferentes actores, y las propuestas institucionales construidas social e históricamente. En este proceso se construye el sujeto escolar, no como un modelo único, sino como marco de posibilidades amplias y complejas que se van desplegando de acuerdo a la propia historia individual y al modo como vive cada situación particular.

De este modo, la experiencia hay que entenderla como un proceso relacional o de intercambio. Dicho de otro modo, podemos hablar de un encuentro intersubjetivo en un marco institucional, a partir del cual se desarrollan nuevos procesos con una nueva complejidad y unos nuevos requisitos. Como plantea Bruner (1997 y 2002), desde su teoría cultural de la construcción de la subjetividad, el sujeto se hace inteligible en el marco de las relaciones vigentes. Esto significa que siempre es contingente y situado. Depende de los escenarios particulares, pero también de los peculiares actores que se sitúan en los mismos y con los cuales interactúa en su práctica cotidiana (Harré, 1983; Gergen, 1996; Kincheloe, 2001).

Por otro lado, también podemos hablar de una dimensión ineludiblemente política y social, ya que nos remite al peculiar sistema de relaciones, de intereses de lucha por el poder, que caracteriza la acción de los diferentes grupos en los marcos institucionales. Las relaciones vigentes nos ubican en un escenario de confrontación y de lucha de situación entre colectivos, que pujan por ocupar un lugar preeminente. La situación escolar no es ajena a esta visión. De hecho, su propia constitución como tal, desde su proceso constituyente como institución de la modernidad, basada en el racionalismo y el liberalismo (Diaz y Rivas, 2007), supone una reconstrucción de un proceso competitivo y excluyente. El éxito de cada sujeto (de cada alumna y cada alumno) se construye desde un sistema clasificatorio basado en la calificación, que les ordena de acuerdo a un supuesto rendimiento (valor de mercado).

A través de la experiencia, por tanto, se hacen presentes los modelos sociopolíticos e institucionales, al igual que los propios procesos biográficos de cada sujeto. Podemos hablar, por tanto, de un relato de relatos en los que la comprensión del mundo en cada caso, está en función de los encuentros con los relatos a los que tiene acceso, tanto de orden personal como institucional.

Desde esta perspectiva el componente instructivo del curriculum escolar queda "reducido", se podría decir, a ser un componente importante y necesario del escenario en que este encuentro tiene lugar, pero no desempeña el papel protagonista. Crea las condiciones para el encuentro relacional y la actuación de cada sujeto a modo de decorado. En la medida en que este decorado esté más implicado con la experiencia de los actores y posibilite que el conocimiento validado en esta relación educativa sea el que surja de este encuentro, estaremos en una situación con capacidad de cambio y de transformación. Por el contrario, si se cierra a un conjunto de prácticas establecidas, en función de criterios exógenos y extraños, producidos intencionalmente en otros escenarios, se convierte en un escenario represor y segregador, en el que el conocimiento queda sometido a la lógica regulada. Desde esta última posición, en el aula sólo se gestiona conocimiento, entendido como un producto o un bien de mercado, en vez de convertirse en un espacio de construcción de sentido para la vida de cada alumna y alumno, en torno a su experiencia.

De acuerdo a lo que plantea Benjamin (2008) la experiencia sólo existe en la medida en que es contada; esto es, en la medida en que se hace pública y colectiva. Cuando el currículum narra conocimientos preelaborados y prediseñados, la experiencia de cada alumna y alumno queda negada o rechazada; por tanto, el aprendizaje, entendido como proceso de construcción, desaparece a favor de la mera reproducción de conocimiento y experiencia ajenos.

Este aspecto es especialmente relevante en la investigación que presentamos, ya que hace posible la presencia de la experiencia escolar a través de los relatos de sus protagonistas, y no desde las elaboraciones de expertos. De este modo es posible hablar de procesos de comprensión y de la creación de condiciones de transformación de la realidad escolar. Como afirman White y Epston (1990), *«las personas conceden significado a sus vidas y relaciones relatando su experiencia»*. Por tanto, la biografía se constituye como un acto de conocimiento de la realidad tal como cada uno la experimenta (MacIntyre, 1981; Mink, 1969). Lo cual crea las condiciones para una intervención diferente.

Planteado de este modo la narración de cada sujeto pone de manifiesto una experiencia única y peculiar, si bien reconstruye su dimensión colectiva. Esta aparente paradoja representa uno de los ejes principales de nuestra perspectiva sobre la misma: lo colectivo se construye desde la peculiaridad individual y esta sólo tiene sentido en la medida en que forma parte de un proceso social. Podemos decir que no existe una realidad social o cultural fuera o al margen de los sujetos que la experimentan. Por eso mismo la experiencia nos diferencia e individualiza, al tiempo que nos ubica y sitúa en un marco socio-histórico. Como afirma Rosaldo (1993) la subjetividad, la experiencia cotidiana están siempre encuadradas culturalmente, de forma que constituyen una unidad.

Desde este punto de vista es que planteamos que nuestro interés biográfico no se sitúa sólo en el relato mismo, en la voz individual, sino que es el modo en que podemos acceder a la comprensión de los significados y procesos que caracterizan a la institución escolar. Así, a partir de este relato biográfico podemos deconstruir los marcos sociales, culturales y políticos en que se han generado, asumiendo la perspectiva holográfica del conocimiento (Morín, Ciurana y Motta, 2002), o el punto de vista gestáltico que nos ofrecen los ya citados Korthagen y Kessels (1999): en cada experiencia, en su peculiaridad, está presente la globalidad de la realidad en que se encuadra.

Nuestra investigación, justamente, toma en consideración esta dimensión incidiendo en la realidad cotidiana de la vida del alumnado como forma de comprender el mundo escolar en el que viven. La diversidad de las situaciones, los diferentes contextos de construcción de la experiencia, etc. nos ponen ante la complejidad de la institución escolar y los marcos socio-culturales en que se sitúa.

Esta experiencia de la cotidianeidad escolar en el juego individuo-contexto que estamos presentando, podemos expresarla en términos de lo que Achilli (1996) plantea como identidades escolarizadas; esto es, *«procesos que despliegan los niños en la co-extensividad de sus prácticas escolares y el conjunto de significaciones construidas, al interior de las condiciones generales en que se concretan»*. El alumnado de nuestra investigación elabora un marco de pertenencia en torno a la escuela desde el que define formas de ser, actuar y pensar, siempre desde su particular experiencia vivida, de su propia historia. De este modo, no es posible establecer identidades generalizadas ni uniformes, sino más bien un repertorio de posibilidades, de carácter identitario para todos los participantes. Los clásicos conceptos de "communitas" y "societas" de Van Gennep (1986), actúan en este juego de constitución de identidades, ya que nos hablan de la diversidad, en un mismo marco de identidad.

Desde este marco de pertenencia personal, social, cultural y político que elaboran y re/elaboran los alumnos y alumnas desde la experiencia escolar, presentamos los resultados de la investigación a partir de los ejes que han marcado el análisis de la investigación: la experiencia, la gestión y el conflicto.

2. La escuela: una forma de vivir

Cada alumna y alumno de la escuela, se van constituyendo en una experiencia continuada a lo largo de su escolarización en espacios y tiempos determinados, los cuales están previamente diseñados y concebidos. La construcción de la experiencia tiene lugar desde esta interacción entre sujeto e institución, que le confiere unas características peculiares. Si bien hay un proceso de apropiación individual de este marco instituido, hay un escenario público y colectivo en el que esta experiencia tiene lugar. De este modo, lo primero que resalta en el análisis biográfico es la doble dinámica de individualización y diferenciación que tiene lugar, tal como ya planteábamos anteriormente.

En este sentido es en el que se nos muestra el sujeto escolar; esto es, como una construcción individual de un marco intencionalmente constituido[2]. Esto significa que hay un diseño de lo que significa ser escolar, y hay actuaciones individuales en torno a este diseño que le dan forma y lo individualizan, dentro de un mismo marco de comprensión, de acuerdo a cada escenario particular. Así, si bien en las narraciones se muestran experiencias particulares, estas se vinculan con dos dimensiones: el marco de lo escolar con su propuesta de acción y pensamiento, y el escenario sociocultural específico de cada experiencia. A pesar de la diversidad y disparidad de experiencias llama la atención el hecho de que no resultan extrañas a los compañeros, sino más bien, tienen su explicación para cada caso. Por otro lado, este marco de lo escolar puede ser focalizado de diferente forma en función de la ubicación del centro, que establece un marco propio de expectativas, ideologías, etc.

De acuerdo con esto, las narraciones de nuestro alumnado no manifiestan un particular interés por las cuestiones instructivas. Más bien esta dimensión aparece ocasionalmente y casi nunca para referirse a situaciones del contenido del aprendizaje de la escuela, sino a su implicación en las relaciones con el profesorado o entre ellos mismos. Resulta evidente, pues, que la experiencia escolar es fundamentalmente una experiencia social donde lo académico o instructivo queda subsumido en el sistema de relaciones y vínculos que se establece.

Esto le da un valor diferente al conocimiento escolar, *máxime* teniendo en cuenta que la lógica institucional de la escuela está orientada hacia la transmisión de un conocimiento común compartido socialmente. Se podría pensar que este contenido, más que un fin en sí mismo, es un detonante para que tengan

---

2. Utilizamos el concepto de constituyente propuesto por Negri (1994).

efecto los procesos sociales, culturales y políticos que caracterizan la experiencia del alumnado en la escuela. De hecho, la característica que se desprende de la acción académica, propiamente dicha, es la del aburrimiento: horas y horas, sentados en pupitres viendo pasar docentes cada uno con su propuesta de actividades, con poca o ninguna implicación personal. Como consecuencia, el profesorado es percibido en buena parte como "cutre" o "malo", y sólo se destacan aquellos o aquellas que eran capaces de proponer actividades que les implicaban o que les rompían la rutina. La propia homogeneidad del profesorado, en este sentido, es percibida como aburrimiento. Comentaba una alumna: *«Durante todos mis años de escolaridad he podido comprobar un aspecto que se repetía continuamente: la situación del profesor era siempre la misma».*

Es significativa, en este sentido, la diferente experiencia entre los centros públicos estatales y los religiosos y privados. En estos segundos se pone de relieve una mayor carga emotiva y una experiencia más afectiva, lo cual crea vínculos más fuertes y experiencias más gratas. La enseñanza pública estatal carecería, en este sentido, de lo que podríamos calificar como "culturas fuertes", quedando todo reducido a un sistema blando y difuso, en el que las individualidades marcan la diferencia. La cara B de esta propuesta afectiva sería la sensación de mayor control, vigilancia y dependencia ejercida por estos centros. Así, si bien hay un recuerdo global agradable, una mirada más crítica apunta a un sistema más autoritario.

Podríamos decir, en función de este enfoque de la experiencia escolar, que nos encontramos ante lo que podríamos calificar como "currículum social". Esto es, más allá de los contenidos escolares, la escuela desarrolla una práctica social que se estructura en torno al tipo de relaciones que se establecen, el cual es visible y reconocible por parte de los participantes. El aprendizaje que tiene lugar, por ende, versa sobre significados, roles, jerarquías, relaciones de poder, etiquetas, clasificaciones, etc. articulados a partir del tipo de propuesta instructiva intencional que se les presenta. Comentaba uno de los alumnos:

> *«(...) estuve a punto de marcharme del centro sin obtener el graduado escolar, el cual obtuve con nota de suficiente. Por ello fui catalogado por mis profesores como persona* non grata *en el instituto de BUP. Yo desde luego, no tenía ninguna intención de seguir estudiando, pero obligado por mis padres y puesto que no servía para estudiar según mis notas, empecé a estudiar formación profesional en la rama de electrónica».*

Una característica de esta experiencia es su carácter de obligatoria, de forma que todo el sector de población comprendido entre 6 y 16 años debe pasar por las aulas escolares. En un porcentaje alto este periodo se extiende tanto por abajo como por arriba, conformando trayectorias escolares de 15 años, en un alto porcentaje de casos. En el caso de nuestra población investigada esta es la situación. En las primeras etapas de la vida del niño y la niña su actividad social queda prácticamente subsumida por su actividad escolar y la familiar. Y aún está, muy marcada por las tareas escolares o, en su caso, de actividades igualmente formativas. Solo en etapas más avanzadas, sobre todo en secundaria, este alumnado, según nos narra, se abre a entornos sociales más amplios. Aún así, el grupo que se forma en torno a la actividad escolar, centrado geográficamente, además, debido a la zonificación educativa, suele ser el de referencia como grupo de amistad.

De algún modo esto genera un sentimiento de que "su vida es la escuela", tanto fuera como dentro de sus muros. Esto se da con especial relevancia en los centros con culturas más fuertes, como antes hemos dicho, donde el vínculo que se origina genera una mayor dependencia, tanto para lo bueno como para lo malo. Esto significa una proyección importante de la experiencia escolar sobre el conjunto de la experiencia social del alumnado, haciendo que esta última se interprete, en buena medida, a la luz de lo que se vive en la escuela. Así, las valoraciones, etiquetas, representaciones de sí mismo, etc., son incorporadas a su bagaje personal, con un peso importante, bien aceptándolas o reaccionando contra ellas.

De alguna forma nos encontramos ante una "naturalización" de la experiencia escolar, de forma que lo que ocurre en la escuela, y en el aula en particular, se convierte en un *a priori* sobre el que no es necesario dar explicaciones. La cotidianidad reiterativa se convierte en lo significativo del paso por la escuela, ya que es el medio en el que se desarrolla la experiencia y que "masajea", en el sentido macluhaniano, a los sujetos. La cual, por otro lado, suele estar fuertemente reglada y pautada, y sometida a sistemas de evaluación y calificación, en un sistema establecido de significados y con un cuerpo profesional diverso, a la par que homogéneo, que ejerce la autoridad en modos diversos.

En este medio el alumnado construye su forma de vivir, bien como un modo de supervivencia, bien como una estrategia de éxito, bien como una resistencia, etc. El comportamiento, la acción escolar, se somete a la lógica del sistema social escolar y al lugar que cada uno ocupa y el papel que desempeña en la misma. Parecería que, según nuestros alumnos, esta lógica sólo en parte puede abrirse en la enseñanza secundaria, en que el cambio de institución, junto con una experiencia personal más amplia y compleja, crea nuevas condiciones de participación, o reafirma las existentes.

Como ya hemos definido en otro momento (Rivas *et al*, 2010), esta cotidianidad viene definida por categorías como: sobrevivir es lo que importa, se sobrevive no siendo diferente, adaptación como pérdida de uno mismo. En definitiva, desde la perspectiva de este alumnado, la experiencia escolar se caracteriza por la competitividad, el conformismo, la sumisión, la búsqueda de la homogeneidad y la instrumentalización del conocimiento académico.

3. La escuela como gestión: cada uno a su sitio

El aula, y la escuela en general, pueden ser entendidas, en buena medida, siguiendo a Dussel y Caruso (1999), como un "sistema de gobierno". En términos parecidos podemos entender que la escuela, como proyecto modernista, por tanto de acuerdo a las características de las instituciones de este tipo, es un "sistema de gestión" (Diaz y Rivas, 2007). La experiencia cotidiana del alumnado de la investigación parece corroborar esta perspectiva, en la medida en que ponen de manifiesto que buena parte de su actividad se basa en procesos de regulación y control, característicos de las burocracias modernas. La actuación de los participantes en la escuela hay que situarla, por tanto, en el juego de relaciones y de interacciones que tienen lugar en un entorno caracterizado por la jerarquización, la regulación, el control, la participación, etc. El hecho de pertenecer a un grupo de cualquier tipo dentro del centro, construye una serie de significados precisos respecto a los demás que influye en el tipo de relaciones que se generan.

Si consideramos la construcción de la identidad como un proceso continuo y de carácter social (Wenger, 2001), el paso por la escuela es vital no solo por su prolongación en el tiempo sino por sus connotaciones sociales, culturales y personales que se generan de acuerdo a estos sistemas de relaciones. Esto es, el sistema de gestión que se vive en la escuela construye, en parte, los modos de vivir lo público y colectivo por parte de los participantes. Intentaremos establecer algunas características que se destacan en el análisis de las narraciones.

Tenemos que hablar, en primer lugar, de las relaciones piramidales propias de la experiencia escolar, marcadas por el autoritarismo en relación al profesorado y al equipo directivo. El alumnado se siente desplazado a un segundo plano, como meros espectadores. Conforme se avanza de curso esta distancia se va sintiendo más presente y visible, de forma que las primeras experiencias escolares son recordadas con afecto y las de la secundaria lo son por la disciplina, la distancia y la indiferencia. No es extraño encontrar declaraciones que afirman que el profesor o profesora que recuerdan con más cariño es el de preescolar, mientras que tampoco es extraño encontrar referencias a actuaciones autoritarias, a veces muy duras, en la secundaria. También es cierto que el profesorado que más les ha marcado, en el terreno de los valores, el conocimiento, etc., es también el de secundaria.

Este modelo de "poder en uno"[3] se basa en la idea asumida de que el profesorado y, en particular, el equipo directivo, es el que posee la información, ya que son los profesionales y, además, tradicionalmente han jugado este papel. Así, en algunos casos este hecho actúa como mecanismo de control, o bien como estrategia para acatar las normas de la escuela. Ellos son los que saben por qué y para qué, por tanto tienen el derecho y la autoridad para ejercer su poder sobre el alumnado. De alguna manera hay una conciencia de que el centro escolar ES del profesorado, lo cual le confiere el derecho a dictar las normas.

Una faceta importante de esta situación, que contribuye a este ejercicio de autoridad, es el desconocimiento acerca de los órganos de gestión y los diferentes componentes de la vida del centro: las familias, por ejemplo, no saben de la existencia del AMPA, ni de la normativa legal, de los derechos y deberes, etc. Lo mismo cabría decir del alumnado e, incluso, en algunos casos, del profesorado. La tendencia es clara: conforme el alumnado va creciendo y asumiendo esta situación de dominación, menos interés tiene en participar en la vida del centro. Todo se reduce a un sistema de méritos que les va otorgando estatus en el centro, y les permita una supervivencia en las mejores condiciones, lo cual supone un sistema de selección así como de segregación y exclusión explícita y legitimada por la ideología escolar. De hecho el alumnado lo asume con un cierto nivel de "normalidad".

---

3. Esto es, centrado sobre una persona, generalmente el profesor o profesora o alguien del equipo directivo.

De nuevo en este punto aparece una clara diferencia entre la escuela pública estatal y la escuela pública concertada y en la privada. Las biografías de nuestro alumnado, de nuevo, reflejan una escuela privada seleccionadora, con una rígida disciplina y con un control casi total, si bien luego la práctica cotidiana es mucho más homogénea de lo que esta perspectiva crítica podría suponer.

Todo este sistema de gestión en buena parte se encamina a colocar a cada sujeto en su sitio, de forma que sea manejable dentro de la complejidad de la vida escolar. Así, una evidencia clara de las biografías apunta a una continua clasificación del alumnado en todas las facetas de la relación educativa. De esta forma el sistema re-conoce a los componentes y los agrupa en función de determinados criterios, estableciendo diferentes opciones de actuación para cada uno. Estas clasificaciones, de algún modo, van configurando un tipo de identidad institucional; o si se prefiere formas de ser y estar en la escuela. Es el caso destacado, por ejemplo, de los así denominados "malos alumnos". Las calificaciones, como cabría suponer, son el principal criterio de clasificación y catalogación, de forma que ser buen o mal estudiante, para el profesorado, se convierte en una forma de ser para el alumno o la alumna, que incorpora esta etiqueta, y lo que conlleva, como forma de definir su actuación en la vida del centro.

En definitiva, al alumnado le cabe poca posibilidad de elegir y termina por acatar la etiqueta que se le asigna. Una alumna lo expresa de forma harto dramática cuando afirma que «*los profesores tienen la habilidad de arruinarte la vida porque te orientan lo que debes hacer*». Son abundantes las referencias de alumnado que narra cómo por el hecho de ser buen o mal estudiante suponía que se le "permitía" o no, acceder a determinadas ramas, promocionar el curso, etc.

Las calificaciones se convierten, así, en la herramienta de gestión más eficaz, ya que define las categorías y las conductas asociadas y orienta, en consecuencia, las trayectorias de los estudiantes. El aprendizaje (poco presente en las narraciones como hemos comentado) queda reducido a lo que expresa la calificación. Así, el alumnado se define por sus resultados: «*tú eres de notable, tú de bien, tú de suspenso (...)*». Una vez consolidada esta posición las opciones que hay para salirse de la misma son escasas. Hay una actitud sumisa ante este sistema, ya que se piensa que es producto de valoraciones "objetivas", normalizándose en la vida escolar. Aunque algunos alumnos y alumnas, sin embargo, no se sienten identificados con estos juicios de valor sobre ellos, la sensación de impotencia supera a la sensación de incomprensión, y se incorpora a la forma de "ser escolar". Con esto, la "buena gestión" queda, de algún modo, garantizada. Cada uno de los sujetos escolares conoce su posición y lo que se espera de él o ella en función de la misma.

4. El conflicto: ¿cómo salgo de esta?

Dice Beltrán (1997: 80) que se puede afirmar que las organizaciones escolares «*están presididas por los conflictos que las hacen girar en torno al poder*». De hecho, como es bien conocido, esta es una perspectiva muy presente en el análisis de las organizaciones y en particular las educativas. Las narraciones nos remiten también a esta lógica de interpretación de la experiencia escolar. De hecho, en buena parte, todo lo dicho hasta ahora no deja de ser sino formas de conflictos manifestadas de diferente modo, a partir del cual se va construyendo la forma de ser y actuar de la escuela y de los sujetos que pertenecen a ella. Vamos a centrarnos en algunas claves específicas que expresan las narraciones.

La primera cuestión que se pone en juego es el conflicto individuo-escenario; esto es, entre la actuación de cada sujeto y el marco social y cultural que representa la escuela. La escuela, como ya se ha puesto de manifiesto a lo largo de este trabajo, es una institución que conforma las individualidades, pero desde una pretensión de homogeneidad. Esto es, uno tiene que responder por sí mismo ante una misma exigencia colectiva, construyendo una forma personal de afrontar la situación que se corresponde con las estrategias de clasificación establecidas desde esta homogeneidad. Cómo resuelve cada uno esta situación es parte de la clave para entender su construcción como sujeto escolar, así como su perspectiva personal más compleja.

Tal como expresan en las narraciones, el ejercicio de la autoridad desde una posición de poder es el modo en que la institución regula su conducta. Es producto, por tanto, de un control externo, sin que exista una condición moral asociado. Es la tarea por la tarea, el orden por el orden, etc. No necesariamente porque haya un sentido propio. Obviamente, se aprende una forma determinada de entender la autoridad.

Ante esta aparente carencia de sentido de las normas que regulan la conducta en la escuela las respuestas pueden ser variadas. En todos los casos se trata de ver cómo evito el conflicto o me sobrepongo a él, elaborando estrategias, como ya hemos definido, de supervivencia. Una situación típica es el miedo al ridículo y a exponerse en público. De hecho, esta es una de las formas en que la institución actúa sobre los sujetos: los sujetos son expuestos al escrutinio del maestro públicamente (Rivas *et al*, 2010). Los vómitos, los llantos, las autolesiones en algunos casos, la negación a responder... son formas de evitar enfrentarse a una situación no deseada, de presión y, en parte, aversiva.

En algunos casos estas conductas tienen que ver no tanto con la presión de la situación de aula sino con la que suponen las expectativas de futuro o las generadas por la "necesidad" de aprobar, por ejemplo. En bastantes casos la idea de un proyecto futuro (familiar generalmente), la expectativa de éxito, etc. se rompe cuando aparece el suspenso o el fracaso. Esto puede ser interpretado, tal como promueve la escuela, como un fracaso personal y llevar al abandono o la retirada. No obstante, la escuela es una institución montada sobre la idea de futuro: se forma para el sujeto que deberá ser cuando sea adulto.

No aparece como muy extendida la respuesta de resistencia por parte del alumnado ante estas situaciones. Más bien hay un alto grado de aceptación: "las cosas son así". No hay mucha opción para plantear alternativas. Sólo en algunos casos se plantea un enfrentamiento abierto con el profesorado que lleva a una ruptura, a una agresión, etc. La violencia, en cualquier caso, se percibe como una situación extrema. De hecho, las conductas disruptivas por parte de algunos sujetos son consideras como parte del juego de roles que se establece y no deja de ser una respuesta individual y localizada.

Esta forma de acatar la situación lleva a desarrollar estrategias que podríamos llamar de "camuflaje". Por ejemplo, ante el miedo al fracaso o al ridículo que antes expusimos, el sujeto se convierte en ignorante para no tener que exponerse en público o arriesgarse a un fracaso. Evita el conflicto extrañándose de la situación que le genera el conflicto. Al final evita que le vuelvan a preguntar. Se llega a inhibir conductas que serían posibles en otras situaciones, rompiendo con la espontaneidad de la respuesta a favor de la conducta institucional. Se puede decir que se construye una máscara con la que afrontar las exigencias escolares. Esto vale tanto para los "buenos" alumnos como para los "malos", solo que cada uno lo resuelve de diferente modo. Mientras los primeros se obligan a actuar como tales, en cualquier situación escolar, los otros pueden permitirse otros comportamientos que se les consiente como "casos perdidos", por ejemplo.

De cualquier modo, se comparte un mismo valor instrumental de la escuela de cara a la trayectoria personal. El valor social de las credenciales y lo que significa la escuela aparece reconocido por todos, si bien cambian los objetivos académicos y profesionales. Mientras unos miran a un futuro más o menos lejano, otros se conforman con objetivos más inmediatos y menos académicos. Se pone de manifiesto la apuesta a la que hacía referencia Perrenoud (1990) a perdedor o ganador. No es una cuestión de mayor o menor conocimiento de las reglas del juego, sino de definición de tu modo de ser y estar en la escuela tal como ya hemos comentado. Para unos el sentido se difumina en el horizonte y la realidad social y económica se presenta mucho más inmediata, mientras que para otros se pone en juego la ideación modernista de la escuela como factor de progreso y promoción social.

El conflicto, ya para terminar, no se queda en esta dimensión normativa y regulativa de la escuela. El grupo de pares actúa también como una fuente importante de problemas y de exigencias que hay que resolver. Dentro de la ideología compartida de la homogeneidad de la escuela, sancionada en sus formas organizativas, el grupo de aula actúa en coherencia, conformando una unidad cultural y de acción (Rivas, 1991). El sentido de pertenencia al grupo se convierte en fundamental, de forma que "obliga" a comportarse de acuerdo al mismo. El grupo de compañeros, se puede decir que anula las diferencias individuales a favor de una identidad de grupo, actuando a menudo con más fuerza, que la propia situación institucional.

5. Para seguir pensando

La complejidad que presenta la experiencia escolar a través de las narrativas que hemos estudiado realmente es importante. Claramente se rompe la lógica instructiva que parece que centra prioritariamente el estudio sobre los procesos escolares, para poner la mirada sobre otras cuestiones que a la postre resultan más relevantes para el sujeto. Posiblemente el foco haya que situarlo más en el modo en que la escuela trabaja los procesos de enseñanza-aprendizaje. Así, cuando el alumnado siente que lo que hace tiene un sentido y le ayuda en su desarrollo personal, no tiene problema en comprometerse. Ahora bien, cuando lo que siente es fundamentalmente que lo que se le ofrece es un fuerte sistema de regulaciones sin más sentido que la regulación misma, la experiencia escolar empieza a carecer de sentido.

Desde una óptica curricular, que entiende que este abarca el conjunto de procesos que tienen lugar en la escuela, la cuestión es clara: la escuela enseña una serie de contenidos sociales, políticos y culturales basados en esta mirada reguladora, controladora y jerarquizada. Los contenidos académicos se convierten en meros instrumentos con los que manejarse para sobrevivir en el entorno que se les ofrece. O quizás haya que decir al que se le obliga a asistir. Si bien entendemos que esta obligatoriedad hay que entenderla desde la óptica de las conquistas democráticas y sociales del mundo occidental, bien es verdad que supone una coacción sobre la vida del sujeto. Quizás sea el momento de plantearse con qué tenemos que llenar este hueco de su vida para hacerle un hombre o una mujer más feliz, más solidario, más justo, etc. y no tanto qué tipo de requisitos tienen que cumplir para superar las exigencias establecidas. Esto significa, obviamente, repensar el currículum.

En definitiva, el análisis de las biografías nos permite observar que la experiencia escolar constituye un mundo inacabado con múltiples sentidos, perspectivas y tramas, alejadas del mundo académico en buena parte. Las narraciones de los estudiantes permiten abrir las puertas de este mundo tan complejo para hacerlo visible al otro mundo, el de la vida cotidiana, el mundo no escolar, el mundo real. Y en este juego uno puede visualizar líneas de continuidad –a pesar de la aparente o irreconciliable diferencia–, rupturas, bloqueos, refuerzos; que claramente configuran una experiencia particular en la vida de los sujetos escolares, pero que también van generando terrenos o espacios donde lo escolar es el espejo de lo real, y lo real no puede escapar de lo escolar. Entonces, la cuestión sería ¿cómo revertimos estos procesos de naturalización, de normalización de la experiencia escolar? ¿Cómo convertimos en educativo lo que es administrativo, regulativo y controlador? ¿Cómo hacemos de la escuela un lugar para el encuentro interpersonal que permita comprender (no sólo reproducir) el mundo que nos ha tocado vivir?

Referencias

ACHILLI, E. (1996). *Práctica docente y diversidad socio-cultural*. Rosario. Homo Sapiens.

BENJAMIN, W. (2008). *El Narrador*. Buenos Aires. Ediciones Metales Pesados.

BELTRÁN, F. (1997). "Escuela democrática. Comunicación y conflicto". *Cuadernos de Pedagogía*. 258, 80-87.

BRUNER, J. (1997). *La educación, puerta de la cultura*. Madrid. Visor.

BRUNER, J. (2002). *La fábrica de historias*. México. Fondo de Cultura Económica.

CELADA, B.; RIVAS, J. I. y LEITE, A. E. (2009). "Bioescuela: Estudio Biográfico de la Experiencia Escolar". En A.A. V.V. *Actas del V Congreso Nacional y III Internacional de Investigación Educativa: Investigación Educativa y Compromiso Social*. Cipolletti, Rio Negro (Argentina). Facultad de Ciencias de la Educación.

DÍAZ, I. y RIVAS, J. I. (2007). *Un Nuevo Modelo de Mujeres Africanas: El Proyecto Educativo Colonial en el África Occidental Francesa*. Madrid. CSIC (Consejo Superior de Investigaciones Científicas).

DUSSEL, I. y CARUSO, M. (1999). *La invención del aula. Una genealogía de las formas de enseñar*. Buenos Aires. Santillana.

GERGEN, K. J. (1996). *Realidades y Relaciones. Aproximaciones a la construcción social*. Barcelona. Paidós.

HARRÉ, R. (1983). *Personal Being. A Theory for Individual Psychology*. (Ways of Being). Oxford. Blackwell.

HERRERA, D.; JIMÉNEZ, R. y RIVAS, J. I. (2008). "Narrativas Escolares e Innovación en la Enseñanza Universitaria. Una aportación al modelo CIDUA". *Educaçaó Unisinos*, 12(3), 226-237.

HUBERMAN, M. (1995). "Trabajando con narrativas biográficas". En Mc Ewan, H. y Egan, K. (Comps.). *La narrativa en la enseñanza, el aprendizaje y la investigación*. Buenos Aires. Amorrortu.

KINCHELOE, J. (2001). *Hacia una revisión crítica del pensamiento docente*. Barcelona. Octaedro.

KORTHAGEN, F. A. J. y KESSELS, J. P. A. M. (1999). "Linking theory and Practice: Changing the Pedagogy of Teacher Education". *Educational Researcher*, 28 (4), 4-17.

LEITE, A. E. (2005). *Las biografías estudiantiles como estrategias de enseñanza y aprendizaje en el primer año. Preocupaciones y Desafíos frente al Ingreso a la Universidad Pública* (165-171). Córdoba, Argentina. Facultad de Filosofía y Humanidades.

LEITE, A. E. y RIVAS, J. I. (2009). "Narraciones sobre la universidad: formación y profesión desde la experiencia como estudiante". En Rivas, J. I. y Herrera, D. (Coords.). *Voz y Educación. La narrativa como enfoque de interpretación de la realidad* (pp. 89-100). Barcelona. Octaedro.

MAC-INTYRE, A. (1987). *Tras la virtud*. Barcelona. Crítica.

MINK, L. A. (1969). "History and fiction as modes of comprehension". *New Literary History*, 1: 556-569.

MORÍN, E.; CIURANA, E. R. y MOTTA, R. (2002). *Educar en la era planetaria. El pensamiento complejo como método de aprendizaje en el error y la incertidumbre humana*. Valladolid. Universidad de Valladolid.

NEGRI, A. (1994). *El poder constituyente*. Barcelona. Libertarias/Prodhufi.

PERRENOUD, P. (1990). *La construcción del éxito y del fracaso escolar*. Madrid. Morata.

RIVAS, J. I. (1990). "Investigación Naturalista en Educación". *Una Revisión Crítica*. Valencia. Promolibro.

RIVAS, J. I. (1991). *Organización y cultura del aula: los rituales de aprendizaje*. Málaga. Edinford.

RIVAS, J. I. y CALDERÓN, I. (2002). "La Escuela desde la experiencia de los alumnos. Biografías y experiencia escolar". *X Simposio Interamericano de etnografía educativa*. Albuquerque. N. M. USA.

RIVAS, J. I.; HERRERA, D.; JIMÉNEZ, R. y LEITE, A. E. (2009). "Conocer la escuela a través de nuestras vidas. La biografía escolar como estrategia de aprendizaje". García, A. (coord.). *Experiencias de innovación docente universitaria*. Salamanca. Ediciones de la Universidad de Salamanca.

RIVAS, J. I. y LEITE, A. L. (2006). "Identidad y Cultura en la Experiencia Escolar". *Actas del XI Symposium Interamericano de Investigación Etnográfica y Cualitativa en Educación: Niños y Jóvenes Dentro y Fuera de la Escuela. Debates en la Etnografía y la Educación*. Buenos Aires. Universidad de Buenos Aires.

RIVAS, J. I. y LEITE, A. L. (2009). "La Experiencia de género en la escuela: Espacio, éxito y relación". En Santos, M. A. (coord.). *El género como pasión. Homenaje a la profesora Gloria Arenas Fernández* (pp. 195-212). Málaga. Servicio de Publicaciones de la Universidad de Málaga.

RIVAS, J. I.; LEITE, A. L.; CORTÉS, P.; MÁRQUEZ, M. J. y PADUA, D. (2010). "La configuración de identidades en la experiencia escolar. Escenarios, sujetos y regulaciones". *Revista de Educación*, 353.

RIVAS, J. I.; SEPÚLVEDA, M. P. y RODRIGO, P. (2000). "El trabajo de los docentes en secundaria: Estudio biográfico de su cultura profesional". *Revista Interuniversitaria de Formación del profesorado*. 39, 133-146.

RIVAS, J. I.; SEPÚLVEDA, M. P. y RODRIGO, P. (2005). "La cultura profesional de los docentes en enseñanza secundaria. Un estudio biográfico". *Archivos Analíticos de Políticas Educativas*. 13(49). http://epaa.asu.edu/epaa/v13n49.RO-SALDO, R. (1993). *Culture and Truth. The Remaking of Social Analysis*. London. Routledge.

SMITH, L. M. (1997), *Learning to do, teaching to do. Annual Meeting of the American Research Association*. Chicago, Il.

VAN GENNEP, A. (1986). *Los ritos de paso*. Madrid. Taurus.

WENGER, E. (2001). *Comunidades de práctica*. Barcelona. Paidós.

WHITE, M. y EPSTON, D. (1990). *Narrative means to therapeutic ends*. Nueva York. Norton.

Capítulo 3.

El uso de las autobiografías en la formación inicial de los futuros docentes. Dos experiencias en la Universidad de Almería

Daniela Padua Arcos
Mª Esther Prados Megías
Universidad de Almería

1. Introducción

Las experiencias que presentamos son fruto de un proceso que iniciamos hace algunos años con la incorporación paulatina de estrategias novedosas en la metodología de enseñanza para la formación universitaria de futuros profesionales de la educación, tanto para su implicación en un contexto institucional, como para el trabajo en el ámbito no formal.

La primera experiencia se puso en marcha en la asignatura de Organización del Centro Escolar de la titulación de maestras y maestros de Educación Musical que se imparte en el primer semestre del primer curso de esta diplomatura, por lo que su alumnado inicia en ella sus primeras vivencias y experiencias universitarias. La segunda relata la experiencia que se viene realizando con el alumnado de la titulación de Magisterio en la especialidad de Educación Física y en la asignatura de Didáctica de la Expresión Corporal, que se imparte en el primer semestre del tercer curso. El alumnado desarrolla esta experiencia narrativa en el último año de diplomatura justo antes de iniciar el período de prácticas. El uso de la autobiografía se enmarca dentro del proceso formativo en las asignaturas, tratando de vincular aspectos expresivos, reflexivos y corporales.

Estas dos experiencias, aunque presentadas de forma separada, en la actualidad transcurren simultáneamente en el tiempo. La relación entre ambas viene definida por el vínculo profesional y didáctico que las profesoras mantienen durante el proceso, basado en la reflexión y el diálogo sobre los aconteceres de esta propuesta biográfica. Responden a dos momentos diferentes del proceso de formación de docentes, uno referido a cómo llega el alumnado a la universidad y la importancia de sus experiencias escolares previas, y otro al final, en el que nos cuentan cómo van apropiándose de forma autónoma de los aprendizajes y vivencias universitarias.

Bloque 1

2. Las biografías en la formación inicial de docentes

Al argumentar el uso de la narrativa en la formación del profesorado, compartimos con Bruner (1997), la idea de que mediante el pensamiento narrativo damos sentido a nuestra vida y a los sucesos en los que estamos involucrados integrándolos en relatos. Las biografías del alumnado contadas y elaboradas por ellos mismos es una herramienta metodológica que pone de manifiesto las relaciones que han establecido y las estructuras en las que se han desarrollado sus procesos formativos.

A lo largo de esta experiencia narrativa nos damos cuenta que el alumnado escribe acerca de lo que cree que es enseñar, de lo que cree que es ser profesor o profesora, de lo que debe o no hacer y de lo que cree que es aprender en una clase. También se evidencia que las experiencias previas quedan marcadas en el cuerpo, silenciadas e incluso olvidadas; al escribir sobre sus vivencias, emociones y sentimientos durante el proceso de aprendizaje afloran situaciones en las que se pone de manifiesto su experiencia vital (rechazos, sufrimientos, incomprensiones, enjuiciamientos, roles, estereotipos,...), y es entonces, cuando toman conciencia del papel protagonista en su aprendizaje. Esta experiencia es fuerte, en el sentido de que deja una huella en cada uno, siendo alumno niño, adolescente o adulto (Fernández y Ramírez, 2006: 3 y ss.).

A partir de sus relatos iniciamos un proceso de reflexión y análisis de sus vivencias, de la huella que estas dejan y cómo se han ido incorporando a su mundo de significados. El uso de las autobiografías escolares con el alumnado de magisterio es un instrumento de trabajo que ayuda a la propia reflexión y al proceso personal vinculado al conocimiento de la asignatura. Coincidimos con Bruner cuando dice:

> «(...) la experiencia y la memoria del mundo social están fuertemente estructuradas, no sólo por concepciones profundamente internalizadas y narrativizadas de la psicología popular, sino por las instituciones históricamente enraizadas que una cultura elabora para apoyarlas e inculcarlas».
>
> 2000: 68.

Componer la narración de su experiencia escolar y su proceso en la asignatura, juega un papel activo en la construcción democrática del currículum y en la recreación de un nuevo papel de aprendiz. Cuando se analiza de forma colectiva el rol de estudiante y se habla de él en clase, se van desarrollando actitudes de sinceridad y se va desvelando el currículum oculto que han vivido en su historia escolar y académica. Rivas (2009), al hablar de las biografías dice que estas:

> «(...) nos enseñan acerca de los diferentes contextos de construcción de la experiencia: los tipos de centros, la variedad de profesorado, las características sociales y culturales..., el tipo de relación que se genera con los compañeras/os y con los docentes, el modo como la institución organiza la vida cotidiana de los sujetos, las estrategias de supervivencia,... En definitiva, todo el complejo mundo cotidiano (...)».
>
> Rivas 2009: 22 y 23.

En este sentido las autobiografías aportan claridad y transparencia al proceso de enseñanza-aprendizaje ya que desde el inicio de las asignaturas al alumnado

El uso de las autobiografías en la formación inicial de los futuros docentes. Dos experiencias en la Universidad de Almería

3

se le da la posibilidad de conocer, comprender y participar en los propósitos, principios de procedimiento y evaluación de las mismas.

> «*Las biografías del alumnado ponen de manifiesto los vínculos entre las narraciones personales y la estructuras sociales, institucionales, políticas culturales, etc. que caracterizan la escuela... las narraciones biográficas se convierten en el modo de poder entrar en su mundo de significados*».
>
> Rivas, O. c: 22.

La propuesta va encaminada a que el alumnado se implique, se responsabilice, autogestione, comprometa, sea autónomo y participe en las decisiones que se van tomando a lo largo del proceso, individual y colectivamente.

En el modelo ecológico que Doyle[1] elabora para caracterizar la vida del aula y contextualizar el aprendizaje que tiene lugar en ellas, los intercambios en el aula se producen en el marco de adquisiciones por calificaciones. Como el objetivo del grupo-clase es el éxito, el alumnado desarrolla estrategias de supervivencia para compensar su ignorancia. En las clases de las que hablamos el alumnado no tienen que preocuparse por desarrollar las mencionadas estrategias, pues las relaciones en el grupo se producen en el marco de los siete principios del aprendizaje dialógico [2], por lo que se han de ocupar en acumular vivencias democráticas significativas

---

1. Gimeno, J. y Pérez, A. (1983: 130). *La enseñanza, su teoría y su práctica*. Madrid. Akal.

2. Márquez, M. J. y Padua, D. (2011). "Autoevaluación en la Formación de Maestras y Maestros. Narrativa, Experiencia y Reflexión de un Aula Universitaria". En Sicilia, A. *La Evaluación y Calificación en la Universidad: Relatos autobiográficos durante la búsqueda de Alternativas*. Barcelona Hypatia. Principios del Aprendizaje Dialógico:

- **Diálogo igualitario**, por el que todas las aportaciones de los actores se consideran en función de la validez de los argumentos y no en función de las relaciones o posiciones jerárquicas o de poder. La validez de los argumentos vendrá dada por la inteligibilidad de las emisiones, esto es, la comprensividad de su sentido; por la verdad del enunciado; por el reconocimiento de la rectitud de la norma; y, por último, porque no se pone en duda la veracidad de los sujetos implicados.
- **Inteligencia cultural** es un concepto amplio de inteligencia, que engloba la pluralidad de dimensiones de la interacción humana. Las teorías psicológicas del déficit han dado paso a unas nuevas concepciones de la inteligencia, que a partir de la diferenciación realizada por Catell (1971) entre la inteligencia fluida y cristalizada, han abierto nuevas perspectivas a los estudios de psicología, sobre todo en la edad adulta. Por otro lado, la perspectiva sociocultural de la escuela soviética (Vygotsky, 1977; Luria, 1980) fundamenta el origen social del pensamiento humano, incidiendo en la importancia del contexto sociocultural en el desarrollo de la inteligencia. Las aportaciones de Scribner (1982, 1984) sobre inteligencia práctica, la teoría de las inteligencias múltiples de Gardner (1995, 1998) y la de la inteligencia multicomponencial de Stemberg (1990) aportan una visión multidimensional de la inteligencia.
- **Transformación** (Freire, 1997). En esta premisa se basa el tercer principio del aprendizaje dialógico. Éste hace posible los cambios en las personas y en su entorno. La educación y el aprendizaje deben estar enfocados hacia el cambio para romper con el discurso de la modernidad tradicional, basado en teorías conservadoras sobre la imposibilidad de transformación, con argumentos que sólo consideraban la forma cómo el sistema se mantiene a través de la reproducción, o bien desde el punto de vista que nosotros debemos ser objeto de una concientización por parte de algún líder carismático o de algún o alguna profesora inquieta que nos iluminará con su sabiduría abriéndonos los ojos a la realidad. La modernidad dialógica defiende la posibilidad y la conveniencia de las transformaciones igualitarias como resultado del diálogo.
- **Dimensión instrumental**, en la medida que los actores acuerden que quieren aprender aquellos tipos de conocimientos y destrezas que consideran necesarias para su desarrollo. Con ello, se intenta evitar que los conocimientos de tipo instrumental sean decididos en función de criterios tecnocráticos y de poder. Es importante que a través del diálogo y de la reflexión se profundice en el tipo de conocimiento que se selecciona, ya que la selección y procesamiento de la infor-

basadas en el análisis y reflexión de los aprendizajes elaborados en distintos contextos institucionales desde la escuela infantil hasta la universidad.

Sus relatos no son copias de los sucesos ocurridos sino que son reconstrucciones, creaciones, pues como dice Bruner, «*las historias se crean, no se encuentran en el mundo*» (*op. cit.*: 40). «*La complejidad de la narrativa incluye que una misma persona al mismo tiempo vive, explica, reexplica y revive esas historias*» (Connelly y Clandinin: 22, *op. cit.*). Y como Vázquez señala:

> «(…) *Cuando las personas hacemos memoria, mediante nuestro discurso sostenemos, reproducimos, extendemos, engendramos, alteramos y transformamos nuestras relaciones. Es decir, la memoria de cada persona cambia en la relación y cambia también las relaciones*».

2000: 115.

A través del uso de la narración de su experiencia, autobiografía, el alumnado van dando sentido y significado a su experiencia escolar y académica. «*La narración modela no sólo un mundo, sino también las mentes que intentan darle su significado*» (Bruner, 2003: 47). En las biografías afloran significados y creencias que incluyen valoraciones, en términos de bueno o malo, adecuado o inadecuado, etc., que condicionaran el tipo de docente que llegaran a ser. Al tener la posibilidad de explicitarlo y reflexionarlo durante el proceso formativo, posibilitamos que se pregunten ¿*qué docente quiero ser?*

3. La biografía como base en el proceso de enseñanza aprendizaje

Como docente de la asignatura de Organización del Centro Escolar, asignatura troncal del plan de estudios de magisterio y en mi caso en la especiali-

---

mación es un instrumento cognitivo necesario para un buen desenvolvimiento en la sociedad de la información. Prescindir de ello, formaría parte de la profundización en la exclusión y marginación social, aspecto que desde una perspectiva crítica se quiere superar.

- **Creación del sentido** de nuestra identidad. Los ritmos acelerados y cambiantes de la sociedad, las demandas del mercado, pueden hacer que se pierdan las identidades individuales, por lo que es preciso potenciar la creación del sentido que tiene nuestra existencia y lo que estamos estudiando. Para ello, hemos de posibilitar un tipo de aprendizaje que posibilite una interacción entre las personas dirigida por ellas mismas, creando así sentido para cada uno de nosotros y nosotras, puesto que no hemos de olvidar que la aportación que hace cada uno es diferente a la del resto y, por tanto, irrecuperable si no se tiene en cuenta.
- **Solidaridad**, en que se han de basar las prácticas educativas democráticas que se plantean como alternativa a la exclusión y marginación social derivada de la dualización social. El aprendizaje dialógico se ha de llevar a cabo de forma solidaria y participativa en una relación de igualdad y horizontalidad, para que sea equilibrado y justo, incorporando una dimensión social a nivel de comunidad local e internacional.
- **Igualdad de la diferencia**, plantea la diversidad de las personas como un elemento de riqueza cultural y de igualdad. Ni igualdad homogeneizadora ni diversidad desigual, cada cual tiene que ser respetado en su diferencia y a la vez participar en igualdad, aquí se habla del grupo completo incluida la profesora o cualquier otro profesional que intervenga en clase. Freire (1997: 29) nos plantea este aspecto como uno de los sueños posibles cuando se refiere a los retos de la educación, sobre todo en la formación de futuros educadores. (Adaptado de Flecha, 1997. CREA. Centro de Investigación para la Superación de Desigualdades Sociales y Educativas. Universidad de Barcelona).

3

dad de Educación Musical, considero importante conocer, en el inicio del proceso formativo, con qué experiencia de escuela llegan al aula los estudiantes cada año, para así poder conectar el desarrollo de la asignatura a sus conocimientos y vivencias previas. Siendo esto importante, lo que me llevó a incorporar la autobiografía como parte de la metodología, fue la necesidad de que el alumnado rememorara y pusiera en cuestión, individual y colectivamente, la escuela que había vivido en la etapa de escolaridad obligatoria y que desde la reflexión de su experiencia conectara con los contenidos de esta asignatura.

La realización de la autobiografía forma parte de una metodología de trabajo que busca por un lado conectar la teoría con la experiencia vivida y por otro que el alumnado de clase se comprometa individualmente y como grupo, en un proceso de aprendizaje autónomo, colaborativo, en interacción, solidario, emancipador y de responsabilidad compartida, que transforme el aula universitaria en un contexto democrático de participación directa y de toma de decisiones. A partir de la vivencia de cada una/uno, se propiciará la ruptura conceptual de los roles y estereotipos establecidos y consolidados en las relaciones profesorado, alumnado y materia, que en el modelo de enseñanza "tradicional", –que sigue vigente en muchas aulas universitarias–, se produce de forma jerárquica.

Diseñamos esta experiencia sobre la base de la importancia que la autobiografía escolar tiene para la puesta en marcha de un proceso de enseñanza-aprendizaje reflexivo en el aula. El propósito es iniciar una implicación y análisis de los centros escolares y de la educación, a partir de su propia experiencia y de cómo la vivieron y ahora la recuerdan, para así, desde los principios del aprendizaje dialógico, poder iniciar un proceso de reflexión participativo con el que edificar el aprendizaje de la asignatura. Compartimos con Bruner (1997), la propuesta de que el trabajo autobiográfico procura un mayor conocimiento y reflexión que libera y amplía la visión del mundo y del "yo", rompiendo con la formas de reproducción de prejuicios y estereotipos que arrastran desde la escuela primaria y que les impide participar como personas reflexivas en la acción educativa y social.

A partir de las primeras sesiones de clase, cada estudiante narra su experiencia escolar por escrito e individualmente. No hay ninguna prescripción para esta tarea, puede ser todo lo extensa e intensa que juzguen oportuna, pueden centrarse en aspectos cronológicos o en un recuerdo muy detallado. Durante un par de semanas el alumnado ha de ir desarrollando, con tranquilidad y en casa, el relato de su historia escolar. Simultáneamente, en la clase vamos trabajando aspectos del programa por medio de la lectura de artículos y posteriores debates, que favorecen la reflexión y van iluminando las situaciones que han vivido en la escuela, conectando la teoría que se trabaja, con la experiencia vivida durante su escolarización.

Después de dos semanas y entregada la autobiografía, que está abierta y puede ser revisadas a lo largo del proceso, confecciono un mapa en el que reflejo la procedencia y la diversidad de trayectorias escolares que hay en la clase. Este mapa ayuda a conocer con mayor rapidez y profundidad a los estudiantes, proceso que de otro modo se alarga en el tiempo por la amplia ratio que hay en la universidad, en especial en las titulaciones de magisterio, y que en ocasiones impide conocer a todo el alumnado en un cuatrimestre. Al presentarlo en la clase, ellas y ellos pueden establecer semejanzas y diferencias entre sus vivencias escolares y comentarlas, favoreciendo la cohesión del grupo. Además, les proporciona una visión de conjunto del grupo/clase que genera relaciones de respeto, amistad y cercanía. También ayuda a romper con el individualismo instalado en las aulas universitarias y con la competitividad por la nota, estimulando la solidaridad en el proceso de enseñanza/aprendizaje.

Como la respuesta es abierta y al relatar su experiencia no se les obliga a seguir un modelo, de forma mayoritaria hablan de qué les ha llevado a estudiar magisterio, cuáles son sus intereses y para qué la estudian…

> *«Estudio magisterio porque desde chica me gustaba poner a mis muñecos sentados y les daba clase (…) Mis padres me aconsejaron que estudiara Magisterio (…) Estudié un año informática y me di cuenta que no me gustaba (…) Quería hacer otra carrera y no me llegaba la nota de selectividad (…) Es una carrera corta (…) Hay muchas vacaciones (…) No tenía claro qué quería hacer (…) Es la que me han dado».*
>
> Extracto de varios relatos biográficos.

Esto posibilita que, conociendo lo que les ha llevado a elegir estos estudios, pueda planificar una enseñanza más cercana y más ajustada a sus intereses. Claro que también busco despertar intereses diferentes a los de partida, pues en algunos casos, como ha quedado expuesto, obedecen a razones nada personales e incluso ajenas. A este alumnado que no tiene claro qué hacer, que llega a la titulación sin plantearse su decisión o por intereses espurios ("hay muchas vacaciones"), también va dirigido mi trabajo como docente y por lo tanto tendré que atraerlo a la asignatura.

La diversidad de historias que existen en el aula es extraordinaria, pese a que son alumnas y alumnos que han superado la etapa obligatoria y llegan a la universidad, en sus biografías destacan no sólo los aspectos exitosos de sus estudios sino que hablan de experiencias cercanas de fracaso escolar, bien por la experiencia que describen de compañeros y compañeras de sus años escolares o bien porque algunos y algunas retoman los estudios desde el mundo laboral, después de vivir el fracaso o abandono del sistema educativo. Son aquellos/as que llegan a la universidad por la vía de acceso para mayores de veinticinco años. Esto permite que en la clase se hable del Sistema Educativo, de las vías de acceso, se consulte la página del MEC, se busque información en revistas de educación, se profundice la función de selección de la escuela en las alternativas y posibilidades y no en las dificultades.

Con la información facilitada elaboro, para compartir con el alumnado, una panorámica anónima, que describe, a *grosso* modo, la heterogeneidad de sus distintas trayectorias por el sistema educativo, esto permite visualizar las categorías emergentes de las experiencias vividas y la diversidad de aspectos a analizar. Por ejemplo, alumnado que ha avanzado a curso por año en las distintas etapas del sistema, otras u otros que han repetido algún o algunos cursos en primaria, secundaria o en ambas, algunas/os que proceden de mó-

El uso de las autobiografías en la formación inicial de los futuros docentes. Dos experiencias en la Universidad de Almería

3

dulos formativos, o que pasaron al mundo laboral y que ahora deciden seguir estudiando, etc. Esta heterogeneidad nos permite situarnos en un pensamiento grupal divergente a la vez que personalizamos experiencias y contenidos, como diría Freire (1997), a la búsqueda de la unidad en la diversidad.

Un lugar destacado lo ocupa el análisis de "situaciones de fracaso escolar diagnosticado por la institución escolar" y que a pesar de ello el alumno/alumna sigue adelante con sus estudios y ha llegado a la universidad. Es decir, recojo de sus relatos las evidencias y vivencias que ellas y ellos cuentan acerca de los diagnósticos del orientador/a o del profesor/a que les vaticinaban el fracaso en los estudios superiores basándose en criterios de una escuela selectiva, o bien en un criterio darwinista que les prescribía continuar el oficio de sus padres. Por ejemplo, "trabajar en la tierra". Estas evidencias las aprovechamos en clase para debatir las funciones de la escuela y cuestionar algunas prácticas que obedecen más a supersticiones y creencias que al rigor de teorías basadas en las aportaciones de investigaciones recientes. También nos sirve para indagar sobre experiencias de escuelas alternativas basadas en el éxito escolar para todas y todos.

Además, buscamos aquellas semejanzas que hacen referencia a ciertos ritos y rutinas vividas en los centros, a la vez que señalamos experiencias particulares que ponen de relieve aspectos de la cultura escolar que se puede estudiar como un caso. Por ejemplo, la enseñanza basada en el miedo al castigo, la represión, la segregación, la exclusión, los estereotipos...

> «Allí me encontré aislada porque al ser gordita los niños no querían jugar conmigo. El maestro se empeñaba en que hiciera cosas que me hacía daño y los niños se reían (...) En las clases magistrales había que estar firmes, derechos, callados y asustados... si hacías algo mal el maestro te daba en la mano con una regla de madera (...) Tenía ocho años y aunque no era "revoltosa" acababan metiéndome en el "cuarto oscuro" (...) Todos debíamos escribir con la mano derecha, en ocasiones llegó a atarme la mano izquierda, yo era zurdo (...) Cuando me pusieron gafas... hubieron comentarios, lo típico: gafitas, cuatro ojos, capitán de los piojos y algunos más (...)».

Extractos de varios relatos biográficos.

Además de contar con sus experiencias, en clase se realizan proyecciones de documentales y películas que abordan temas de castigos, segregación,... El propósito es crear un ambiente de diálogo que propicie intervenciones desde su propia experiencia o la experiencia de alguien cercano, amistades, hermanos, primos, etc. para personalizar el análisis y que se produzca un aprendizaje significativo basado en la reflexión y crítica de la experiencia. En ocasiones estos temas suscitan actividades a realizar fuera del aula, proponen preguntar a sus abuelos, padres y/o familiares acerca de la escuela que vivieron. De esta manera se amplían los contextos escolares y podemos contrastar la escuela de los años 50 o 70, a la vivida por ellas y ellos, aportando testimonios documentales, enciclopedias, libros y cuadernos.

Esta actividad en ocasiones genera el interés por conocer la historia de la escuela en España, para lo que se le facilita bibliografía y artículos sobre el tema. Al ser estudiantes de magisterio musical y con ocasión de esta actividad, encuentran documentos sonoros, antiguas canciones escolares o testimonios que graban de prácticas de aprendizajes memorísticos sobre la base de una melodía, cantar el abecedario, las tablas de multiplicar, oraciones, etc. sobre estos también se realizan trabajos de reflexión y crítica que pueden ser en grupo y/o individuales.

Como ya he dicho, el trabajo de la autobiografía es una tarea abierta que no termina con su entrega, a lo largo del curso las y los estudiantes van contrastando, aprendiendo y reflexionando en conexión con el contenido de la asignatura, de tal manera que la presencia de nuevas aportaciones sobre su vida escolar las van realizando cada vez con mayor profundidad y análisis, haciendo evidentes aspectos que no contemplaban antes de que se trataran ciertas perspectivas y temas en clase. Trabajamos con experiencias y alternativas pedagógicas y organizativas, escuelas alternativas, etc. por medio de visionados, lecturas y consultas a páginas web seleccionadas y que presentan transformaciones de escuelas, prácticas alternativas en el aula, como la metodología freinetiana, que les da una nueva perspectiva sobre la asignatura.

La realización de su biografía les ayuda a plantearse qué docente quieren ser. Reproducimos a continuación fragmentos de las narraciones de un alumno y una alumna donde la reflexión y los conceptos teóricos incorporados les hacen reflexionar acerca del docente que quieren ser, valorando la autobiografía como estrategia de reflexión y de construcción de conocimiento:

> *«A nivel personal debo reconocer que si no hubiera hecho la biografía en clase pensaría que mi formación era normal, ni buena ni mala. Quizás sin querer, habría dado por buenos los métodos, formas y pensamientos (...) que años atrás yo había recibido y estaría condenando a mis alumnos/as a que pasaran los mismos sufrimientos que yo soporte en mi etapa escolar. Los privaría de autonomía, de libertad de pensamiento, de razonamiento, de crítica (...) no les estaría formando como personas autónomas y reflexivas».*
>
> Reflexión de autobiografía de un alumno.

> *«Según mi vida escolar la educación equivalía a repetición, sometimiento, sumisión, pasividad, conformismo. (...) no existe justicia social, no se daba más al que más necesitaba, se le discriminaba, no se le atendía y se le ignoraba. Se le daba más al que más tenía, en fin una educación para una élite. Ahora revivo los sentimientos que me produce recordar determinadas situaciones de rechazo a algunos de mis compañeros sólo por ser de otra cultura, por ser diferente su ritmo de aprendizaje, por su nivel económico, etc. En mi caso, como el profesorado tenía altas expectativas sobre mí aunque me equivocara tenía la buena nota pues estaba etiquetada como: "lista, buena, obediente..."».*
>
> Reflexión de autobiografía de una alumna.

Sus narraciones dejan al descubierto relaciones con los docentes que en clase son analizadas y revisadas desde la pedagogía crítica y a la luz de principios democráticos, de justicia social y derechos humanos y que ellas y ellos van incorporando a sus reflexiones en un proceso de aprendizaje que amplía su visión sobre la educación, la escuela, la labor docente...

> *«Al ser una actividad tan rica, éste será el comienzo de un proceso de reflexión, de cuestionamiento y de investigación en constante*

El uso de las autobiografías en la formación inicial de los futuros
docentes. Dos experiencias en la Universidad de Almería

3

transformación… Es un análisis de mi etapa escolar, de mi trayectoria académica, cómo se forman los ciudadanos, si son democráticos o sumisos, si se induce a participar, si se compensan las dificultades, si se da la igualdad en el resultado, los valores que se han interiorizado, cómo se han ido cogiendo rutinas académicas, cuál ha sido el papel del profesor, cómo reproducimos sin reflexión. Este trabajo no responde a algo acabado sino a la reflexión durante un proceso que como tal no tiene fin, es un primer paso que induce al análisis y a la reflexión. La escuela de hace algunos años no difiere mucho de la actual, sabemos que la escuela se caracteriza por su resistencia al cambio. Este tipo de trabajos nos hacen comprometernos con el cambio».

Reflexión de autobiografía de una alumna.

Al contar y compartir sus experiencias se van generando en el grupo lazos afectivos y de empatía que provocan un contexto de confianza en las relaciones. Cuando este clima se alcanza, el grupo ya es compacto y la solidaridad, el respeto al otro y la corresponsabilidad no son las metas sino los medios para seguir avanzando. Todo ello nos ayuda a trabajar contenidos que no suscitarían interés, −como el Sistema Educativo, las Leyes, Decretos y Normativas que lo regulan, etc.−, desde el cuestionamiento y la curiosidad. A partir de estos contenidos profundizamos en los logros educativos de los últimos diez años, como la escolarización universal, y en el análisis de la igualdad en la consecución de resultados exitosos para todas y todos en la escolarización obligatoria.

Además, el utilizar sus experiencias como bagaje esencial para formarlos como profesionales críticos y cuestionar sus vivencias en la escuela, ayuda a aislar el pensamiento hegemónico, reproducido en la "cultura escolar", y a acumular vivencias democráticas. La constante reflexión y cuestionamiento, la incorporación de nuevas teorías y autores al diálogo, la indagación constante y el acceso a diversas fuentes de información, suscita la inclusión de un compromiso ético que desde el entorno de esta asignatura se proyecta a toda su formación como docentes.

«¿La educación no debería formar a todas las personas para que sean ciudadanos críticos, autónomos, emancipados? Esta aspiración por muy ambiciosa o utópica que pueda parecer puede hacerse posible con ganas».

Reflexión de autobiografía de un alumno.

«En el análisis sobre mi etapa escolar y educativa, me planteo la justicia social, la democracia en cada uno de los ámbitos, la ética profesional y el compromiso moral que conlleva y todo para conseguir la igualdad de diferencias».

Reflexión de autobiografía de una alumna.

A partir de las experiencias escolares relatadas, hablamos de organización mientras nos organizamos en la clase, experimentamos los espacios, el tiempo, las relaciones, la participación, etc. Analizamos el funcionamiento organizativo de los centros educativos, evidenciando a través de sus relatos, las contradicciones y tensiones que se derivan de la ambigüedad de sus metas. La pretensión de algunos centros por buscar una falaz uniformidad organizativa que excluye toda construcción subjetiva y contradice la responsabilidad de las organizaciones educativas de hacer individuos capaces de disentir y de asumir un protagonismo enriquecedor de la vida colectiva. Sirva como ejemplo el fragmento de la reflexión de un alumno de clase.

«En el aula de primaria, la única preocupación era mantener el silencio, la disciplina, si te movías o hacías algo mal, te castigaban expulsándote, pegándote, mandando más ejercicios, estas medidas solían hacerlas con los rechazados que eran los que más ayuda necesitaban, a los "revoltosos" los sentaban detrás (...) No fuimos conscientes de los valores ocultos, de los intereses, de que no existe lo neutral y objetivo, que los libros de texto no muestran un contenido científico fiable sino que es reflejo de los intereses políticos y económicos de las editoriales. Nunca me había planteado la ideología oculta de esta educación y su interés por formar ciudadanos sumisos, pasivos, incapaces de pensar, de plantearse dudas, valores ocultos tras ese contenido, esa formas de organizar el espacio, el horario, la disposición de las mesas, el alumnado, los materiales, etc. en donde se pone de manifiesto el poder del profesor/a, la coacción y la ausencia de democracia y participación. (...) del instituto escribí en mi cuaderno es un laberinto que hay que pasar a base de memorizar y repetir para llegar a la Universidad, si te dejan (...)».

Reflexión de autobiografía de un alumno.

4.La autobiografía expresiva corporal: un recurso reflexivo en la formación inicial del alumnado de magisterio en educación física

Hace siete años, un día cualquiera del mes de octubre, mientras presentaba el programa de la asignatura de Didáctica de la Expresión Corporal[3], asignatura obligatoria en los estudios de Magisterio de Educación Física en su tercer curso, un alumno un tanto escéptico, después de haber escuchado lo relativo a la importancia de la expresividad y comunicación en el acto educativo y en las relaciones humanas pidió la palabra y dijo[4]:

«(...) profesora, usted me va a perdonar, pero yo creo que estas cosas de las que usted ha estado hablando yo las veo más relacionadas con teatrillos y cosas de esas, y nosotros no nos vamos a dedicar a ello, somos alumnos de Educación Física y eso de tener que dar importancia a lo expresivo y comunicativo... yo pensaba que el deporte en sí mismo ya lo era. El deporte es expresión y comunicación, ¿no?, pues entonces se trataría de aprender cómo enseñar esa expresión en el deporte. (...) Este contenido es de los más raros para mí y de los que he visto hasta ahora en la carrera. Yo no sé lo que piensan los demás, he estado escuchando de forma atenta y creo que esto me va a dar mucha vergüenza hacerlo, nada más pensar ¿qué es lo que tengo que expresar con mi cuerpo?, ¡Que tengo que mostrarme delante de los demás! Haciendo estas peripecias que usted nos relata y nos está mostrando de otros años, creo que me voy a sentir ridículo, creo que vamos a ser maestros de educación física y no actores».

Diario profesora, curso 2003-2004.

---

3. Para profundizar en el concepto de expresión corporal y su importancia en los procesos educativos, así como en la formación inicial del profesorado de educación física consultar: Fendelkrais, 1997; Laferriére, 2001; Learreta (coord.), 2006; Motos y Aranda, 2001; Shinca, 2000.

4. En adelante todas las referencias y citas textuales que se detallen, tanto de la profesora como del alumnado, están extraídas de los diarios de clase de la profesora y de las autobiografías realizadas por el alumnado durante el periodo lectivo de los cursos académicos del 2003 al 2010. Para preservar la identidad e intimidad de todas aquellas personas que han accedido a dejar en depósito su autobiografía, se utilizan datos y nombres ficticios.

El uso de las autobiografías en la formación inicial de los futuros docentes. Dos experiencias en la Universidad de Almería

3

Un gran silencio se apoderó del aula y notaba la expectación ante mi respuesta. Yo también guardé silencio por unos instantes. Decidí extender esta reflexión al resto del alumnado y las diferentes intervenciones iban desvelando el malestar, miedo, inseguridad, desasosiego, desconocimiento e incluso impotencia, que sentía la mayor parte del alumnado ante esta materia, fundamentalmente hacia la dimensión práctica. Pero sobre todo, notaba un cierto escepticismo hacia la relación del contenido propio de la asignatura y su vinculación con los estudios de educación física, y ello aumentaba cuando se explicaba uno de los aspectos más importantes resaltados en la guía docente, a saber, dotar al alumnado de experiencias y procesos de reflexión que humanicen su proceso formativo, vinculando experiencia y reflexión a través de la escritura. Ante esta situación de partida en la que me encontraba en este curso académico, desde el punto de vista de mi labor como docente, ésta no podía ser más desoladora. Ante esta panorámica y apoyada por la búsqueda incansable de un proceso que humanizase el acto educativo, decidí dar un giro al planteamiento didáctico de la asignatura.

En sucesivas clases planteé al alumnado que escribiesen sus opiniones acerca de la asignatura: de lo que habían oído acerca de ella, de sus expectativas, de sus miedos, de sus inseguridades en relación a la materia aún sin conocerla, y de esa sensación de vergüenza y ridículo que les inundaban al pensar en las actividades que ellos y ellas suponían que tendrían que ejecutar[5]. Este primer encuentro *in situ* con la escritura, desveló la precariedad de su formación, y a la vez, la necesidad urgente de que ésta se basara en el análisis reflexivo y crítico del proceso de enseñanza y aprendizaje, desde un punto de vista personal y colectivo.

Tras una primera lectura de sus escritos observé: falsas creencias, opiniones desajustadas, informaciones contrariadas, pero fundamentalmente pobreza expresiva y pobreza emocional en el bagaje intelectual y afectivo del alumnado. Ello provocó en mí una necesidad urgente de abordar la asignatura desde una perspectiva más personalizada. Observé que el hecho de que el alumnado escribiese en primera persona podría ser interesante, fundamentalmente porque se establecía una relación directa entre lo que cada cual pensaba y lo que sentía. En este sentido, el cuerpo se podría considerar como la clave para acercar pensamiento y sentimiento, y precisamente, éste era el vínculo que la asignatura pretendía hacer descubrir en el alumnado.

Gran parte del trabajo que se plantea en la asignatura está basado en propuestas prácticas que permitan ir accediendo a la conciencia de un trabajo corporal, de ahí su perspectiva fundamentalmente vivencial. Pero es de suma

---

5. Desde el curso académico 2003 el planteamiento pedagógico y didáctico de la asignatura de Didáctica de la Expresión Corporal, está basado en un proceso en el cual el alumnado ha de redescubrir su propio cuerpo desde parámetros expresivos y comunicativos. La base del planteamiento educativo es dejarse hacer a través de técnicas y propuestas de conciencia corporal. De ahí que el planteamiento de las propuestas sean abiertas, flexibles, lejos de la repetición mecánica y ejecución del gesto desde el punto de vista tradicional de la motricidad, y sí más cercanas a propuestas en las que uno ha de indagar, descubrir, explorar, crear movimiento… Todo ello está apoyado en el trabajo del Sistema Consciente para la Técnica del Movimiento de Fedora Aberastury. Véase, Aberastury, F. (1999). Escritos. Buenos Aires: Catálogos y Poveda, L. (2001) La lengua que escribe, Madrid: Amorrortur.

importancia que dichas experiencias o vivencias no se queden en las tinieblas vagas del sentimiento, o como comúnmente se fomenta en las instituciones educativas, fijadas en la reproducción exacta de patrones educativos. Por el contrario buscaba que pasasen a formar parte de su conocimiento y experiencia con conciencia plena, más cerca de la reflexión, la búsqueda y la indagación, que de la asunción de verdades inamovibles. Como docente me interesaba que el alumnado fuese capaz de conectar su vivencia corporal con sus experiencias previas, con su realidad personal y con el contexto educativo en el que recibía la materia, y todo ello desde una perspectiva corporal, expresiva y comunicativa. Desde este planteamiento y conocedora de la metodología que sustenta la investigación narrativa[6], la autobiografía, es el recurso oportuno, útil, facilitador e integrador.

La elaboración de la autobiografía durante el transcurso de la asignatura nos permite acercarnos de manera clara a las subjetividades del alumnado, por un lado, y por otro, acercarnos a través de sus relatos, a todos aquellos matices que nos adviertan el modo de pensar, aprender, reflexionar y vivir corporalmente todo lo relativo a la materia. A partir de ello el proceso de aprendizaje podrá establecerse como una relación ineludible entre el contexto de clase, el contexto académico, el contexto social y personal.

El uso de la autobiografía, que en el contexto de la asignatura de Didáctica de la Expresión Corporal, hemos denominado autobiografía expresiva corporal, viene argumentada por varia cuestiones.

La primera argumentación que explica el uso de la autobiografía durante el proceso de desarrollo de la asignatura trata de cómo hacer comprender al alumnado que a través de una materia o contenido específico –didáctica de la expresión corporal– se puede hacer un análisis del proceso de enseñanza en particular y de los modos y prácticas educativas en general.

De ahí que haya pautas que se establecen a la hora de elaborar este relato en primera persona. El alumnado ha de tener presente algunas cuestiones como:

- Considerar la expresión corporal como un camino creativo de enseñanza/ aprendizaje que posibilita el respeto, la dignidad y la justicia entre docente y alumnado.
- Profundizar en el significado pedagógico de la expresión corporal es sinónimo de profundizar en la propia experiencia corporal a través de la vivencia consciente del cuerpo, y ello puede ser una oportunidad para conectar con las propias emociones y con las de los demás.
- Comprender que el camino de elaboración de la propia autobiografía, se convierte en un espacio, donde el alumnado a través de su narración escrita, vea reflejada su propia experiencia corporal y educativa, para a partir de ella construir los significados que dan cuerpo al aprendizaje y enseñanza adquiridos, no sólo en materia expresiva, sino ser capaz de vincular dichos aprendizajes con los adquiridos en cualquier otra materia o asignatura. En este sentido, el cuerpo, pensar acerca de él, de lo que

---

6. Autores como: Connelly y Clandinin, 1995; Dosse, 2007; Rivas, 2009: 17-36; Kushner, 2009: 9-15.

El uso de las autobiografías en la formación inicial de los futuros docentes. Dos experiencias en la Universidad de Almería

3

vive, y escribirlo, se convierte en la plataforma desde la cual podemos observar y reflexionar lo adquirido, lo interiorizado... en los procesos de aprendizaje del alumnado.

> «(...) hasta que no he hecho el ejercicio de escribir lo que hoy hemos hecho, no tanto describirlo, sino pensar en lo que ha pasado en mi cuerpo, lo que he sentido y las cosas que esto me evoca, nunca en los años que llevo en la uni, me había parado a pensar sobre mí como alumno. Me he dado cuenta que la mayor parte del tiempo que estoy en clase en la uni, mientras atiendo las explicaciones del profe, yo estoy en otro lugar, pienso en las mil cosas que tengo que hacer, en lo aburrido que es estar viendo power tras power, ¡total, como sé que luego me los van a dar y que el examen va de lo que dice el profe!, me relajo, y me relajo tanto, que hasta el cuerpo se escurre en el asiento. Otras veces me noto cómo me altero, mi respiración se entrecorta o algo así, cuando pide que salgamos alguna persona a explicar algo o a dar nuestra opinión. Ello me hace pensar en la cantidad de veces que estoy alterado mientras estoy en clase, tengo miedo a no saber, a no dar la talla, a que piensen que soy torpe y tonto. Entonces es mejor callarse y pasar desapercibido (...)».

Tomás, Au3-2004

La segunda cuestión que argumenta el uso de la autobiografía expresiva corporal, viene sostenida por el hecho de querer propiciar en el alumnado actitudes que le permitan adquirir una conciencia crítica/reflexiva, en la medida que van escribiendo acerca de lo que aprenden y de cómo lo aprenden, y de cómo a través de este proceso de concientización pueden ir vislumbrando y reflexionando acerca de los significados que dan sentido a su proceso de enseñanza y aprendizaje. Hablando en términos de conciencia corporal, ello significa escribir acerca de lo que viven y "experiencian" sus cuerpos en el transcurso de las clases, no sólo de cuestiones físicas, espaciales y temporales, sino también de aspectos relacionados con las emociones, la comunicación y la expresividad. También, del simbolismo y del proceso creativo de sus cuerpos y de la experiencia vivida y cómo ello necesariamente va vinculado al desarrollo y asunción de actitudes y valores. Se les insiste en que el modo de escritura no se centre únicamente en describir la experiencia personal y/o colectiva, sino que en su relato deben tratar de buscar vínculos y relaciones entre sus experiencias y significados personales, educativos-académicos, afectivos, pedagógicos, sociales, culturales...

Es precisamente al establecer esta relación cuando la autobiografía adquiere su pleno sentido, pero también es verdad, que aquí se manifiesta su máxima complejidad de elaboración. En el contexto de formación inicial y en la adquisición de habilidades relacionadas con la práctica de la educación física y la expresividad corporal, es habitual que al alumnado se le dote de herramientas que le ayuden a describir los ejercicios o propuestas prácticas que se desarrollan en las diferentes materias. A partir de esas propuestas desarrollan cuestiones didácticas en base a modelos teóricos, en la mayor parte de los casos de forma mecánica y reproductiva, siguiendo modelos preestablecidos[7]; pero son escasos los planteamientos en los que se les proponga pensar acerca de lo qué hacen y cómo lo hacen, lo que sienten y lo que interpretan.

---

7. Véase: Montávez y Zea (1998); Ortiz (2002); V.V. A.A. (1992,1993, 2000); Viciana y Arteaga (1997).

Para ayudar al proceso de elaboración de este espacio autobiográfico expresivo corporal se plantean algunas pautas iniciales:

- Partir de la descripción de las prácticas corporales, tal y como cada alumna y alumno las vive, como una forma de contextualizar la experiencia y vivencia que cada cual tiene. De esta forma cada persona atenderá a matices, detalles, observaciones… que considere relevantes. Se hace especial hincapié en este punto de partida, ya que ayuda al alumnado a situar la escritura como un hecho importante y personal, desde el cual se puede y debe construir el significado de su aprendizaje en materia expresivo-corporal. En este momento, se les sugiere que se ayuden de todos aquellos materiales específicos (lecturas, ejemplificaciones, guías de recursos, unidades didácticas…) en materia expresiva que se proporciona en la asignatura.

- Una vez realizada la fase descriptiva se invita al alumnado a que realice un proceso de introspección de todo lo vivido en clase, poniendo especial atención en cómo ello, les aporta o no elementos de conciencia corporal (expresividad, comunicación, creatividad) y atreverse a escribir dicho proceso. Todo ello para conocerse uno/a mismo/a y considerar el potencial expresivo como instrumento básico en la formación integral y holística del futuro profesional de la educación física,

> «(…) no es fácil escribir como usted nos sugiere, siempre me he limitado a describir y repetir lo que los maestros/as me han dicho, a lo sumo cada vez que hemos hecho prácticas rellenamos unos modelos de fichas analizando las propuestas, pero sólo se trata de describir lo que hacemos, nunca me he parado a pensar en la actividad y en el por qué de ellas y si ello me hace a mí pensar, sentir (…) Es que es difícil escribir sobre una misma y sobre cómo eso afecta a mi cuerpo. Escribir en la autobiografía es otra cosa. Es pararse a pensar no sólo en lo que estamos haciendo, que eso es fácil, sino en cómo lo que hacemos a mí me cambia por dentro, qué siento, qué me hace pensar, con qué se relaciona, y además buscar referencias bibliográficas que lo apoyen. Escribir la autobiografía me está suponiendo dar un giro en mi forma de aprender, pero sobre todo me estoy dando cuenta que ahora es cuando estoy pensando de verdad (…) y no sé si esto tendrá algo que ver con el aprendizaje, pero yo siento que aprendo, a veces me hace sentir que ahora es cuando me doy cuenta de que aprendo a aprender, esa frase tan bonita que llevo escuchando desde que comencé mis estudios pero que ni me he parado a comprender».
>
> Estrella, Au15-2008.

- Por último, situada la experiencia y concienciada la vivencia, tratar de aportar elementos reflexivos que relacionen estos hechos con significados educativos, incorporando para ello el análisis de la documentación bibliográfica aportada en la asignatura.

Paralelamente a la práctica corporal se van desarrollando aspectos teóricos a través de lecturas y análisis de documentos, y es precisamente la vinculación entre ambas lo que queremos promover en la escritura. De un lado, nos interesa que el alumnado, a través de esta forma de escribir y analizar, pueda conocer e indagar en los modelos corporales que determinan el movimiento y expresión humana, adoptando criterios de análisis crítico/reflexivos e interpre-

El uso de las autobiografías en la formación inicial de los futuros docentes. Dos experiencias en la Universidad de Almería

3

tación cultural, así como, fomentar el estudio y la lectura relacionados con la expresividad, comunicación, crecimiento y desarrollo corporal y su importancia para una formación holística. Por otro lado, consideramos imprescindible que el alumnado también aporte aspectos reflexivos relacionados con prácticas y modos de innovación docente y que sea capaz de establecer un análisis crítico entre éstos y los modos tradicionales de enseñanza,

> «(...) Por eso me gusta que no cortes a las personas cuando venimos muy dispersos y les des su tiempo, para unos minutos después hacerles reflexionar sobre ello. Hay que llegar a comprendernos como ese Todo al que se referencia en la guía didáctica, no como si estuviésemos parcelados en áreas divisibles. A raíz de esto, el curso pasado leí un libro titulado "Mal de escuela". El autor, Daniel Pennac, habla de su paso por la escuela cuando era pequeño y su negación ante los estudios (después ha sido maestro y profesor de universidad entre otras cosas). Uno de los temas del libro es la "encarnación" que un niño tiene que llevar a cabo al cambiar de una clase de historia, a una de educación física, por ejemplo. Esto se produce por no considerarlo como un continuum que se enlaza y da lugar a ese Todo. En la vida no actuamos por partes, pero en la escuela sí. (...) Es importante que como futuros docentes tomemos conciencia de ello, y que no seamos autoritarios en nuestras clases, sino que hagamos reflexionar al grupo sobre su comportamiento utilizando unos límites razonables. La expresión corporal puede ser el medio y causa que facilite esta labor y que les permita conocerse mejor a sí mismos (el actor protagonista de tierra de ángeles en ningún momento se muestra autoritario, sino conciliador y consigue unir a un grupo de antemano algo separado). (...) "Decepcionado me has" me dijo secamente una vez un profesor en 2º E. S. O. que me tenía en muy buena estima, delante de toda la clase. Yo sacaba buenas notas y ese trimestre me había suspendido 5 asignaturas. Lo que no se molestó en investigar ningún profesor es que esos meses murieron dos de mis abuelos y nadie habló conmigo. Mi único "refugio" era ese ordenador nuevo que me habían comprado por mis precedentes buenas notas (hasta el punto de que no hacía nada más). Es preciso que conozcamos interior y corporalmente a la persona con la que queremos compartir vivencias. Sus emociones, sentimientos y opiniones son mucho más importantes que llenar nuestra cabeza de información instantánea (redes: educar para la democracia). (...) Tus clases me están ayudando a sentirme más tranquilo y relajado. Por eso lo pongo en práctica. En un mundo con un "ritmo alterado" estamos generando "niños alterados"».

Jones, Au15-2010.

Las orientaciones que acabamos de enumerar no pautan el orden en la manera de escribir, sino que teniendo presente que dichos elementos han de reflejarse en la escritura, el alumnado de la forma más creativa posible, puede y debe construir su propio relato, su propio argumento, su propia historia de vida, en relación a lo que vive y experimenta durante el tiempo que cursa la asignatura. Somos conscientes de que estar en la línea de desarrollo reflexivo que proponemos es complejo. Por ello, y dentro del contexto universitario, aunque no estemos en la cultura de la escritura, salvo para hacer exámenes, copiar apuntes, reproducir trabajos... apostamos por la autobiografía para que el alumnado vaya comprendiendo que la escritura que emana del interior, que es reflexiva y que se hace desde planos corporales conscientes, es el medio para que constate lo que le está pasando, lo que va aprendiendo, las dificultades que tiene y las lagunas que ha de superar.

Al estar en un contexto expresivo corporal, para nosotros creativo, proponemos al alumnado que busque aquella forma de narrar, relatar, contar… que mejor responda a su expresión personal y que trate de "dar cuerpo" a lo que siente, piensa y hace con su cuerpo y cómo ello configura la propia corporeidad sin perder de vista el contexto institucional donde aprende y donde posteriormente ejercerá. En este sentido, la escritura, aquella que se hace pasando por el plano físico que va del cerebro al dedo índice y pulgar, aquella que se va plasmando en el papel, es la que permitirá al alumnado tomar contacto con su propio aprendizaje.

A partir de este momento queremos hacer ver al alumnado que aquello que narra como propio no es exclusivo de su forma de aprender sino que responde a patrones y estructuras establecidas. Para que el alumnado acepte, comprenda y cuestione el proceso de aprendizaje que ha tenido hasta el momento, y pueda atreverse a argumentar propuestas de análisis desde un punto de vista crítico y reflexivo, en relación al aprendizaje institucional y a la manera en cómo éste se ha ido configurando en sus prácticas, en sus modos de hacer y en su propio cuerpo, es necesario que éste se implique de forma activa y participativa.

Dicha implicación nos da pie a proponer el tercer argumento que sustenta el uso de la autobiografía. En diferentes momentos y a lo largo del desarrollo de la asignatura, al alumnado se le propone compartir, comunicar y dialogar diferentes aspectos de la autobiografía. La experiencia nos dice que este momento de puesta en común es de vital importancia para que el alumnado pueda comprender que el proceso de aprendizaje es un acto colectivo, compartido y dialogado. El bagaje de experiencias educativas y formativas que acumula el alumnado está lejos de este planteamiento, y de ahí la dificultad para aceptar esta dinámica como práctica democrática y constructora de aprendizajes significativos. A través de la lectura compartida de las autobiografías se ponen de manifiesto diversas cuestiones:

- En relación a la escritura: la dificultad de pasar al papel sus propios pensamientos y reflexiones y comprender que este hecho se puede y debe convertir en fuente de aprendizaje y conocimiento.
- En relación a lo expresivo-corporal: la asunción del pensamiento dicotómico cuerpo-mente. Pensar y vivir holísticamente el cuerpo se convierte, en la mayor parte del alumnado, en una barrera insalvable, tanto desde el punto de vista teórico como práctico y de ahí la dificultad para acceder a una experiencia consciente del cuerpo. El alumnado comprende sus prácticas si éstas responden a modelos repetitivos y mecánicos, pero afloran ciertas dificultades si la experiencia motriz se sustenta en pautas creativas y reflexivas.
- En relación a la capacidad crítica y reflexiva: la adquisición del aprendizaje está basado en modos y prácticas tradicionales, de ahí, que a la hora de establecer relaciones entre el qué, cómo y para qué aprenden observemos ciertas dificultades y limitaciones para hacer propuestas innovadoras y con juicio crítico. En general el alumnado no cuestiona ningún aspecto relativo a su proceso de enseñanza y aprendizaje, y por tanto, ello lleva implícito la ausencia de elementos críticos y reflexivos. En lo relativo al contenido de esta asignatura, el alumnado tiene dificultades para vincular la experiencia tradicional de sus prácticas motrices con la asunción de modelos hegemónicos corporales y con la posibilidad de poder cuestionar dichos modelos. De ahí que una de las prioridades en la elaboración de la autobiografía esté

El uso de las autobiografías en la formación inicial de los futuros docentes. Dos experiencias en la Universidad de Almería

3

encaminada hacia la reflexión de dichos modelos hegemónicos y su relación con la experiencia vital de cada alumno y alumna. Pero la experiencia de diálogo desvela, la escasez de formación en estas cuestiones, y por tanto, la dificultad para abordarlas desde un juicio crítico y transformador, que les permita cuestionar y modificar sus propias concepciones y prácticas.

5. Reflexiones y propuestas

De todo lo dicho podemos aportar algunas sugerencias en la búsqueda de metodologías docentes que desarrollen el pensamiento divergente en las aulas universitarias y no solo como propósito para las/los estudiantes sino, para el profesorado universitario comprometido con el cambio y la transformación social desde el respeto a los derechos humanos, principios de justicia social y desarrollo democrático:

- Basar la labor docente en las autobiografías del alumnado posibilita la creación de relaciones afectivas y de respeto en el aula y en el grupo, propiciando situaciones en las que el conocimiento se elabora en interacción permitiendo ser testigo del proceso de ampliación del conocimiento de manera bidireccional. Desaparece la figura tradicional de "profesor" para emerger la de "coaprendiz".
- Compartir la lectura de las biografías escolares procura conocimiento de todas y cada una de las personas, no solo a la profesora sino a todos los individuos que forman el grupo y favorece la igualdad de diferencias. En el aula los coaprendices argumentan en igualdad y es el rigor de estos argumentos los que establecen las diferencias y no el rol preestablecido de "profesor/alumno".
- Los coaprendices transforman la "instituida" relación competitiva presente en el aula universitaria, en ocasiones alimentada por el profesorado, buscando la "mayor calificación", por relaciones de solidaridad que propicia el aprendizaje cooperativo.
- Cuando el alumnado tiene la posibilidad de entrelazar su bagaje experiencial con nuevos aprendizajes va creando sentido y edificando su conocimiento.

Referencias

ABERASTURY, F. (1999). *Escritos*. Buenos Aires. Catálogos.

AEBLI, H. (1998). *12 formas básicas de enseñar*. Madrid. Narcea.

ALONSO M. J. y LOZA M. (2001). "Aprendizaje Dialógico". *Jornadas sobre educación para la superación de desigualdades*. Bilbao. Gobierno Vasco, Universidad del País Vasco y Ayuntamiento de Bilbao.

ÁLVAREZ MÉNDEZ, J. M. (2001). *Evaluar para conocer, examinar para excluir*. Madrid. Morata.

BARTLETT, F. (1932). *Remembering. A Study in Experimental and Social Psychology.* Cambridge. Cambridge University Press.

BRUNER, J. (1997). *La educación, puerta de la cultura.* Madrid. Visor.

BRUNER, J. (2000). *Actos de significado. Más allá de la revolución cognitiva.* Madrid. Alianza.

BRUNER, J. (2003). *La fábrica de historias. Derecho, literatura, vida.* Buenos Aires. Fondos de Cultura Económica.

CONNELLY, F. H. y CLANDININ, J. (1995). "Relatos de experiencias e investigación narrativa". Larrosa, J. y otros (eds). *Déjame que te cuente. Ensayos sobre narrativa y educación.* Barcelona. Laertes.

CONNELL, R. W. (1997). *Escuelas y justicia social.* Madrid. Morata.

DEWEY, J. (1995). *Democracia y Educación.* Madrid. Morata.

DEWEY, J. (2007). *Cómo pensamos. La reflexión entre pensamiento reflexivo y proceso educativo.* Barcelona. Paidós.

FENDELKAIS, M. (2000). *Autoconciencia por el movimiento.* Barcelona. Paidós.

FENSTERMACHER, G. y SOLTIS, J. (1999). *Enfoques de la enseñanza.* Buenos Aires. Amorrortu.

FERNÁNDEZ, M. y RAMÍREZ, P. (2006). "Los relatos de experiencias escolares en la formación docente". *Revista Iberoamericana de educación.* Nº 37/4.

FLECHA, R. (1997). *Compartiendo Palabras.* Barcelona. Paidós.

FREIRE, P. (1997). *A la sombra de este árbol.* Barcelona. El Roure.

GEERTZ, C. (1989). *El antropólogo como autor.* Barcelona. Paidós.

KUSHNER, S. (2002). *Personalizar la evaluación.* Madrid. Morata.

KUSHNER, S. (2009). "Recuperar lo personal". Rivas, J. I. y Herrera, D. (Coord.). *Voz y educación. La narrativa como enfoque de interpretación de la realidad.* Barcelona. Octaedro

LAFERRIÈRE, G. (2001). *Prácticas creativas para una enseñanza dinámica.* Ciudad Real. Ñaque.

LEARRETA, B. (Coord.) (2006). *Didáctica de la Expresión Corporal.* Talleres monográficos. Zaragoza. Inde.

MCEWAN, H. y EGAN, K. (1998). *La narrativa en la enseñanza, el aprendizaje y la investigación.* Buenos Aires. Amorrortu.

MENDOZA GARCÍA, J. (2005). "Las forma narrativa de la memoria colectiva". *POLIS,* Vol. I, nº 1 pp. 9-30.

MONTÁVEZ, M. y ZEA, M. J. (1998). *Expresión corporal. Propuestas para la acción.* Málaga. Recrea.

El uso de las autobiografías en la formación inicial de los futuros
docentes. Dos experiencias en la Universidad de Almería

3

MOTOS, T. y G. ARANDA, L. (2001). *Prácticas de la Expresión Corporal.* Ciudad Real. Ñaque.

ORTIZ CAMACHO, M. M. (2002). *Expresión Corporal. Una propuesta didáctica para el profesorado de Educación Física.* Granada. Grupo Editorial Universitario.

POVEDA, L. (2001). *La lengua que escribe.* Madrid. Amorrortu.

RIVAS. J. I. (2009). "Narración, conocimiento y realidad. Un cambio de argumento en la investigación educativa". Rivas, J. I. y Herrera, D. (Coord.), *Voz y educación. La narrativa como enfoque de interpretación de la realidad.* Barcelona. Octaedro.

RIVAS. J. I. y SEPÚLVEDA, M. P. (2000). *Biografías profesionales.* Málaga. Universidad de Málaga.

SCHINCA, M. (2000). *Expresión corporal: bases para una programación teórica práctica.* Madrid. Escuela Española.

VV. AA. (1992). *1000 Ejercicios y juegos aplicados a las actividades corporales de expresión.* Barcelona. Paidotribo.

VV. AA. (1993). *Fundamentos de educación física para enseñanza primaria.* Barcelona. Inde, Vol. I y II.

VV. AA. (2000). *Juegos de música y expresión corporal* (con CD). Barcelona. Parramón Ediciones, S. A.

VICIANA, V. y ARTEAGA, M. (1997). *Las actividades coreográficas en la escuela.* Barcelona. Inde.

2 Narrativas de la profesión docente

Capítulo 4.
Tránsitos identitarios de docentes desde las historias de vida[1]

Fernando Hernández Hernández
Juana María Sancho Gil
Patricia Hermosilla Salazar
Sandra Martínez Pérez
Universidad de Barcelona

Amalia Creus
Universitat Oberta de Catalunya

En este capítulo se da cuenta de algunos fragmentos de historias de vida de profesores como piezas que permiten explorar dos temas clave en la construcción de sus experiencias de subjetividad y posicionalidades identitarias: cómo se enfrentan a la necesidad de cambiar y cómo transitan por la trama de relaciones que tienen lugar en la escuela. Del recorrido de estos dos ejes se derivan una serie de consideraciones para las políticas educativas, la formación inicial y permanente y la propia reflexión sobre el sentido de ser del profesorado.

1. Introducción

Son diversos los temas, los focos de atención, que emergen en una investigación que explora, a partir de la metodología de historias de vida profesional, cómo doce docentes de primaria y secundaria, seis hombres y seis mujeres, con más de veinte años de trayectoria profesional, se relacionan con los cambios sociales, educativos, laborales y biográficos.

En el apasionante trabajo de construir doce relatos en los que se ponen en contexto las tramas que circulan entre las esferas profesional, social y personal de quienes han colaborado en este estudio, se hacen visibles los hilos de otras historias que también pueden ser contadas: lo que les ha llevado a ser docentes, el papel de la formación inicial y permanente (Hernández y Sancho, 2007), su relación con las reformas educativas, la influencia de las micropolíticas de los centros escolares, su papel en la innovación y el cambio en la educación, las relaciones con las tecnologías (Hernández, 2006; Sancho y otros, 2007), sus concepciones sobre el alumnado y el aprendizaje, el papel de diferentes "otros" en sus trayectorias, y así hasta un largo etcétera.

---

1. Este artículo se basa en la investigación *Análisis del impacto de los cambios sociales y profesionales en el trabajo y la vida de los docentes* (BSO2003-02232).

Desde esta extensa lista de posibilidades en este capítulo queremos abordar una cuestión poco explorada en la bibliografía sobre los docentes: los meandros relacionales desde los que configuran sus experiencias de subjetividad y las posicionalidades identitarias que de ellas se derivan.

2. Subjetividades e identidades en los trayectos docentes

Después del anuncio de la muerte del sujeto en la década de los setenta del siglo pasado a manos de algunos posestructuralistas como Foucault, hoy se vive una nueva euforia identitaria y subjetivadora que se despliega en múltiples discursos que se relacionan con diferentes facetas de la vida diaria. A este giro ha contribuido no sólo la necesidad de no perder una ubicación que posibilite un sentido de ser en un mundo globalizado (Castells, 1998), sino las contribuciones derivadas de corrientes de pensamiento asociadas a los estudios feministas y culturales que han reivindicado la geografía del sujeto como un "lugar" desde el que pensar y representar las relaciones con la realidad (Braidotti, 2000; Butler, 2001). Sin pretender hacer un recorrido exhaustivo sobre los relatos que se vinculan a nociones como subjetividad e identidad, vamos a presentar algunas aportaciones que permiten situar la aproximación al sentido de ser docente que aquí planteamos.

Giddens (1995) fue uno de los primeros en abordar la cuestión de la identidad en un contexto (pos)moderno, introduciendo la noción de proyecto reflexivo del yo. Lo que significa que el sujeto se construye a través de la reflexividad y de los estilos de vida derivados de la estructura social de la que forma parte. Giddens defiende que la auto-observación continua y cierto sentido de control sobre la propia trayectoria serían rasgos clave de nuestro tiempo en relación a la identidad. Desde este punto de vista, la identidad sería una práctica reflexiva/subjetiva, es decir, el ejercicio de pensarse a uno mismo.

Por su parte Stuart Hall, a partir del concepto de identificación, nos propone que la identidad no es fija ni estable, sino que se presenta fragmentada y fracturada, construida de formas múltiples en relación con distintos e incluso contradictorios discursos y prácticas. Para Hall las identidades se construyen en los discursos, y por tanto hay que enmarcarlas dentro del juego de poder de la diferencia y la exclusión: solamente a través de la relación con el "otros", con el afuera, es como la identidad puede ser construida. Hall plantea que «las identidades son puntos de unión temporal a posiciones de sujeto que las prácticas discursivas producen para nosotros» (Hall, 2000: 19).

De aquí que cuando nos referimos a la subjetividad lo hagamos como conciencia de ser —la condición de ser sujeto—, pero asumiendo en su uso que los sujetos son dinámicos y múltiples, siempre posicionados —y posicionándose— respecto a contextos, discursos y prácticas específicas. Además de ser producidos por estos mismos contextos, prácticas y discursos, que son los que constituyen, a la postre, la condición de ser sujeto. Desde esta perspectiva Braidotti (2000: 115) utiliza la noción de política de la subjetividad para referirse «tanto a la constitución de identidades como a la adquisición de subjetividad, entendidas como formas de autorización o autoridad para ejercer ciertas prácticas». Si se toma como referencia —nos dice Braidotti– al término francés *assujettissement*, vemos que hablar de subjetivación supone hacerlo en dos sentidos: en cuanto proceso material y también semiótico que define al sujeto mediante una cantidad de variables reguladoras: sexo, raza, edad, etc. De aquí que, la adquisición de la subjetividad sea «un proceso de prácticas materiales (institucionales) y discursivas (simbólicas), cuyo objetivo es positivo porque da lugar a formas de fortalecimiento (empowerment) y regulación porque estas formas son el lugar de limitaciones y disciplinamiento» (ídem).

Lo que nos lleva a la posición de Burke y Jackson (2007: 112), quienes consideran la subjetividad como vinculada a nuestro sentido de ser (self), a nuestros «sentimientos y emociones conscientes e inconscientes». Pero esta vinculación no tiene lugar ni en un vacío, ni en una mirada introspectiva individual. Las subjetividades se experimentan en contextos sociales y discursivos –la Escuela y la educación son dos buenos ejemplos–, pero sobre todo las constituyen «el significado vinculado a estas experiencias por parte de los unos y los otros» (ídem). Son los significados de los que se dota a la experiencia vivida los que en definitiva dan sentido, forman la identidad y las posicionalidades que se le asocian. Como, por ejemplo, la de ser docente.

Estos son algunos de los referentes desde los que hemos pensado las subjetividades e identidades docentes. Lo que pretendemos en este artículo es poner de manifiesto cómo los doce hombres y mujeres, que nos han brindado sus relatos de vida en relación con su trayectoria como docentes, se piensan a sí mismos. Lo que significa prestar atención a la génesis de sus posicionalidades identitarias y subjetivas. Posicionalidades que hemos detectado a partir de dos focos de atención. Por una parte, rescatando los fragmentos de los relatos en los que se definen –de forma explícita– como docentes y, por otra, prestando atención a su toma de postura ante las situaciones a las que han de dar respuesta en su quehacer diario.

3. Una advertencia inicial

Recorrer los relatos de las historias de vida profesional supone, como se ha señalado más arriba, enfrentarse a unos itinerarios que nos brindan múltiples focos de atención. Y frente a la multiplicidad hay que elegir. No guiándose por un criterio predefinido –aunque sabemos lo que buscamos– sino destacando algunas anotaciones que nos sugieren, que nos producen resonancia como diría Conle (2000). Que nos ofrecen referencias que pueden constituir indicaciones relacionadas con posiciones subjetivadoras (cómo cada uno se piensa). Pero esta tarea de selección no siempre es sencilla porque buena parte de las historias están estructuradas en torno a grandes citas, más bien relatos, que casi siempre incluyen una posición o representación subjetiva o identitaria, pero que también sitúan el contexto (situación política, tiempo histórico, etc.).

Teniendo en cuenta esta dificultad, y sabiendo además que en un capítulo de esta extensión no hay lugar para tanto texto, lo que hemos hecho ha sido seleccionar siete temas que emergían de las historias de vida, y que nos muestran sentidos de lo que significa ser docente, asociados a: estar en constante movimiento; vivir, con frecuencia, el desconcierto y la desorientación; una experiencia profesional vivida de manera política y socialmente comprometida; formar parte de una trama de relaciones; una experiencia corporeizada; y una praxis reflexiva que asume las consecuencias de tener que elegir.

Para llevar a cabo el proceso de escritura hemos procedido de la siguiente manera: dado que cada historia de vida había sido realizada por dos personas, una de ellas hizo una primera selección de las frases que ofrecieran una resonancia identitaria. Luego, uno de nosotros trazó un primer relato en el que las frases se localizaban en temas que apuntaban posicionalidades. A continuación, todos los autores seleccionamos los dos ejes que servirían de base para este texto. A partir de aquí se elaboró una primera narración que circuló entre nosotros con la finalidad de poder introducir revisiones, matizaciones y nuevas aportaciones. De ahí surgió un nuevo texto que, después de su elaboración, es el que llega hasta la presente versión que se centra en las posicionalidades identitarias que se derivan de la experiencia de estar en movimiento y de formar parte de una trama de relaciones. El motivo de esta selección es que estos son dos temas que aparecen de manera recurrente en las doce historias de vida.

4. Ser docente es estar en constante movimiento

Hay una obviedad que con frecuencia se olvida: la Escuela, como la vida, no puede detenerse, no puede basarse en la transmisión de *lo básico* como si eso fuera inamovible y eterno. Cada generación, cada época histórica necesita unos conocimientos que ayuden a los individuos a dar sentido al tiempo en el que viven y a comprender el pasado desde nuevas lecturas y coordenadas. Pero no son sólo los saberes los que cambian, sino los propios sujetos que se relacionan y conviven en la escuela:

> «Un profesor es una persona que tiene que estar enriqueciéndose siempre personalmente para, desde la comprensión de nuevas situaciones de vida, poder compartir con otros, otras situaciones».
>
> Xosé Manuel.

> «Dejar de utilizar los métodos que aprendimos en su día, hace cinco lustros en la universidad y hacer un análisis de la situación de la sociedad actual, de qué es lo que demanda la sociedad actual».
>
> Peru.

> «Entre el 78 y el 83, 84, que es cuando se empieza la reforma educativa [...] es una fase donde lo que hay es una búsqueda de recursos que los propios currículos no me dan. Yo no soy una profesional completa, no tengo herramientas suficientes para llegar a los chicos, salvo el libro de texto. Un libro de texto que normalmente es el libro de texto de la época. [...] Y claro, a mí me faltaban herramientas. Herramientas educativas y herramientas para la enseñanza de las matemáticas. Y eso me ligó, por un lado, al movimiento de Escuela Verano, a la que iba todos los veranos a aprender cosas variadas».
>
> Fidela.

Lo mismo sucede con los valores y las demandas que la sociedad (economía, mercado, solidaridad,...) plantean a la Escuela. Por eso, uno de los elementos que configuran la identidad de los docentes a los que hemos acompañado, ha sido la de necesitar reinventarse, adaptarse, cambiar, estar en constante movimiento.

> «En mi asignatura, en concreto, si no estás al día te vas quedando obsoleto, hay que cambiar de un año a otro muchas veces los esquemas que yo utilizo. Ahora en las clases van saliendo. Hay que ser una persona preocupada si no uno se puede dedicar a dormir la siesta toda la tarde y no hacer nada. Pero si eres una persona preocupada tienes que estar al día, tienes que estar actualizándote continuamente y es bueno tener un tiempo un poco más organizado, si no la jornada se quedaría en nada».
>
> Manuel.

> «La reforma... la LOGSE, [...] realmente supone un cambio fuerte. Un cambio fuerte en mí y, lógicamente, en las personas de las cuales estoy rodeado en ese momento. Por un lado, por lo que suponía en el aspecto de meter dentro de la primaria la Educación Física, igual que otras especialidades. ¡Con todo lo que eso significaba! Y por otro lado, todo lo que suponía de trabajo de equipo, con todo lo que de eso se hablaba en la LOGSE... sobre todo se hablaba, si recordamos, de Investigación-Acción».
>
> Julio.

> «En realidad mi trayectoria o lo que para mí es realmente más importante es estar continuamente adaptándote a las nuevas situaciones. Ser capaz de hacer un diagnóstico, de recoger cuáles son las necesidades, en qué sociedad se van a tener que mover los alumnos que hoy en día tienen diez años y en base a eso, ir programando e ir organizando el tipo de escuela que quieres».
>
> Peru.

En este sentido, algunos docentes se representan desde una preocupación por adaptar la Escuela a la sociedad del conocimiento, lo que supone comprometerse con que los chicos y las chicas salgan preparados para desenvolverse por una serie de ejes relacionales del tipo: escuela democrática/sociedad democrática; introducción de las TIC en la escuela/Sociedad de la Información. En este caso, los cambios de la sociedad, contextuales (relacionados con el sistema democrático y el desarrollo de la tecnología digital) parecen ser aceptados por el docente como positivos.

> «Luego aparece lo de las comunidades de aprendizaje, hablan de la Sociedad de la Información, y bueno, teorizando... que en la sociedad de hoy en día es muy importante trabajar en grupos, saber trabajar en red, que cobran mucha importancia todas las tecnologías de la comunicación y la información, y entonces dices: "Bueno, el tipo de aprendizaje que tenemos que desarrollar nosotros tiene que ser de este tipo, dialógico, en base al diálogo, que sepas trabajar en grupo y utilizar las herramientas que hay hoy en día... Porque además eso dentro de quince años cuando este chaval que hoy en día tiene ocho vaya a trabajar le van a pedir que sepa utilizar todo tipo de herramientas de información y comunicación. Es ahí cuando en la escuela ya nos planteamos que teníamos que ir introduciéndolo».
>
> Peru.

Además, se destaca la importancia del cambio vinculado a la relación con los estudiantes. No es lo mismo favorecer el aprendizaje de un porcentaje de alumnos seleccionados –como era el caso de la enseñanza secundaria en la que sólo una parte de los que obtenían el graduado a los 14 años y pasaban a BUP– que posibilitar que aprenda todo el alumnado. Lo que supone, de nuevo, cambiar para comprender quién es el sujeto pedagógico que hoy transita por las aulas de secundaria.

> «Yo creo que cada vez más los profesores de nuestra asignatura, de nuestra materia, al final, muchas veces terminamos cuidando niños. Hemos terminado haciendo de cuidadores. En los institutos hemos terminado haciendo de todo. Ya no es enseñar Biología, como es mi caso, sino que muchas veces hay que andar siendo madre, padre o guía del alumno, intentando despertar en ellos el interés que muchas veces falta. En fin, yo creo que ha cambiado la tarea del profesorado, que sería lo contrario de la especialización. Se va a una generalización en la que terminaremos dando ideas mucho más generales y atendiendo aspectos que no son puramente la transmisión de conocimientos. Por otro lado, quizás en ese aspecto somos ahora más educadores y antes éramos más profesores».
>
> Manuel.

> «Lo que sí me parece es que cuando han ido cambiando las directrices ministeriales es cuando hemos notado un poco los cambios, sobre todo en estos años que nos han ido llegando los alumnos que vienen de la LOGSE. Esa permisividad del "todo vale", el no valorar el esfuerzo, sí que te encuentras con chavales a los que les cuesta muchísimo hacerles ver que tienen que esforzarse realmente, que si no, no aprobarán».
>
> Begoña.

Estos cambios que circundan al docente y que afectan a su identidad le llevan a una necesaria situación de movimiento. Algo que el ser docente ofrece como una posibilidad, y que alguna profesora, como Fidela, reconoce que ha sido un regalo que les ha brindado su profesión.

> «Creo que el hilo conductor de mi vida ha sido la búsqueda permanente de la creatividad y de la innovación en educación. A mi edad, que tengo una edad más o menos avanzada, tengo 50 años, percibo en muchos de mis colegas cansancio, ganas de jubilarse. Hablo con mucha gente, pero no personas aisladas, sino un colectivo bastante amplio, que les sobra la educación. Y a mí todavía me falta tiempo. Y lo achaco a que no he estado en escenarios fijos, permanentes, sino que continuamente el ejercicio profesional me ha permitido crecer, no sólo profesional sino personalmente. Y mantener viva la curiosidad. En mi caso los cambios han sido estimulantes. Me han permitido mantener el crecimiento personal y profesional. Yo creo que el profesional educativo no es un pronóstico sino que es un proyecto que se va haciendo en la acción».
>
> Fidela.

Pero estos cambios, este estar en permanente movimiento, no se produce en el vacío. Ni dependen sólo de la voluntad de los docentes. Tienen lugar en el marco de las relaciones que circulan en los centros.

5. Ser docente en una trama de relaciones

En una investigación de ámbito europeo que hemos finalizado reciente-mente (Müller y otros, 2011) una maestra apuntaba, en el relato de su historia de vida, que la clave de su trabajo no eran los contenidos, sino las relaciones. Que ser docente es, sobre todo, una cuestión de saberse situar en un mapa de relaciones. Esta misma observación se hace patente en uno de nuestros colaboradores.

«Comienzas a ver que el mundo de la enseñanza no es el mundo de las letras, los libros, sino que se mueve entre personas diferentes que tienen un mundo muy diferente, al que tú habías pensado».

Xosé Manuel.

Es interesante observar que en estas relaciones, no son los estudiantes los que ocupan el primer círculo en la atención de los docentes. Son los propios colegas los que se señalan como fundamentales para configurar la identidad docente. Si se crean lazos con los colegas, el trabajo cobra un sentido nuevo a pesar de las dificultades que surjan. Lazos que se pueden producir en un contexto de formación sobre observación participante, con en el caso de Xosé Manuel, en los inicios del proceso de reforma de 1990, cuando todavía era de abajo a arriba:

«Mientras observabas aprendías muchísimo, parece ser que los profesores también aprendían mucho, cuando observabas. Había como una simbiosis. Un intercambio, que era lo que de alguna manera conectaba con mi intuición de lo que debía ser la educación. De compartir y estar en contacto. Entonces ahí, yo me sentía muy a gusto, claro. [...] ellos sí que fundamentaban, lo que de alguna manera yo intuía. Que era, partir de experiencias plurales y diversas, pero no quedarse en algo espontáneo, y de que todo vale y el relativismo. Sino que allí había detrás una metodología, había una fundamentación, había saber qué era la observación participante».

Xosé Manuel.

O puede formar parte de un proyecto de cohesión de grupo para poder responder mejor a las necesidades de los estudiantes y disfrutar del clima de bienestar que se genera en el centro y que a todos favorece.

«Fue la experiencia más gratificante, a pesar de todo, que he tenido en mi vida. El grupo de profesores que estábamos en aquel centro éramos gente muy joven con ilusión y yo al menos encontré la manera de relacionarme muy bien, tanto con los alumnos como con mis compañeros. Siempre he basado mi actuación profesional en un trato personal agradable con los alumnos. A base de conversar tratar de entender de dónde venían, el punto de partida y tal».

Begoña.

De aquí el valor que adquiere la complicidad cuando se produce en la relación docente. Se transforma en una fuerza que todo lo impregna, y que es capaz de incidir de manera transformadora no sólo sobre la realidad de la Escuela, sino en la propia manera de constituirse como profesor.

«Como los institutos son un pequeño universo, bueno, todo colectivo supone un universo, hay de todo. Y creo que encontrarte personas con afinidad, tanto en el plano personal como en el profesional, te activa. Yo creo que es un elemento fundamental. Si eso existe se

ven las cosas de otra manera. En un trabajo tan sumamente delicado como es el de la enseñanza, que tratas con personas cambiantes, me parece fundamental.

Las situaciones de conexión y de complicidad son minoritarias pero existen. Creo que en todos los sitios... pienso que en una oficina, en un despacho, en cualquier sitio donde hay más de 20 personas siempre se dan. Porque es aleatorio y por tanto sale así. Pero para esas complicidades no se necesita mucha gente. Se necesita un grupo muy pequeño que es capaz de transformar las cosas. Yo he vivido esta experiencia con algunas personas. O sea, que es posible».

Fernando.

De esta manera, la relación pedagógica se convierte en un regalo que amplía su razón de ser cuando no sólo se comparte lo que se es, sino que se aprende de la relación que se produce con los otros colegas, en el proyecto compartido de hacer una escuela en la que el compromiso social circula por los meandros de la Educación.

«He hecho muchas cosas diferentes, no solamente estar en la escuela, también he estado de asesora [en un CEP], he trabajado dando un módulo del CAP, he hecho colaboraciones con la universidad, lo más importante es que he trabajado durante muchos años en los Movimientos de Renovación, donde yo considero que he adquirido mi formación más importante. Donde realmente me he formado a todos los niveles y, bueno, es algo que siempre lo voy a valorar y lo voy a tener, como un recuerdo especial, por muchas razones».

María Antonia.

Pero no son sólo los colegas el espejo en el que se mira el profesorado para encontrar su sentido de ser. También los padres y las madres le devuelven en las relaciones cotidianas una serie de imágenes, que vienen a confirmar que el proyecto del que se forma parte, el compromiso que un día se asumió y que cada día se renueva tiene sentido.

«Los padres me llaman "Don Nazario" por la calle, mis vecinos. Y luego los chavales, después de los tres años, me los encuentro saludándome por la calle. Ellos mayores y yo apenas los reconozco. Con una relación muy buena, lo cual me hace sentir muy bien dentro del barrio. Muchas veces que paso por allí me dicen "Adiós Nazario". O sea son cosas así de... ¿Cómo que te acuerdas de mí?" Esos recuerdos son tremendos... Esa parte al final ha sido muy gratificante. Te encuentras a los padres que te aprecian, que saben que has trabajado, que has currado, porque has puesto empeño».

Nazario.

También los estudiantes devuelven al docente imágenes calidoscópicas de las tensiones que tienen lugar cuando la identidad se construye al margen de la realidad. Por eso, en el caso de Manuel, la relación con los aprendices se presenta como una elección, que conlleva el reconocer los propios límites.

«He dado clase a cuarto de ESO, bueno quizás un año una optativa de tercero, pero siempre he intentado elegir a los mayores. No sé, quizás mi carácter vaya mejor con los alumnos de más edad que con los pequeños. Quizás yo no sirva para estar pidiendo silencio, para estar sujetando a los alumnos y me gusta trabajar más con los mayores, que se dejan un poco más, que se puede explicar un

poco mejor, que se les puede tratar un poco más de tú a tú. Con los pequeños no... Me imagino que cada uno tenemos nuestro carácter. Sin embargo, tengo compañeras que prefieren a los pequeños y no quieren dar nunca los cursos superiores (...)».

Manuel.

O se convierten en el motor, el impulso capaz de transformar el día a día de la Escuela en un espacio de sentido, no sólo por lo que se proyecta de sí mismo en la relación con los estudiantes, sino por lo que descubre el espejo del proyecto de vida, de conciencia de ser lo que se quiere ser, en la relación con los otros.

«F: Por lo que comienzo a intuir, el ser un referente para los estudiantes es algo que a ti te ha fortalecido mucho en tu trabajo.
P: Sí, es lo que me mantiene. El saber que les puedo ser útil como profesora y como persona. Si no yo creo que no me gustaría la enseñanza. Creo que, a lo mejor, a veces en exceso, creo un lazo emocional fuerte con mis alumnos, que a veces resumo en "si no os quiero no os puedo dar clases" [risas].
F: ¿Y se lo has dicho a ellos? ¿Cómo reaccionan?
P: Se ríen, se ríen, muy bien no, esta mujer esta un poco loca, pero...
F: Pero imagino que les gusta oírlo.
P: Yo creo que sí. Pienso que sí, aunque ellos no lo sepan explicitar se dan cuenta, porque a veces lo dicen, ¿no? Cuando ellos dicen este profesor me cae mal, es algo emocional que les falta. Entonces, a través de mis entrevistas con mis alumnos como orientadora para ayudarles a tomar decisiones en los estudios, te vas dando cuenta de que lo puedes hacer bien, y eso sí que fue importante para mí...».

Tina.

De aquí el sentido de constituirse desde el lugar de los afectos, como señala Tina. Un lugar desde el que no se buscan quizá compensaciones, sino que se proyecta una proximidad que deviene de la necesidad de que el "otro" se reconozca en la relación pedagógica, y al hacerlo se construye un espacio de intercambio en el que se pueden aprender contenidos, porque se le ha dado al otro, aquí a la profesora, la autoridad para incidir sobre lo que el estudiante puede llegar a ser.

«F: ¿Cuál piensas que es tu secreto?
P. Pues no lo sé... Yo creo que es la cuestión del cariño... La cuestión afectiva que digo, quizás me hace ver a los alumnos uno a uno, y no como si fueran una masa, ¿me entiendes? Si le dices tal cosa, pues vas al fulanito concreto, o hablas con él aparte o le dices algo, tendrás posibilidades de que te haga más caso que si lo ves como el número veintisiete de la lista, ¿me entiendes?».

Tina.

Pero donde el sentido de las relaciones con los colegas cobra una importancia capital en la subjetividad e identidad del profesorado es en los primeros pasos de su carrera profesional. La llegada a la primera escuela, con la mochila personal de miedo, ilusión, desconcierto, entusiasmo..., constituye un rito de paso que el entramado de relaciones institucionales puede convertir en un esfuerzo gozoso o en una tarea insoportable.

> «*Cuando llego a la escuela de B, es una escuela muy maja, donde hay una serie de gente interesante... que me contagia. Allí estuve muy poco tiempo, pero para mí fue importante porque creo que en una comida el postre es importante, pero los entrantes también. Llegar a un sitio donde te sientes acogido, donde ves que hay iniciativa, donde ves que hay ganas, eso te anima a seguir. Si por el contrario, que creo que es lo que pasa hoy —por lo que dicen los jóvenes cuando llegan a esas escuelas en las que la gente está harta, está quemada...—, cuando llegan a una escuela han de "chupar rueda", para entendernos, si la gente está quemada ellos chupan la rueda de la quemazón. Y no lo contrario, que es lo que me pasó un poco a mí».*

Peru.

De esta manera, desde estos ejemplos, la identidad docente se construye no como algo que viene dado cuando se aprueban unas oposiciones. Procede de la capacidad de reflexionar sobre la propia subjetividad, sobre el lugar que se ocupa y que se quiere ocupar. Y en esto, como han señalado diversos autores (Goodson y Hargreaves, 1996; Huberman y otros., 2000) los docentes comparten trayectos que van más allá de las generaciones, las materias que se imparten, o el papel que se ocupa en el sistema. Se convierte en una opción que cobra un sentido especial entre aquellos que asumen su tarea no desde una posición funcionarial, como una forma cualquiera de ganarse la vida, sino desde la capacidad de ser con los otros y desde la disponibilidad para cambiar. Porque así cobra sentido no sólo el papel que se ocupa, sino la relación que de sí mismo se construye con los otros.

6. Consideraciones para los políticos, formadores, investigadores y para los docentes presentes y futuros

Esta narración hecha de retazos de otros relatos no quiere terminar sin señalar algunas consideraciones que nos parecen necesarias para ir más allá del interés, la complicidad o el distanciamiento que puedan producir en el lector los temas que hemos señalado y los fragmentos que hemos recogido, basados en evidencias de nuestra investigación. Consideraciones que pueden ser útiles para las políticas educativas, las experiencias de formación y para los propios docentes.

- La primera consideración tiene que ver con la importancia de subjetivizar al profesorado. En el sentido de no considerarlo como un número o una categoría genérica o como alguien que ha de poner en la práctica las ideas y propuestas de otros. Esto implica rescatar la singularidad y, sobre todo, el hecho de que nuestra mirada se dirija hacia un ser biográfico. Lo que significa que la noción de educación inclusiva no sólo se refiere a los estudiantes sino también al profesorado.

- Si se tuviera en cuenta cómo el profesorado piensa su ser docente, la formación y las políticas educativas deberían cambiarse, porque necesitarían mirar a los individuos, a sus historias y trayectorias. Sólo desde este reconocimiento del sentido de ser es posible emprender cualquier proceso de cambio.

- En esta misma línea, se hace necesario plantear que frente a las estadísticas, la realidad reducida a números y tantos por cientos, se reclame la importancia de saber quienes son los que se dice que dicen.
- De aquí la importancia de que las historias de vida no se conviertan en una moda, sino que se valore y tenga en cuenta el potencial reflexivo que se construye en la relación, que no sólo permite al profesorado autorizarse, sino mirarse y mirar a los otros de otra manera.
- Si se tuviera en cuenta lo que emerge sobre las experiencias y necesidades de formación en las historias de vida habría que repensar la formación inicial y permanente, para vincularlas a las biografías de los sujetos. No sólo para rescatar sus saberes, sino también para afrontar sus temores y resistencias y responder a sus necesidades.
- Por último, tener en cuenta lo aquí apuntado, permitiría a los futuros docentes, pensarse como autores y creadores y no como ejecutores de los planes de otros o de lo que marcan los libros de texto. Lo que significaría comenzar a construir una nueva narrativa para la educación desde posiciones de sujetos implicados en la tarea transformadora y apasionante que conlleva en la actualidad ser educador en la Escuela.

Referencias

BRAIDOTTI, R. (2000). *Sujetos nómades*. Barcelona. Paidós.

BURKE, P. J. y JACKSON, S. (2007). *Reconceptualizing lifelong learning. Feminist interactions.* Londres. Routledge.

BUTLER, J. (2001). *El género en disputa. El feminismo y la subversión de la identidad.* México. Universidad Nacional Autónoma de México.

CASTELLS, M. (1998). *La era de la información. El poder de la identidad, Vol.2.* Madrid. Alianza (1997).

CONLE, C. (2000). "Thesis as Narrative or 'What is the Inquiry in Narrative Inquiry?'". *Curriculum Inquiry*, 30(2): 189-214.

GIDDENS, A. (1995). *Modernidad e identidad del yo.* Barcelona. Península (1991).

GOODSON, I. y HARGREAVES, A. (Eds.) (1996). *Teacher's professional lives.* London. Falmer Press.

HALL, S. (2000). "Who needs identity?". Guy, P.; Evans, J. y Redman, P. (Eds.). *Identity: a reader* (pp. 15-30). Londres. Sage y Open University.

HERNÁNDEZ, F. (2006). "Los docentes y las TIC, cuatro tendencias, o más". *Cuadernos de Pedagogía*, 363, 66-69.

HERNÁNDEZ, F. y SANCHO, J. M. (2007). "El papel de la formación en las historias de vida del profesorado". *Cuadernos de Pedagogía*, 374, 40-43.

HUBERMAN, M.; THOMPSON, C. y WEILAND, S. (2000). "Perspectivas en la carrera del profesor". Biddle, B.; Good, T. y Goodson, I. (eds.). *La enseñanza y los profesores. I. La profesión de enseñar* (pp. 19-98). Barcelona. Paidós (1998).

MÜLLER, J.; NORRIE, C.; HERNÁNDEZ, F.; SANCHO, J. M.; CREUS, A.; LA-RRAÍN, V. (2011). "European Schoolteachers work and life under restructuring: Professional experiences, knowledge and expertise". En Goodson, I. F. y Lindball, S. (Eds.), *Professional Knowledge and Educational Restructuring in Europe* (pp. 61-80). Rotterdam/Boston/Taipei. Sense Publishers.

SANCHO, J. M. (Coord.) (2011). *Con voz propia. Los cambios sociales y pro-fesionales desde la experiencia de los docentes*. Barcelona. Octaedro.

SANCHO, J. M.; HERNÁNDEZ, F.; CREUS, A.; HERMOSILLA, P.; MARTÍNEZ, S.; GIAMBELLUCA, V.; CID, A. y DURÁN, P. (2007). "Historias Vividas Del profeso-rado en el mundo digital". *Praxis Educativa*, 11, 10-30.

Capítulo 5.
Investigación educativa, prácticas docentes y documentación narrativa de experiencias pedagógicas

Daniel A. Suárez
Universidad de Buenos Aires (Argentina)

1. Documentación narrativa y reconstrucción crítica del mundo escolar y las prácticas docentes

La documentación narrativa de experiencias pedagógicas[1] se inscribe en el campo de la investigación educativa como una modalidad particular de inda-

---

1. En tanto estrategia de trabajo pedagógico, la documentación narrativa de experiencias escolares tuvo origen en un proyecto de desarrollo curricular centrado en las prácticas de enseñanza de los docentes, diseñado e implementado en el Ministerio de Educación, Ciencia y Tecnología de la República Argentina, durante los años 2000 y 2001 (Suárez, 2003). Posteriormente, se desarrolló teórica, metodológica y prácticamente a través del diseño y puesta en marcha de una serie de Talleres de Documentación Narrativa de Experiencias Pedagógicas, que coordiné, en el marco de la Secretaría de Transferencia y Desarrollo de la Facultad de Filosofía y Letras de la Universidad de Buenos Aires y del Programa Memoria Docente y Documentación Pedagógica (URL: www.documentaciónpedagógica. net) del Laboratorio de Políticas Públicas de Buenos Aires (LPP). Asimismo, una serie de seminarios de postgrado y de grado que dicté en la Universidad de Buenos Aires y en la Universidad Nacional de San Martín y un proyecto de investigación que llevo adelante en el Instituto de Investigaciones en Ciencias de la Educación de la Universidad de Buenos Aires (el Proyecto UBACyT *El saber de la experiencia. Experiencias pedagógicas, narrativa y subjetividad en la trayectoria profesional de los docentes*), fueron algunos de los ámbitos académicos dirigidos a profundizar y problematizar teórica y metodológicamente esta estrategia de indagación interpretativa y colaborativa de las prácticas educativas y de los significados sociales y pedagógicos puestos a jugar por los actores escolares cuando hacen y recrean el mundo escolar. Otras experiencias de diseño e implementación de dispositivos de documentación narrativa de experiencias pedagógicas que enfatizaron la formación horizontal entre docentes y la producción de muchos relatos pedagógicos fueron las desarrolladas por el equipo del Programa Memoria Docente y Documentación Pedagógica en el Ministerio de Desarrollo Social de la Nación en el 2004, junto con unos 130 educadores populares, y en el Consejo Provincial de Educación de la Provincia de Santa Cruz, durante 2005, junto con unos 500 docentes de todos los niveles de enseñanza (URL: www.documentacionpedagogica.net). También las experiencias de consultoría que desarrollé durante el 2004 y el 2005, en el marco del Proyecto Materiales y estrategias para la retención escolar de la OEA y el MECyT de Argentina (URL: http://tqnue.educ.ar/oea/documentos. htm). Actualmente, el Programa Memoria Docente y Documentación Pedagógica que dirijo en el LPP está desarrollando un proyecto de documentación narrativa de experiencias pedagógicas en todo el país, que involucra a unos 100 coordinadores de documentación distribuidos en otras tantas localidades de cada una de las provincias argentinas y unos 1000 docentes narradores. En este Proyecto apoyado y financiado por el Ministerio de Educación, Ciencia y Tecnología de la Nación, está previsto también llevar a cabo una primera experiencia de "viaje pedagógico" en la que distintos grupos de "docentes viajeros" indagarán y recuperarán experiencias pedagógicas en diversos itinerarios de relevamiento por ámbitos locales.

gación narrativa e interpretativa que pretende reconstruir, documentar, publicar, tensionar y volver críticos los sentidos, comprensiones e interpretaciones pedagógicas que los docentes construyen, reconstruyen y negocian cuando escriben, leen, reflexionan y conversan entre colegas acerca de sus propias prácticas educativas (Suárez, 2005 y 2006). Para ello, sus dispositivos de trabajo generan espacios colaborativos entre investigadores académicos y docentes narradores con la intención de constituir "comunidades de atención mutua" (Connelly y Clandinin, 2000); se orientan a la producción individual y colectiva de relatos pedagógicos que den cuenta de los modos en que los docentes estructuran sus vidas profesionales, dan sentido a sus prácticas educativas y se presentan a sí mismos como activos conocedores del mundo escolar; y se proponen la generación y la disposición pública de nuevas formas de lenguaje educativo e historias críticas de la enseñanza a través de la interpretación pedagógica especializada. La documentación narrativa se dirige, de esta manera, a innovar en las formas de interpelar y convocar a los docentes para la reconstrucción de la memoria pedagógica de la escuela, en los modos existentes para objetivarla, legitimarla y difundirla, y en las estrategias utilizadas para ponerla en circulación y deliberación públicas. Para eso, desarrolla modalidades de trabajo que se orientan a brindar la posibilidad de volver sobre lo hecho, vivido y cargado de sentido a ras de la experiencia escolar, a través de la escritura, la lectura, la conversación y el debate pedagógico entre pares. A través de ellas, los procesos de documentación narrativa se presentan como vías válidas para la reformulación, la ampliación y la transformación de la propia práctica docente que incursiona en lo inédito, en lo silenciado, en lo aún no descrito ni dicho (Suárez, 2004 y 2005).

Los hábitos institucionales instalados en el campo educativo hacen que los docentes escriban a través de formas y géneros que no permiten recuperar el dinamismo y la textura de lo que sucedió y les sucedió a los protagonistas de la acción. Los docentes, cuando escriben, por lo general lo hacen siguiendo pautas externas, copiando planificaciones didácticas, llenando planillas, completando informes para superiores jerárquicos del aparato escolar, a través de formatos y estilos estandarizados y despersonalizados. Escriben en tercera persona, sin "estar allí", censurando la posibilidad de narrar, de contar una historia. Estos datos, informes y documentos, necesarios para la administración de los sistemas escolares, casi nunca ofrecen materiales adecuados para la deliberación, la reflexión y el pensamiento pedagógicos, ni para la toma de decisiones pedagógicamente informadas en los ambientes inciertos y cambiantes que se conforman en las escuelas. Tampoco para diseñar y desarrollar de manera sistemática trayectos formativos de docentes que los interpelen y posicionen como profesionales de la enseñanza, como productores de saberes pedagógicos y como actores estratégicos de su propio desarrollo profesional. Frente a ello, los procesos de documentación narrativa constituyen una redefinición radical de los modos de conocer, de sus formas de validación y de las modalidades para su registro y sistematización, al tiempo que proponen una alternativa para la constitución de colectivos docentes que indagan reflexivamente los mundos escolares, recrean sus saberes, problematizan sus experiencias y pretenden transformar sus prácticas contando historias, interpretándolas y proyectándolas hacia otros horizontes mediante nuevas formas de nombrarlas, comprenderlas y valorarlas. Como puede apreciarse, se espera no sólo acopiar, legitimar y difundir un *corpus* de documentos distintos a los habituales, sino también hacer posibles experiencias de formación horizontal entre pares y contribuir, de esta manera, a la mejora y transformación democrática de las prácticas pedagógicas de la escuela.

En el proceso de escritura, los docentes se convierten en autores de relatos pedagógicos e historias escolares, al mismo tiempo que tornan públicamente disponibles los saberes profesionales que ponen a jugar cotidianamente en sus prácticas educativas y cuando las reconstruyen relatándolas. Se transforman en narradores de sus propias experiencias y prácticas pedagógicas. Y como se sabe, toda narración o testimonio autobiográfico ya supone en sí mismos interpretación, construcción y recreación de sentidos, lecturas del propio mundo y de la propia vida. Así, cuando narran experiencias pedagógicas que los tienen como protagonistas, los docentes están reconstruyendo interpretativamente parte de sus trayectorias profesionales y les están otorgando sentidos particulares a lo que hicieron y a lo que alcanzaron a ser como docentes, en el mismo movimiento en que reelaboran reflexivamente parte de sus vidas y se reposicionan respecto de ellas, ya más distanciados que cuando las vivieron (Bullough, 2000; Huberman, 2000). A través de esas narraciones, proyectan sus expectativas, preguntas y preocupaciones; las dicen, las escriben, las comparten y conversan con otros colegas en el lenguaje de la práctica, con sus propias palabras. Se ven en ellas y a través de ellas, también ven a los otros, los nombran y caracterizan; revisan y discuten las certezas y las dudas que edificaron y desbarataron a lo largo de sus afanes cotidianos en las escuelas y las aulas. Dan cuenta de "haber estado allí" (Geertz, 1989), en el mundo de las prácticas escolares, y de la necesidad de contar historias para comunicar las experiencias y los saberes que construyeron en situaciones social, geográfica e históricamente localizadas.

Al contar sus historias de enseñanza, los docentes autores descubren sentidos pedagógicos parcialmente ocultos o ignorados, cuestiones pedagógicas todavía sin nombrar o nombradas de maneras poco adecuadas. Y cuando logran posicionarse como "antropólogos" de su propia práctica, cuando consiguen distanciarse de ella para tornarla objeto de pensamiento y pueden documentar algunos de sus dimensiones "no documentadas" (Rockwell, 1987), se dan cuenta de lo que saben y de lo que no conocen o no pueden nombrar. Convierten su conciencia práctica en discursiva, la ponen en tensión, la componen y recomponen, la objetivan, la fijan en escritura, la comunican, la critican. Por eso, en el movimiento de "dar a leer" sus relatos pedagógicos, los docentes narradores entregan sus propias lecturas acerca de lo que pasó en la escuela y lo que les pasó como docentes. Cuando escriben y reescriben sus relatos de experiencias pedagógicas, cuando documentan narrativamente los saberes y comprensiones que alcanzaron a producir en torno a ellas, los docentes dejan de ser los que eran, se transforman, son otros. Se convierten en lectores, intérpretes y comentaristas de sus propias vidas profesionales y de los sentidos pedagógicos que elaboraron en su transcurso. Y justamente esta lectura, esta interpretación y estos comentarios pedagógicos son los que suturan los elementos dispersos y aislados de la memoria, los que ubican en una trama significativa los registros fragmentados y olvidados del pasado, los que en definitiva «*liberan lo mudo de la experiencia, la redimen de su inmediatez o de su olvido y la convierten en lo comunicable, es decir, lo común*» (Sarlo, 2005). De este modo, los docentes posicionados como autores de relatos escritos de experiencias escolares son los que posibilitan la apertura de sus mundos, trayectorias y saberes pedagógicos a otros, a los que comparten el lenguaje, los intereses y las preocupaciones de la práctica profesional, a los colegas y, también, a los investigadores académicos y universitarios. En el complejo movimiento intelectual que va desde la identificación y la selección de los componentes de la experiencia a relatar hasta su disposición textual en una "intriga narrativa" (Ricoeur, 2001), se hace posible tornar públicamente disponibles los saberes y comprensiones pedagógicos de los docentes, ponerlos al alcance de otros y también a la mano de sus nuevas lecturas, interpretaciones y comentarios. Por eso, nuestra propia lectura, nuestra interpretación y nuestros comentarios como investigadores narrativos del mundo y las prácticas escolares serán, como cualquiera que se haga en las mismas circunstancias, lecturas, interpretaciones y comentarios "de segundo grado": sólo serán posibles a partir de las lecturas, interpretaciones y comentarios puestos a jugar narrativamente por los docentes en sus relatos pedagógicos (Suárez, 2005).

2. Dispositivo de documentación narrativa y producción e interpretación de relatos pedagógicos

A diferencia de otros tipos de relatos pedagógicos, los documentos narrativos escritos por docentes en estos procesos de indagación no se producen de forma espontánea. Por el contrario, aun cuando los docentes involucrados en procesos de documentación narrativa se manejan con una relativa autonomía para elegir los temas, estilos y modulaciones de sus narrativas, indagan el mundo escolar en condiciones bastante específicas y en el marco de un dispositivo de trabajo que pretende regular los tiempos, espacios y recursos para su producción. Este dispositivo es el que garantiza la adecuación de los procesos cognitivos desplegados y las intervenciones activas de los docentes a los principios y recaudos metodológicos de la indagación narrativa y la investigación interpretativa (Suárez, 2004 y 2005).

En efecto, el proceso de producción de los documentos narrativos de experiencias pedagógicos es complejo, y está permanentemente asistido por el equipo de investigadores a través de estrategias y técnicas de taller y de investigación acción y participante. Tal como lo hacen los «*talleres de educadores que investigan las prácticas docentes*» (Batallán, 2007) en los que se inspiran, los procesos de documentación narrativa siguen un itinerario relativamente preestablecido. En efecto, ya sea a través de la producción de materiales elaborados específicamente para orientar teórica y metodológicamente el proceso de documentación (Suárez, 2004 y 2005), como mediante la coordinación de jornadas de talleres con los docentes o la puesta en común y devolución individual de comentarios informados en interpretaciones pedagógicas de los sucesivos relatos producidos, la coordinación del proceso de formación e investigación acompaña con sus sugerencias a los docentes autores en muchos momentos decisivos del proceso. Asimismo, las instancias de trabajo colaborativo entre pares, en las que otros docentes narradores leen, comentan e interpretan los relatos pedagógicos elaborados por cada uno, funcionan como "momentos de control" del proceso de escritura desplegado individual y colectivamente por el grupo.

Más allá de la forma particular que ese trayecto tome en cada caso en concreto, es posible abstraer, a la manera de un modelo, una serie de "momentos", no necesariamente sucesivos y la mayoría de las veces recursivos, que permitirán una comprensión más sutil de los complejos procesos intelectuales en los que se comprometen los docentes narradores durante el despliegue del dispositivo (Suárez, 2004). Muy esquemáticamente, el recorrido en su itinerario implica:

- *Generar y sostener condiciones institucionales en los sistemas escolares y las escuelas* para que los docentes puedan involucrarse activamente en procesos de documentación narrativa con el apoyo de las administraciones educativas. Esta estrategia de trabajo pedagógico, indagación narrativa y problematización etnográfica del mundo escolar supone una ruptura con las modalidades convencionales de trabajo docente y con el flujo rutinario de las actividades escolares. Implica disponer tiempos, espacios y arreglos normativos y micropolíticos que garanticen oportunidades de escritura y de trabajo colaborativo entre docentes y entre éstos e investigadores académicos que, la mayoría de las veces, no están dados de antemano y cuesta conseguir. Para lograrlo, los dispositivos de documentación narrativa prevén desde el principio y a lo largo del proceso el trabajo conjunto de investigadores, docentes y referentes de administraciones educativas para establecer habilitaciones y reglas de juego que hagan posible la indagación. Este momento del dispositivo incluye la "invitación" de los docentes a integrarse al trabajo de investigación colaborativa que, como podemos intuir, requiere una explicitación clara de los compromisos a asumir por ellos y de los recaudos y garantías dispuestos por las administraciones para que su participación sea posible.

- *Identificar y seleccionar las prácticas pedagógicas y experiencias escolares a relatar y documentar.* En un primer momento del proceso, esta instancia de trabajo es estratégica en la medida en que supone la negociación y la conciliación de los intereses de indagación de las administraciones escolares, de los investigadores académicos y de los docentes narradores. Pero también es importante a lo largo de todo el itinerario de la documentación, por un lado, porque el mismo proceso individual y colectivo de reflexión e interpretación de los relatos puede redireccionar el interés del docente narrador hacia otras experiencias vividas, y por otro, ya que una vez seleccionada la experiencia a relatar resulta necesario un persistente y también reflexivo trabajo de identificación de los componentes a incorporar (personajes, escenarios, contextos, voces) en la intriga narrativa del relato pedagógico en cuestión. En ambos casos, el docente narrador debe hurgar en la memoria personal y en la de otros docentes e informantes clave de la experiencia a relatar, así como relevar y registrar huellas y rastros materiales de las prácticas pedagógicas desplegadas efectivamente durante las propias trayectorias profesionales para reconstruirlas reflexivamente a través de la narrativa. Es en esta instancia donde las "técnicas de recolección de datos" propias de la investigación narrativa y etnográfica (notas de campo, entrevistas abiertas, conversaciones con informantes clave, diarios profesionales, fotografías, videos, audios, etc.) contribuyen a informar empíricamente los relatos y a tomar decisiones de escritura sobre sus sentido y contenidos sustantivos.

- *Escribir y re-escribir distintos tipos de texto y versiones sucesivas de relatos de la experiencia pedagógica a documentar*, hasta llegar a una versión "publicable". En este momento decisivo de la documentación narrativa, los docentes llevan adelante una serie sucesiva de producciones textuales que toman como insumo empírico central o "datos" los relatos orales producidos por los docentes e informantes clave, pero que también tienen en cuenta los recuerdos que se disparan al escribir y re-escribir y otros registros de la experiencia ("material empírico"). Es el momento en el que se "fija" textualmente la experiencia, en el que ésta alcanza su mayor grado de objetividad, y al mismo tiempo, en el que los docentes, informados por los comentarios y conversaciones con sus colegas y los coordinadores del proceso de indagación, componen, recomponen y dotan de densidad la intriga narrativa que articula y da sentido a los distintos elementos de la experiencia. También es el momento más solitario y reflexivo, en el que por lo general los docentes trabajan individualmente y se posicionan como autores de relatos de experiencia. No obstante, es la instancia en la que los aportes de los otros momentos de la documentación, todos ellos comprometidos con formas de trabajo colectivo y colaborativo entre pares, contribuyen a profundizar la indagación narrativa del docente autor y, consecuentemente, a la persistente y reflexiva reescritura del relato hasta el momento de su disposición pública a través de medios situacionales, gráficos y electrónicos.

- *Editar pedagógicamente el relato de experiencia o documento narrativo*. Lo que implica una compleja trama de operaciones intelectuales muy específicas, orientadas a colaborar e incidir en las sucesivas producciones textuales del relato pedagógico realizadas por cada docente autor, por lo que se encuentra totalmente relacionada con sus ritmos y lógica. La edición pedagógica de relatos docentes implica, entre otras cosas: lecturas y relecturas propias y de otros docentes, individuales y colectivas, de las versiones parciales y final del relato; la interpretación y la reflexión pedagógicas en torno a la experiencia pedagógica reconstruida y narrada; la conversación y la deliberación pedagógica entre pares cercanos, en un ámbito grupal colaborativo y empático, en torno de las experiencias y saberes pedagógicos construidos en ellas y reconstruidos narrativamente en los relatos pedagógicos; la elaboración y comunicación al docente autor de observaciones, preguntas, sugerencias y comentarios escritos y orales, individuales y colectivos, sobre el relato pedagógico en cuestión;

la toma de decisiones respecto de la comunicabilidad del relato pedagógico y acerca de la pertinencia y oportunidades de su publicación y de su difusión en circuitos especializados y docentes. En suma, y más allá de que estas actividades se despliegan a lo largo de todo el proceso, se trata de trabajar individual y colectivamente con el relato en una suerte de "clínica de edición" que se realiza previamente a su disposición pública. Como puede apreciarse, la edición pedagógica recoge muchas de las recomendaciones metodológicas de la investigación interpretativa, etnográfica y narrativa, y se diferencia de una tradicional "corrección de estilo". Esto es, si bien son consideradas las reglas de estilo, ellas son aplicadas de modo complementario y en sintonía con la edición pedagógica de cada relato singular. Los partícipes centrales de las "clínicas de edición" son los docentes autores de la mano de sus relatos pedagógicos y aquellos docentes comentaristas que ofrecen miradas específicas de la comunidad de prácticas y discursos en la que se inscribe, nombra, narra e interpreta la experiencia pedagógica en cuestión.

- *Publicar el relato de la experiencia pedagógica.* Es decir, tornarlo públicamente disponible y, en el mismo movimiento, transformar en "documento pedagógico" la narración construida por el docente autor en la intimidad de la comunidad de docentes narradores de relatos pedagógicos, en circunstancias relativamente controladas, donde la cercanía y la comunicación directa lo protegían de miradas y lecturas "extranjeras" a esa comunidad de prácticas y discursos. Paradójicamente, en este momento clave del proceso de documentación en que los docentes narradores se posicionan y afirman más que nunca como autores de experiencias, saberes y relatos pedagógicos, al mismo tiempo pierden el "control" sobre su texto ya que, en alguna medida, al pertenecer ya al ámbito de lo común, el relato se encuentra ahora fuera de su dominio y alcance directos, ha trascendido la familiaridad del colectivo de pares y se ha tornado público. Ya no está al alcance de la mano, ni es posible reponer sentidos de manera oral y autorizada. Es por ello que las decisiones sobre la publicación del relato también requieren la mirada atenta del colectivo de docentes e investigadores, exigen procesos de deliberación y debate acerca de su comunicabilidad y suponen la previsión de los posibles públicos lectores del relato.

- *Hacer circular los documentos narrativos de experiencias pedagógicas en diferentes circuitos de difusión y bajo distintos formatos* (electrónicos, gráficos, fílmicos, interactivos), a fin de aprovechar las potencialidades pedagógicas e interpretativas de los relatos escritos por docentes y dar a conocer, debatir y criticar los saberes y comprensiones construidos durante las prácticas pedagógicas que en ellos se encuentran documentados. La circulación de las narraciones pedagógicas por diferentes circuitos del aparato escolar, y su eventual utilización como materiales pedagógicos de la formación continua de docentes y del desarrollo curricular centrado en las experiencias y los saberes de los docentes, o como insumos críticos para la investigación narrativa e interpretativa del mundo escolar y de las prácticas docentes, son un momento decisivo dentro del itinerario de la documentación que demanda, como en la fase de generación de condiciones políticas e institucionales, la activa participación de distintos actores de los aparatos escolares como gestores y facilitadores del proceso.

Como se puede observar, el proceso completo excede por mucho a la escritura individual y solitaria de los profesores, maestros y demás educadores. Documentar narrativamente experiencias pedagógicas no es solamente escribir, y mucho menos escribir solo y aisladamente. Siempre supone la constitución de un colectivo de docentes autores de relatos pedagógicos y, fundamentalmente, el ejercicio reflexivo de la lectura, la conversación y la interpretación pedagógicas junto con otros colegas. Por eso, esta particular modalidad de trabajo pretende combinar, por un lado, la generación de las condiciones político-pedagógicas e institucionales para que la sistematización narrativa de la práctica pedagógica sea posible y, por otro, la disposición de las condiciones de tiempo, espacio y recursos para escribir, leer, escuchar, pensar y conversar entre docentes. Ahora bien, al tomar carácter público, los documentos narrativos escritos por docentes no sólo podrán ser dispuestos y utilizados como materiales pedagógicos para la formación y desarrollo profesional del cuerpo de enseñantes, o como desarrollos textuales para mostrar aspectos "no documentados" del *currículum* en acción que se negocia y despliega en ámbitos escolares locales, o como insumos críticos para la toma de decisiones en materia de política educativa. También podrán ser utilizados como "materiales empíricos" densamente significativos para la investigación narrativa e interpretativa especializada, más allá de que sea llevada a cabo por investigadores académicos profesionales o por equipos colaborativos de docentes e investigadores. Pueden ser usados legítimamente como "documentos de campo" dispuestos al análisis y la interpretación. Esta interpretación más especializada, de "segundo grado", y su presentación a través de informes de investigación, podrán seguir básicamente dos caminos. Podrán adoptar estrategias de análisis y de presentación "paradigmáticas", que pretenden construir categorías conceptuales y enriquecer la teoría a partir de la consideración de la voz, palabras y sentidos puestos a jugar por los actores en sus narraciones y en el registro de sus acciones; o bien podrán optar por construir nuevas narrativas que den cuenta de las comprensiones e interpretaciones alcanzadas en el proceso de investigación. En el caso de los procesos de investigación que llevamos a cabo a través de la documentación narrativa de experiencias pedagógicas, combinamos ambos enfoques y decidimos informar sobre nuestros resultados de forma mixta y combinada.

3. Relatos de experiencias pedagógicas escritos por docentes: algunos rasgos distintivos

«Percibí que en esa escuela, como en tantas otras, se seguía esperando al alumno con ciertas condiciones, con determinados saberes previos, con una determinada "cultura", con un lenguaje pertinente y una familia que acompañe. Pero esos adolescentes que me esperaban en el aula eran evidentemente distintos a todo eso, con diferencias significativas porque las condiciones de vida los golpeaban a diario. Volví a mirar el patio en toda su dimensión, y mi

pueblo y mi niñez de patios grandes y risas fuertes aparecieron bajo el sol, pero esos alumnos no eran los chicos de mi niñez y ni siguiera parecía el mismo sol. (...) Abrí la puerta, despintada, sucia y rota, vi jóvenes pegándose, mochilas tiradas, todo sucio, desordenado y una visible agitación traducida en ruidos de sillas y escritorios que se golpeaban. Hasta uno voló al patio por la ausente ventana; todo sin luz, entre las sombras. Miré las paredes, escritas con groserías, nombres mezclados con adjetivos, no había luz, habían roto los portalámparas y me di cuenta de que algunos alumnos salían por un costado, insultando a otros de octavo año, en el aula de al lado. Esperé, intenté retenerlos, pero rechazaron violentamente mi contacto físico, que fue como una caricia, nada brusco (...) Temblando, comencé a observarlos: visiblemente excitados comían y tomaban algo caliente. Tenían hambre casi todos; y al sentirlos, se intensificó mi temblor. Logré escuchar algunas frases llenas de ofensas hacia las pocas mujeres que había. Trato de recordar de ese día algún gesto solidario o agradable, algo que no haya sido inesperado, y no lo encuentro (...) Entró la preceptora a tomar asistencia y me hacía comentarios de cada uno, sobre la familia ausente, dividida; hermanos multitudinarios y otras yerbas. Le pedí que se quedara; otro error. La agredieron por historias que parecían viejas. Le decían Barbie, vieja, gato, hasta que se fue, pidiéndoles que por favor me respetaran. Me iba impregnando la sensación patética del desprecio que los alumnos tenían por todo y por todos, indudable respuesta al intenso desprecio que otros sentían por ellos y por lo que de ellos venía (...)».

Racioppi, 2003.

«*Cada clase, cada encuentro con los alumnos me permitía conocer un poco más sus historias de vida: que muchos de ellos eran mayores de 25 años; que varios de ellos tenían familias a cargo (algunas veces asistían a clase con sus niños pequeños); que la mayoría provenía de sectores postergados (por lo que trabajaban en el servicio doméstico, en la construcción o eran desempleados). Otros, que recibían los beneficios de los distintos planes instalados por el gobierno central; que algunos integraban la CCC (Corriente Clasista y Combativa) y que trabajaban durante el día en cooperativas construyendo viviendas para los mismos beneficiarios de esos planes y durante la noche estudiaban. Un día Liliana, por ejemplo, me contaba con orgullo las distintas tareas que desempeñaba en la cooperativa a la par de los hombres: cavaba cimientos con pico y pala; preparaba y acarreaba mezcla o picaba paredes. Con un dejo de tristeza, también me relataba todos los inconvenientes que atravesaba para realizar, además de sus responsabilidades laborales, las tareas de investigación y de estudio que le encomendaban el profesorado. La falta de tiempo y el propio cansancio físico para cumplir con sus obligaciones de estudiante le causaban preocupación. Pero a pesar de estas dificultades, estos estudiantes, mis alumnos, tienen latente su ilusión de recibirse y trabajar como maestros. Pude llegar a percibir, por medio del contacto frecuente, que el ser profesor de EGB 1 y 2 es un sueño familiar anhelado por varias generaciones que los preceden. Algo así como mejorar su calidad de vida a través de la docencia. (...) También pude inquirir por qué concurrían a este establecimiento educativo y no a otros de la misma modalidad que funcionan en el centro de la ciudad, en la mañana y en la tarde, con características del alumnado totalmente distintas (en su mayoría jóvenes recién egresados del secundario y/o Polimodal). Al mismo tiempo pude entender cómo este Instituto de Profesorado los "atraía", los "cobijaba con sus virtudes y defectos". Muchos de ellos son mayores, lo que junto a las condiciones socioeconómicas y culturales (medias, bajas) no ayuda a congeniar con el perfil de alumno (joven y en otras condiciones socioeconómicas y culturales) de los profesorados enunciados. También, el horario de cursada que ofrece nuestro establecimiento, de 18:30 a 23:20 horas, contribuye a su elección justamente porque durante la mañana y la tarde cumplen su horario de trabajo. Además, muchos de los estudiantes tienen la característica de cursar de manera "lenta" la carrera debido a los inconvenientes que se les presentan durante la cursada y en los exámenes. Por esta razón, utilizan más tiempo de lo que estipula el plan de estudios. En relación con esto, considero que nuestros alumnos tienen la representación de un profesorado que "los espera", "los aguanta", dentro de los plazos normados. Hasta creo que esta es la imagen que impera en el accionar de algunos profesores: en este profesorado "se espera", "se aguanta" a los estudiantes (...)».*

Ochoa, 2005.

Los dos textos que anteceden son fragmentos de relatos pedagógicos escritos por docentes en el transcurso de procesos de documentación narrativa de experiencias pedagógicas[2]. Como puede apreciarse, son materiales narrativos que presentan contenidos densamente significativos para reconstruir y comprender muchos de los aspectos poco conocidos y escasamente registrados de la vida cotidiana de las instituciones educativas. Tal como lo hacen las producciones textuales elaboradas en el marco de otras estrategias de investigación interpretativa, estos relatos ofrecen descripciones, comprensiones e interpretaciones de los mundos significativos de las escuelas, de las prácticas educativas que en ellas tienen lugar y de los actores pedagógicos que las habitan y realizan. En estos casos es posible percibir cómo los docentes narradores ponen de manifiesto y problematizan sus propias perspectivas e imágenes respecto de sus alumnos, al mismo tiempo que dan cuenta de los desacoples y desplazamientos que estos muestran respecto de las caracterizaciones más estereotipadas y difundidas dentro del campo pedagógico y escolar. No obstante, en tanto narraciones elaboradas por docentes que cuentan historias pedagógicas que los tienen como protagonistas, y por las condiciones, reglas e intereses cognitivos que orientan y regulan su producción escrita, estos textos tienen rasgos específicos que los diferencian de aquellos otros. En una serie de cuestiones, los documentos narrativos de experiencias pedagógicas tienen muchas similitudes formales y de contenido con las "descripciones densas" o los informes de campo de los etnógrafos de la educación (Geertz, 1989; Batallán, 2007); con las "autobiografías docentes" escritas por maestros y profesores con el objeto de reconstruir sus trayectorias profesionales (Bullough, 2000; Huberman, 2000); con los "relatos ficcionales de experiencias escolares" desarrollados por

---

2. El primer relato fue escrito en 2003 por la docente de la provincia de Buenos Aires Diana Racioppi, en uno de los Talleres de Documentación Narrativa de Experiencias Pedagógicas desarrollados en la Secretaría de Transferencia y Desarrollo de la Facultad de Filosofía y Letras de la Universidad de Buenos Aires (URL: www.documentacionpedagogica.net). El segundo relato fue escrito en 2005 por el profesor jujeño José Ochoa, en el marco de un proceso de documentación narrativa de experiencias de formación docente del noroeste argentino. Este proceso de documentación se inscribió en el Proyecto Materiales y Estrategias para la Retención Escolar de la Organización de Estados Americanos que, bajo la coordinación del Ministerio de Educación de Argentina, fue desarrollado durante los años 2003, 2004 y 2005 en siete países de América Latina (Argentina, Uruguay, México, Paraguay, Colombia, Perú y Chile). (URL: http://tqnue.educ.ar/oea/documentos.htm)

literatos y escritores (Lomas, 2003), y con los "relatos pedagógicos escritos por educadores y pedagogos consagrados" que cuentan sus experiencias docentes con el fin de ilustrar sus teorías y propuestas (Freinet, Freire, Montessori, Makarenko, Iglesias, entre otros). Pero en muchos otros aspectos decisivos, de carácter teórico y metodológico, sus diferencias y peculiaridades los perfilan como una modalidad textual y de registro bastante particular dentro del conjunto (Suárez, 2004 y 2005).

En el marco de esta estrategia, las narraciones pedagógicas son escritas por los docentes en circunstancias bastante particulares, bajo condiciones reguladas por sus dispositivos de trabajo y orientadas de manera permanente por la activa participación de la coordinación del proceso de documentación. Estas condiciones son las que, en alguna medida, colaboran a imprimir en estos relatos pedagógicos ciertos rasgos comunes, un conjunto de marcas que los emparenta entre sí y que a la vez los diferencia de otras producciones textuales elaboradas bajo otras circunstancias y coordenadas teóricas y metodológicas. Y son asimismo las que permiten ponderar gran parte de las potencialidades de esta particular manera de documentar las experiencias pedagógicas de los docentes. Dicho en otros términos, las condiciones de enunciación y producción escrita de estos relatos pedagógicos, al ser relativamente similares para ellos, tienden a colorearlos de una manera que los asemeja. Al mismo tiempo, son bastante distintas de las que permitieron que otros relatos y textos sobre las prácticas educativas de los docentes fueran posibles y se difundieran públicamente.

Para concluir esta presentación sumaria, describiré algunos de esos rasgos comunes y distintivos de los relatos pedagógicos producidos en su marco:

- Todos los *docentes autores* de los relatos pedagógicos son convocados explícitamente desde el inicio del proceso para documentar e investigar narrativamente experiencias pedagógicas que realizaron y vivieron en el marco de algún proyecto o en la cotidianeidad de sus prácticas escolares. Por ende, en principio, todos ellos forman parte del mundo escolar y pedagógico a documentar narrativamente y de la peculiar comunidad de discursos y prácticas pedagógicos que dan cuenta de él. Además, al ser invitados y disponerse a llevar adelante su propia formación y los procesos de escritura de acuerdo con los criterios teóricos y metodológicos de la documentación narrativa, y al constituir en ese marco teórico y normativo un colectivo de docentes narradores, son iniciados en un nuevo juego de lenguaje que crea y recrea sus propias significaciones y que acuña, usa y difunde sus propias palabras.
- La *extensión de los textos*, ya que en todos los casos se determina de antemano. Por supuesto, esta cuestión tiene que ver con los criterios editoriales cambiantes e institucionalmente situados de la documentación narrativa. El hecho de que los docentes sepan desde un comienzo que sus futuros relatos pedagógicos serán publicados y difundidos, así como sometidos a interpretaciones y lecturas por parte de investigadores y otros educadores, no sólo puede significar una estímulo para la producción textual, sino que también pueden constituir un anclaje metodológico que

ajuste las narraciones a ciertos parámetros que las tornen comunicables y publicables.

- Todos los relatos pedagógicos están *narrados en primera persona* del singular o del plural. En efecto, se promueve el uso por parte de los docentes narradores de esa persona gramatical para lograr su involucramiento en la trama narrativa que reconstruye la experiencia pedagógica a documentar, ya que interesa mostrar qué pasó durante su transcurso y que les pasó a sus protagonistas. No obstante este rasgo común, los docentes autores incluyen casi en todos los casos, aunque con matices y distintos objetivos retóricos, las voces de otros que, por algún motivo, también resultan significativas para dar cuenta de la experiencia en cuestión. Ya sea a través de la voz del "nosotros" (la primera persona del plural) para mostrar el carácter colectivo o compartido de la experiencia documentada, o mediante la cita de expresiones de otros docentes y colegas para explicitar en el relato comprensiones y puntos de vista divergentes y convergentes con el sentido y valor de la experiencia pedagógica narrada; ya sea trayendo al propio relato, de manera textual o a través de paráfrasis, con mayor o menor detalle y precisión, los comentarios y fragmentos narrativos de alumnos, padres, miembros de la comunidad, para dar verosimilitud a la propia historia, o bien citando a pedagogos consagrados o teóricos de la educación para otorgarle autoridad y seriedad metodológica, todos los docentes narradores dotan de polifonía a la propia narración.

- Otro rasgo en común y distintivo de los relatos pedagógicos escritos por docentes, íntimamente vinculado con el anterior, es la tendencia a incorporar *elementos autobiográficos* de las propias trayectorias profesionales de los docentes narradores en las respectivas reconstrucciones de las experiencias pedagógicas. Por eso, es posible encontrar en estas producciones textuales marcas y giros retóricos orientados a dotar de verosimilitud a la experiencia relatada y de fiabilidad a la posición del docente autor como testigo y comunicador de ella. De esta forma, al leer los documentos narrativos se podrán encontrar indicios que estarían garantizando el "haber estado allí" por parte del docente protagonista y relator de la experiencia y que, por eso mismo, le estarían otorgando un plus de legitimidad y validez como su narrador e historiador. Este matiz autobiográfico de los textos, por otra parte, es el que facilita el desarrollo del carácter reflexivo de los relatos y, en ese mismo movimiento, el que colabora a componer la intriga narrativa que articula el sentido pedagógico con el vivencial y emotivo de la experiencia en cuestión. No obstante, no convierte a estos relatos pedagógicos escritos por docentes en autobiografías profesionales, ya que su énfasis está puesto más en la experiencia educativa y sus sentidos pedagógicos que en la reconstrucción narrativa de la vida del docente protagonista de la acción.

- Todos los documentos narrativos de los docentes autores, en mayor o menor medida y según combinaciones variables: reconstruyen narrativamente y formulan *problemas pedagógicos* al ras de las prácticas que ellos mismos llevaron y llevan adelante en sus instituciones y en las palabras de la práctica; ensayan reflexiones pedagógicas y se interrogan en torno de esos problemas, su génesis, desarrollo y posibles resoluciones;

reconstruyen estrategias pedagógicas y didácticas de solución y propuestas de trabajo individuales y, fundamentalmente, colectivas para abordarlos; recrean imágenes pedagógicas de los docentes autores y de los otros actores escolares relativas a los objetos, personajes, relaciones y contextos de sus mundos educativos y sociales; explicitan los saberes y aprendizajes profesionales a los que los docentes acceden, construyen y ponen en tensión a través de la reflexión sobre la experiencia relatada; mencionan y se apoyan en otros saberes y conocimientos que fundamentan e informan los propios desempeños pedagógicos, y colaboran en la reflexión sobre ellos; muestran las tensiones que provocan esas experiencias pedagógicas narradas con el orden normativo y curricular vigente o con las prácticas educativas convencionales; intercalan certezas, dudas y recomendaciones pedagógicas surgidas en la reflexión de la experiencia, que los docentes autores ponderan como comunicables a colegas; proyectan y generalizan responsabilidades educativas y compromisos profesionales y éticos de los educadores partir de la propia implicación en la experiencia en cuestión; y caracterizan de una forma u otra a los sujetos pedagógicos (el sujeto que aprende, el sujeto que enseña y sus relaciones en el proceso de transmisión cultural) y a los contextos y ambientes institucionales donde éstos dotan de sentidos particulares la experiencia pedagógica relatada.

Más allá de la combinación específica de esos elementos o componentes en cada relato pedagógico, todas las narraciones escritas por docentes intentan responder al imperativo teórico y metodológico de contar lo que se hizo, cómo se hizo y para qué se hizo. Es decir, siguen la tendencia de describir acciones organizadas de acuerdo con algún orden cronológico y de reconstruir narrativamente sentidos pedagógicos contextualizados histórica, geográfica e institucionalmente. En consecuencia, todos los relatos pedagógicos construidos en el marco de esta modalidad de trabajo dan cuenta de prácticas docentes que están nítidamente localizadas en el tiempo y en el espacio, se inscriben dentro de determinadas coordenadas normativas e institucionales, y adquieren sentidos pedagógicos muy específicos para sus protagonistas.

4. A modo de cierre

A diferencia de las formas más difundidas de relevamiento y sistematización de las prácticas educativas, que pretenden controlar, limitar o eliminar las dimensiones "subjetivas" y "personales" puestas en juego por los actores en su experiencia escolar por entender que su singularidad estaría minando la pretendida "objetividad" o "neutralidad" de la información sistematizada, la documentación narrativa de experiencias pedagógicas procura integrar esos aspectos en sus procesos y productos. Movida por intereses e interrogantes pedagógicos e interpretativos más que administrativos, intenta resaltar aquellos aspectos que justamente hacen únicas e irrepetibles las experiencias vividas por los profesores y los maestros en las escuelas y a las comprensiones e interpretaciones que éstos construyen y reconstruyen acerca de ellas y de sus actores. Para ello, la documentación narrativa se inspira en muchos de los principios teóricos y metodológicos de la tradición de investigación educativa interpretativa, se reconoce como una forma de indagación narrativa del mundo y la experiencia escolares y se proyecta y articula con una modalidad específica de etnografía de la educación: la auto-etnografía. De esta manera, además de presentarse como una estrategia de formación horizontal y de desarrollo profesional de docentes, lo hace como una particular modalidad de investigación acción y participante, narrativa e interpretativa, entre docentes e investigadores profesionales. Y como estas tradiciones de investigación sugieren, pretende reconstruir y mostrar los sentidos pedagógicos y los entendimientos sociales y culturales que los docentes construyen y recrean cuando escriben, leen, reflexionan y conversan entre colegas acerca de sus propias prácticas. En definitiva, constituye una propuesta que promueve otra política de conocimiento para la educación, la escuela y el trabajo docente y que se orienta hacia la transformación democrática del mundo escolar y las prácticas docentes.

Referencias

ANDERSON, G. (2001). "Hacia una participación auténtica: deconstruyendo los discursos de las reformas participativas en educación". Narodowski, M. y otros (editores). *Nuevas tendencias en políticas educativas*. Buenos Aires. Temas/Fundación Gobierno y Sociedad.

ANDERSON, G. y HERR, K. (2005). *The action research dissertation. A guide for students and faculty*. Londres. Sage.

BATALLÁN, G. (2006). *El trabajo de los docentes de infancia: un enfoque histórico antropológico para debatir la transformación escolar*. Buenos Aires. Paidós.

BOLÍVAR, A. (2002). "De nobis ipsis silemus: epistemología de la investigación biográfico-narrativa en educación". *Revista Electrónica de Investigación Educativa*, Vol. 4, N° 1.

BULLOUGH, R. (2000). "Convertirse en profesor: la persona y la localización social de la formación del profesorado". Biddle, Good y Goodson (Eds.). *La enseñanza y los profesores I. La profesión de enseñar*. Barcelona. Paidós.

CONNELLY, F. M. y CLANDININ, D. J. (2000). *Narrative inquiry. Experiencie and story in qualitative research*. San Freancisco. Jossey-Bass.

GEERTZ, C. (1989). *El antropólogo como autor*. Buenos Aires. Paidós.

GIDDENS, A. (1995). *La constitución de la sociedad. Bases para una teoría de la estructuración*. Buenos Aires. Amorrortu Editores.

GIDDENS, A. (1997). *Las nuevas reglas del método sociológico. Crítica positiva delas sociologías comprensivas*. Buenos Aires. Amorrortu Editores.

HUBERMAN, M. y otros (2000). "Perspectivas de la carrera del profesor". Biddle, Good y Goodson (Eds.). *La enseñanza y los profesores I. La profesión de enseñar*. Barcelona. Paidós.

KINCHELOE, J. (2001). *Hacia una revisión crítica del pensamiento docente.* Barcelona. Octaedro.

LOMAS, C. (Ed.). (2003). *La vida en las aulas. Memoria de la escuela en la literatura.* Buenos Aires. Paidós.

MCEWAN, H. (1998). "Las narrativas en el estudio de la docencia". McEwan, H. y Egan, K. (Comp.). *La narrativa en la enseñanza, el aprendizaje y la investigación.* Buenos Aires. Amorrortu Editores.

OCHOA, J. R. (2005). *No hay mal que por bien no venga. Fortalecimiento didáctico de las prácticas de lectura y escritura en alumnos de Didáctica de la Lengua con fracasos en mesas examinadoras.* URL: http://tqnue.educ.ar/oea/documentos.htm).

RACIOPPI, D. (2003). *Y volví a elegirlos.* URL: www.documentacionpedagogica.net.

RICOEUR, P. (2001). *Del texto a la acción. Ensayos de hermenéutica II.* México. Fondo de Cultura Económica.

ROCKWELL, E. (1987). "Reflexiones sobre el proceso etnográfico". Rockwell, E. y Ezpeleta, J. (Coords.). *La práctica docente y sus contextos institucional y social-Informe Final.* México. DIE.

SARLO, B. (2005). *Tiempo pasado. Cultura de la memoria y giro subjetivo. Una discusión.* Buenos Aires. Siglo Veintiuno.

SUÁREZ, D. H. (2000). "Currículum, escuela e identidad. Elementos para repensar la teoría curricular". Téllez, M. (comp.). *Otras miradas, otras voces. Repensando la educación en nuestros tiempos.* Buenos Aires. Novedades Educativas Ediciones.

SUÁREZ, D. H. (2005). "Los docentes, la producción del saber pedagógico y la democratización de la escuela". Anderson, G. y otros. *Escuela: producción y democratización del conocimiento.* Buenos Aires. Secretaría de Educación - GCBA.

SUÁREZ, D. H. (2006). "Documentación narrativa de experiencias pedagógicas. Una manera de indagar el mundo y la experiencia escolares". *Entre Maestros,* Publicación trimestral de la Universidad Pedagógica Nacional de México, vol. 5, núm. 16, México, primavera 2006.

SUÁREZ, D. H. y OCHOA, L. (2005). *La documentación narrativa de experiencias pedagógicas. Una estrategia para la formación de docentes.* Buenos Aires. MECyT / OEA.

VELASCO MAILLO, H.; GARCÍA CASTAÑO, J. y DÍAZ DE RADA, A. (Eds.) (1993). *Lecturas de antropología para educadores. El ámbito de la antropología de la educación y de la etnografía escolar.* Madrid. Trotta.

ZELLER, N. (1998). "La racionalidad narrativa en la investigación educativa". McEwan, H. y Egan, K. (Comp.). *La narrativa en la enseñanza, el aprendizaje y la investigación.* Buenos Aires. Amorrortu Editores.

Capítulo 6.
La dimensión perdida. La construcción política de la identidad docente[1]

Analía Elizabeth Leite Méndez
José Ignacio Rivas Flores
Universidad de Málaga

Tal como lo había enunciado Marx, toda praxis social es en cierto modo un trabajo cuyo proceso de realización desencadena una transformación real en el trabajador. Trabajar no es exclusivamente transformar un objeto o situación en otra cosa; es también transformarse a sí mismo en y por el trabajo (Cfr. Dubar, 2002). Si pensamos en la vida de los maestros y maestras, esta es atravesada por distintos procesos que estructuran, desestructuran, articulan y fragmentan formas de ser y hacer. Así, un maestro ha sido alumno sin saber que llegaría a ser un maestro; se ha formado para ser un maestro; y finalmente vuelve a la escuela, a una clase, en calidad de maestro donde se va a relacionar con otros sujetos, "los alumnos", en una situación diferente, aunque en el marco de una experiencia ya conocida y desde otro lugar. Al mismo tiempo puede haberse convertido en padre o madre de familia, por lo que también puede tener hijos o hijas que a su vez son también "alumnos". Estos procesos de vida se encarnan en contextos históricos de carácter social, cultural, ideológico y político que modelan y dan sentido a estas diferentes situaciones y a las identidades que se ponen en juego en las mismas.

En el caso español, el proceso histórico del pasado siglo en el terreno educativo fue especialmente relevante y complejo. En particular, la dictadura franquista (1939-1975) tuvo efectos traumáticos para el magisterio: tribunales para depurar maestros que no simpatizaban con el régimen (necesidad de contar con informes de buena conducta), cursos de orientación y perfeccionamiento profesional (con una finalidad ideológica clara: responder al régimen o mantener el régimen); clausura de instituciones e iniciativas del periodo anterior republicano relacionadas con la renovación pedagógica; prohibición en las aulas de ideas y métodos educativos progresistas... El carácter científico y profesional del magisterio, dominante en la II República tiende a ser eliminado como peligroso para pasar a ocupar el puesto de honor el adoctrinamiento religioso y patriótico formulado en los códigos del movimiento nacional (Varela y Ortega, 1984: 36).

La formación vivida y recibida en situaciones caracterizadas por el control, aislamiento, temor, ocultamiento o negación de aspectos relevantes para

---

1. El presente artículo fue presentado en el XII Simposio Interamericano de Investigación Etnográfica en Educación, Mérida (México), noviembre 2008. El artículo presenta parte de los resultados de una investigación para alcanzar el grado de doctor sobre: memorias de maestros y maestras.

el desarrollo de las personas, va formando un tipo de conciencia, una idea de lo que se deber hacer y de lo que se debe evitar, desde prácticas y discursos específicos. Estos procedimientos o estas tecnologías (en términos de Foucault) aplicados a los procesos de enseñanza y aprendizaje reducen la visión y la actuación profesional. Niegan o atrofian algunas dimensiones inherentes o propias de los procesos educativos. Este es el caso, por ejemplo, de la dimensión política, entendida en un sentido amplio, presente necesariamente en la educación. La posibilidad de cambio y de transformación, que debería ser consustancial al propio hecho educativo, queda relegada por la función reproductora y conservadora, a la que se reduce en este contexto político de la dictadura.

Desde una posición crítica, cabría preguntarnos sobre esta situación cuestiones como: ¿dónde queda el sentido de la educación como práctica liberadora, en términos de Freire, como posibilidad de encuentro y de diálogo?, ¿qué formación ofrece?, ¿cómo se va construyendo la identidad profesional?, ¿desde qué lugar?, ¿cómo se interpretan las ausencias y las prohibiciones en una profesión donde la comunicación y la participación son estructurales? Estas interrogantes orientan el análisis de dos historias de vida a través de las que se intenta interpretar una etapa de la historia reciente en España, procurando reconstruir los procesos formativos en esos tiempos difíciles e intentando descubrir los sentidos que la dimensión política ha tenido en la formación de Francisco y María y cómo ha jugado en sus trayectorias profesionales.

Como decíamos antes, entendemos la política de manera amplia y no como algo limitado a la gestión de un estado o inclusive a la práctica partidista. Partimos del planteamiento de Arendt (1999), que entiende la política como posibilidad de actuar, de hablar, con otros y desde otros en un marco de convivencia social, de libertad y de reconocimiento de la diversidad. Lo que está en juego con la política no es la vida (la vida de cada uno o de los otros) sino el mundo.

Desde estas ideas se abordan las historias de Francisco y María, que constituyen la experiencia particular de dos maestros que pasaron por la escuela franquista, se formaron como maestros en la dictadura, iniciaron su trabajo durante este régimen, vivieron la transición democrática, las distintas reformas educativas que han tenido lugar (1970, 1990, 2002, 2006) y están a punto de jubilarse. La reconstrucción y narración de sus vidas nos revela una época histórica, una forma de vida, las tradiciones familiares, sus expectativas, sus sueños, sus proyectos, sus procesos de formación, sus trayectorias profesionales. Todo ello analizado e interpretado en otro momento histórico y político: el presente.

Las historias de Francisco y María se presentan y se interpretan desde una visión global y particular, al mismo tiempo, focalizando en aquellas vivencias, prácticas y decisiones que dieron y dan sentido a su identidad profesional. En la interacción entre lo privado y lo público, la vida personal y la vida profesional, entre lo permitido y lo prohibido, se estructuran los modos de ser y hacer. Sus historias se presentan juntas, no con una intención comparativa, sino con una idea de inclusión de miradas y experiencias diferentes aunque atravesadas por un marco político y social común.

La dimensión perdida. La construcción política
de la identidad docente

6

Vamos a estructurar sus historias en torno a seis categorías que, además de poner de relieve sus trayectorias, intentan ahondar en sus vínculos con el contexto socio-político en que tuvieron lugar, y el modo como lo afrontaron. Comenzaron su trayectoria profesional en plena dictadura franquista, con una formación normalista de escasa cualificación; transitaron a la democracia, con las reformas educativas del franquismo tardío, de corte tecnocrático, y afrontaron, en su madurez profesional, las reformas socialistas del sistema educativo, con todas sus vicisitudes. Sus vidas profesionales son ejemplares de la situación del magisterio en España en los últimos 40 años y su vinculación con los avatares políticos que han tenido lugar. Aunque, indudablemente, no se representan sino a ellos mismos.

1. No todos podían estudiar

En la década de los sesenta, momento en que Francisco y María asisten a la escuela como alumnos, la educación no era para todos. El porcentaje de niños y niñas que lo hacían era bajo. España intentaba superar 20 años de posguerra con unas condiciones sociales, culturales y económicas bastante atrasadas. Por otro lado, no existían condiciones adecuadas (por ejemplo, no existían suficientes puestos escolares y la enseñanza pública estaba muy devaluada) y las escuelas religiosas, predominantes entre la creciente clase media, suponían un desembolso de dinero importante para las economías familiares. Las familias de Francisco y María, al igual que otras muchas, se trasladan a una ciudad como Málaga para ofrecer mejores perspectivas a sus hijos. En el caso de María, ella viene de un pequeño pueblo del interior, de una familia de siete hermanos, siendo la única que estudia y llega al Magisterio. Francisco pasa sus primeros años viajando por distintos lugares debido a que su padre era militar; fue el único que estudió de su casa y desde su recuerdo, casi uno de los únicos de su barrio. Como él lo expresa: «(…) *yo era el niño que estudiaba, no sé si eso me cargó de responsabilidad (…)*».

La situación económica de ambos, como de la mayoría de las familias que ellos recuerdan, era difícil. Los hijos a partir de los 14 años (o antes en algunos casos) ya buscaban un trabajo para colaborar con la familia. Las posibilidades de acceder a estudios superiores sin tener que trasladarse a otra ciudad eran las de comercio, Asistente Técnico Sanitario (enfermería) o magisterio. Francisco con 14 años se mete en Magisterio y María con 16 años. Con 17 y 19 años, respectivamente, son maestros.

Como lo expresa Lerena (1989: 162), tradicionalmente el origen social de los maestros ha venido definido por tres elementos: origen de clases medias (sobre todo de clase media/baja), con una fuerte participación de la sociedad rural y con una significativa presencia del proletariado. Esta situación es uno de los rasgos característicos de la condición del maestro en España y en otros países. La situación social de los maestros constituye, en palabras de Baudelot y Establet (1976) «*la típica representación ideológica de la promoción individual, o sea, acceso mediante el esfuerzo y el éxito escolar a un desahogo ho-*

nesto» (217). Este planteamiento es fundamental para comprender que sobre esta representación ideológica, entre otras, se ha montado el sistema escolar históricamente. Por otro lado, esta idea es potenciada y reforzada en tiempos o en procesos de dictadura ya que, en definitiva, representa una dimensión moral relevante: el esfuerzo individual como garante del éxito social.

De acuerdo a esto nos surgen una serie de interrogantes o de cuestiones importantes para comprender algunos ejes de la conformación de la identidad de los maestros en estos contextos: ¿quiénes son los maestros y maestras? ¿cuáles son sus culturas de clase? ¿a que aspiran? ¿cómo se conjugan sus aspiraciones en contextos de escasa participación? etc.

2. Recuerdos de la formación. De la escuela al Magisterio

Sobre los primeros años de escolarización aparecen imágenes de distintas escuelas, con diversa organización, de todas las edades y con muchas carencias. María nos cuenta que se llevaban las sillitas para sentarse, ya que no había sitio, ni pupitre. Una de las maestras "paraba" en su casa, sin pagar alquiler ni nada. La escuela se constituía de grupos hasta los 14 años y después se iban a trabajar. Tanto Francisco como María cuentan sus experiencias con profesores particulares o en academias de pago antes de ingresar formalmente a la escuela. Llegaron con 10 años a la ciudad y hasta ubicarse en colegios con cierto nombre y/o prestigio, pasaron por estas experiencias: profesores que daban clases en sus casas o "academias", donde Francisco recuerda la utilización de métodos muy antiguos en el aprendizaje: orejas de burro, posición de rodillas, brazos en cruz y libros en las manos. De algún modo, su formación previa no era válida para acceder a estos colegios y tenían que preparar el examen de ingreso que se les exigía.

Cumplidos los requisitos de la época, haber aprobado cuarto de Bachillerato y el examen de reválida, acceden al Magisterio. Para María el cambio de Bachillerato al Magisterio fue muy grande ya que eran muchas asignaturas. De cualquier modo salió adelante ya que lo veía como una obligación o un mandato social y familiar; lo tenía que hacer. Ella misma nos cuenta como una sus características, que era muy responsable. Se puede decir que había incorporado el sistema ideológico escolar basado en la responsabilidad y el esfuerzo personal, tal como antes indicábamos. Para Francisco el ingreso al Magisterio le produjo un gran deslumbramiento, ya que estaba acostumbrado a un trato muy infantil en el instituto y allí fue diferente. Recuerda algunos profesores muy importantes (algunos habían sido depurados en tiempos de la República) que les hablaban como personas mayores y eso le llenó muchísimo.

Ambos recuerdan su paso por el Magisterio con mucha ilusión, si bien reconocen que tuvieron limitaciones propias de asignaturas que les costaban más o menos. De cualquier modo el recuerdo es muy positivo. Los grupos no eran mixtos: los hombres estaban en un lado y las mujeres en otro. En este sentido las experiencias de ambos varían y las percepciones de la vida cotidiana en el

La dimensión perdida. La construcción política
de la identidad docente

6

Magisterio son diferentes. María notaba las diferencia de clases sociales, distinguiéndose las niñas de clases más acomodadas de otros casos, como el de ella por ejemplo, que todos los días debía recorrer una gran distancia desde su casa a la escuela, caminando. Francisco, por su parte, recuerda la diversidad del grupo de compañeros, provenientes de distintos pueblos, donde el Magisterio era casi el único recurso que tenían los que no podían lanzarse a otras metas mayores para buscar algo con lo que luego poder vivir; tal vez esta motivación provocó la buena conexión lograda entre los compañeros, a los que Francisco siente como gente muy "sanota" aunque él no sabe por qué. Muchos de ellos siguen siendo amigos entrañables. De hecho, se reencuentran todos los años y mantienen una fuerte relación.

Tal vez aquí sea interesante introducir las reflexiones de Lerena (1987) respecto de lo que ha significado el Magisterio para los varones y para las mujeres. Las trayectorias de ambos son bien distintas y su valoración y procedencia social también. Hombres y mujeres se relacionan de manera diferente porque los sentidos son diferentes. Las funciones de movilidad individual que cumple la escuela tienen lugar, sobre todo, en el caso de los hombres. Para las mujeres, estudiar para maestra es una vía, no tanto para ascender sino para conservar una posición de clase media. Siguiendo a Lerena (*op. cit.*: 163) no es aventurado pensar que precisamente es, en relación a los estudios de Magisterio, como se ha canalizado en buena parte el acceso de las mujeres a la cultura escolar y profesional más allá del nivel primario. Estas ideas son importantes también a los efectos de considerar el ingreso al mundo laboral y los condicionamientos de uno y otro en la toma de decisiones.

Como lo expresa María, en los centros oficiales se entraba sólo con oposiciones, las cuales eran muy difíciles y, una vez aprobadas, te podían mandar a cualquier lado. Por esta razón, los egresados, en especial las mujeres, preferían ir a la privada antes que hacer oposiciones para la enseñanza pública. Por otro lado, ya dijimos anteriormente que la mayor valoración de la escuela (y también los mejores salarios), estaban en la enseñanza privada. Esto, desde el punto de vista de las mujeres, era comprensible porque como el propio Francisco lo reconoce al recordar su primer destino, no sé qué hubiese hecho una niña joven y no sé dónde se hubiese metido (en relación con el alojamiento) y en qué condiciones. La privada era más dura y con una exigencia mayor pero estabas en tu casa.

3. La participación social y política: el aprender desde el deber y la obligación

Los trayectos iniciales de ambos docentes como alumnos y su formación durante el Magisterio estuvieron signados por el silencio y por un profundo sentido de la responsabilidad, del esfuerzo y el acatamiento a lo establecido. Tanto María como Francisco sabían lo que debían y lo que no debían hacer. María comenta que: «*(...) en relación con el panorama político, como nacimos en la dictadura y vivimos en ella, estábamos acostumbradas a eso, no protestábamos ni nada (...)».* Por otro lado Francisco resalta:

> «(...) el contexto socio-político no nos influenciaba mucho, teníamos claro las cosas que se podían hacer y las que sabíamos que no teníamos que hacer. Una cosa que nos chocó mucho fue, teníamos un compañero, que ya murió, no era de nuestra promoción, era de un curso anterior y este chico cuando íbamos a su casa, era muy culto, nos prestaba libros y nos extrañaba porque nos hablaba del marxismo y de otras cosas que nos sonaban muy extrañas y un día nos enteramos que lo detuvieron porque tenía una imprenta clandestina y en el juicio un compañero suyo salió de fiador o algo así, lo dejaron libre y luego se escapó a Francia, pero después nada. Lo que sí veo ahora es que mis compañeros son un poco conservadores, son más de derecha, pero en esa época eras del régimen o eras comunista no había mucho más (...)».

Como puede advertirse el ambiente del Magisterio en relación a cuestiones políticas e ideológicas era muy explícito; estaban muy claras las actitudes y prácticas convenientes. Además, la idea de lo político como lo extraño y al mismo tiempo lo prohibido en la formación va dejando vía libre a la imposición, a la naturalización de ciertas prácticas que respondiesen al régimen y a un reconocimiento de formas y acciones etiquetadas como: *«eso no se dice»* o *«de eso no se habla».* Sin duda, esta forma de vivir la política que pone de manifiesto planteamientos del tipo, *«o estas con nosotros o en contra nuestro»,* afecta de forma importante a sujetos tan jóvenes cuyo futuro es trabajar en relación con otras personas. Es aquí donde podemos apreciar un nodo o una clave crítica para comprender la trama de la identidad que estructuran Francisco y María. Trama que deja entrever una forma de reconocer al otro, una forma de entender la diferencia y una forma de actuar. Esta trama va tejiéndose a partir de las percepciones de los profesores y los espacios "políticos" que ofrecía el Magisterio.

> «(...) los profesores eran muy asépticos, no se manifestaban, si el de Geografía e Historia que sabíamos que era de falange y fue director de un colegio importante de la ciudad, era una especie de internado de juventudes, de frente de juventudes, de falange, cuando daba historia se le notaba la exaltación patriótica. Pero nosotros lo que hacíamos era estudiar y darle y ya está, en conversaciones nuestras no salían los temas (...)».

Se reconocía la neutralidad pero, también se reconocía el adoctrinamiento al que se les sometía. A pesar de ello, tenían que seguir con sus estudios, con poca o ninguna capacidad de actuar sobre ello. Neutralidad y adoctrinamiento constituyen dos caras de la misma moneda. Dos formas de alejamiento de la realidad social y por lo tanto de la posibilidad de conocer y criticar. Paradójicamente dos rasgos que deberían ser constitutivos de la profesión docente.

De cualquier modo, los "espacios políticos" explícitos que identifican María y Francisco se asocian a un par de asignaturas y una especie de campamento que constituían requisitos para obtener el título. Como ellos lo cuentan:

> «(...) había una sección femenina, la de gimnasia y labores eran de esta sección y la de política. Nos hicieron comprar las obras completas de José Antonio Primo de Rivera, obligatorio de

La dimensión perdida. La construcción política
de la identidad docente

6

comprarlo. Eran como clases especiales, las daban mujeres que no eran profesoras ni nada, nos daban clases de política y nos ponían nota, pero leíamos algunos artículos... En tercero no me acuerdo, era una asignatura más y aprobaba la que le caía bien a ella, y te ponían cero sin motivo y la de Educación Física lo mismo, no venían a dar clases, llegó un día y con dar un salto nos aprobó, un salto de longitud. No hacíamos nada, era hacer el paripé. En el segundo año de Magisterio hicimos el albergue y nos fuimos a Torremolinos en una Residencia y allí estuvimos un mes o medio mes. Hacíamos actividades, fue en julio, nos levantaban temprano, ducha fría, en plan cuartel, después hacíamos actividades manuales, charlas políticas, luego íbamos a la playa, no podíamos salir, nos venían a ver nuestros padres (...)».

María.

«(...) Un requisito imprescindible al igual que había una asignatura sobre formación del espíritu nacional, esta asignatura era de come cocos políticos, era una asignatura que se aprobaba totalmente, el profesorado de Educación Física y de formación del espíritu nacional venían directamente del régimen, eran políticos, tenían otro canal de acceso, ellos impartían su asignatura como todas las demás, la de formación del espíritu nacional era una especie de moral, de moralina, de historia edulcorada, Felipe II, los Reyes Católicos, Franco, siempre dándole vueltas a lo mismo, era una forma de adoctrinarte (...)».

Francisco.

La experiencia política del Magisterio supone un control sobre el cuerpo y sobre el espíritu, dos formas de ejercer el poder sobre el otro y de instalar determinadas prácticas y discursos. Por un lado se ofrece una interpretación de la historia, se modela la memoria con una visión de héroes y villanos conforme a la visión del régimen y por otro se evalúan actitudes y comportamientos "corporales" con la intención de "disciplinar" de preparar para estar al servicio de la causa. Todo esto se presentaba desde una imagen poco creíble, en el sentido de un "como si", haciendo el "paripé" en palabras de María. Este "paripé", este juego, este sentido de "historia edulcorada" —en palabras de Francisco—, al fin y al cabo resultaba efectiva, ya que debían pasar por este "juego" para ser maestros. Se puede decir que era una forma de hacerse explícito el poder del régimen franquista: se hacía presente haciendo ver que, en cualquier caso, siempre había un control sobre su comportamiento y sus actitudes. Posiblemente los "sospechosos" de ser poco adictos al régimen nunca superarían estas pruebas.

Los interrogantes que nos hacemos frente a este montaje son: ¿qué aprendizajes se van instalando?, ¿qué ideas y supuestos se van internalizando respecto del valor de lo político, lo social y lo moral?, ¿cuáles son los caminos que deben seguir los maestros y maestras? Si pensamos en los procesos identitarios que van conformando los maestros mediante el reconocimiento de los otros, mediante las ideas que van circulando respecto del tipo de trabajo que harán en el futuro, mediante los procedimientos y estrategias puestos en juego, podemos advertir una ruptura importante: la negación de la función política y social de la educación. Esta dimensión está controlada y cerrada; son otros quienes lo determinan y se hacen cargo de ella. Lo hacen como quieren y cuando quieren y no forma parte del trabajo futuro del maestro, a no ser que sirva al régimen.

Este podría ser el discurso más representativo de la dimensión política en la formación docente. Si seguimos tirando del hilo podemos pensar en dos formas contrapuestas de la identidad profesional, tal como lo plantea Sachs (2003), la identidad empresarial frente a la identidad activista. La primera se refiere a una tendencia de los docentes a la eficiencia, a la aceptación ciega de la normativa impuesta por agentes externos. La segunda está más centrada en crear y poner en marcha normas y procedimientos que proporcionen experiencias democráticas. En este sentido, cabría preguntarnos por qué muchos maestros «*no pueden cuestionar las normas y los procedimientos*». Una respuesta simple, pero incompleta, es pensar que se trata sólo de una cuestión de comodidad. Pero sabemos que no es así. El contacto con experiencias políticas dictatoriales en etapas tempranas de la formación, provocan obturamientos muy potentes. De allí la idea de dimensión perdida. Lo cual no significa que no pueda revertirse a lo largo de la vida. La identidad es un proceso continuo, pero, las huellas que hay que descubrir son muy profundas. Así pues, desde la formación de María y Francisco se instala una forma de hacer política, una manera de entenderla y un sentido asociado a un grupo de personas que "adoctrinan", que "evalúan" y que relatan hechos históricos. Sin mencionar la lectura obligatoria de unas obras o textos, que operan como "modelos" y ejemplos de "políticos" (José Antonio Primo de Rivera). Ahora bien, estas primeras experiencias sociales y políticas: ¿pueden cambiar?, ¿pueden ser leídas de otra manera, en otro contexto y desde otra posición?

4. Las primeras incursiones laborales: decepción, frustración y aprendizaje

El ingreso a la docencia es vivido con bastante incertidumbre y ansiedad. Francisco y María viven entradas diferentes desde las condiciones laborales establecidas. Para acceder a los centros oficiales era necesario haber hecho las oposiciones. En caso contrario quedaba la alternativa de la escuela privada. María consigue su primer trabajo con las "Teresianas" de interina, a través de un familiar. Francisco hace las oposiciones de Magisterio y lo envían a un pueblo ubicado a unos 30 km aproximadamente de la ciudad donde cursó los estudios. Se alojaba en la casa de un familiar ya que era la única posibilidad de poder mantenerse (el sueldo ascendía a 1200 pesetas y la pensión más barata le costaba 1800 pesetas). La situación económica constituía un condicionante importante en las decisiones laborales ya que los ingresos mensuales no eran suficientes para mantenerse fuera del hogar familiar. María además de su trabajo, daba clases particulares, como una forma de sobrevivir (las clases particulares le significaba casi la mitad de sus ingresos como maestra). Los recuerdos de María y Francisco nos llevan a una primera imagen de las condiciones materiales en que debían trabajar: locales oscuros, húmedos, sin recursos; niños con muchísimas carencias. Cuenta María:

«(...) estos niños no desayunaban, les dábamos leche con fresa, a veces comían un trocito de pan con algo. En invierno los pesca-

La dimensión perdida. La construcción política
de la identidad docente

6

dores de la mar, sin trabajo, no podían sacar las barcas, muertos de hambre... Hacía lo que podía, enseñarles las vocales, los números, a sentarse, se quitaban los zapatos... Me costó muchísimo, a veces iba llorando a mi casa... Todo el día limpiando mocarreras, los ojos malos, los pies llenos de pupas, fue una experiencia dura, tenía 19 años (...)».

El primer contacto, la entrada al mundo de la educación, fue vivido con angustia, con temor y con muchas dudas sobre qué hacer, cómo hacerlo y sobre dónde continuarían. María vive muchos años pasando de un centro a otro hasta que logra cierta estabilidad; en un colegio privado después de casi 5 años de itinerancia, hasta que aprueba las oposiciones. En la actualidad logró una plaza definitiva en un centro cercano a su hogar. Paradójicamente ya puede jubilarse en razón de su edad.

Francisco, después de su primer destino, obtuvo una plaza definitiva en un pueblo, a unos 40 km de la ciudad y allí sigue. Al poco tiempo de llegar tuvo que hacerse cargo de la Dirección del Centro (este cargo lo desempeñará a lo largo de los 24 años siguientes). Simultáneamente y por un periodo de siete años, le toca en suerte ser Alcalde, por decisión del Párroco, el médico y el sargento de la Guardia Civil, función ineludible durante el régimen franquista. Su vida se vio signada por grandes responsabilidades a una edad muy temprana. Actualmente puede jubilarse y prefiere continuar en la escuela.

Dos historias singulares, con trayectos diferentes, aunque ambas marcadas por el sentido de la responsabilidad y el deber, en un periodo temprano de sus vidas, donde no había muchas opciones y donde decir "no" era peligroso. Las preguntas que uno no puede evitar hacerse es: ¿qué huellas han dejado estas vivencias?, ¿cómo han integrado estas experiencias en sus procesos identitarios? Una cuestión parece clara: asumen la profesión como un reto, como un desafío y aún siguen buscando respuestas. Sus trayectorias profesionales se han caracterizado por la necesidad de cumplir con su trabajo con una fuerte autoexigencia y sentido del deber. Quizás no se pueda hablar de un fuerte sentido de la innovación curricular pero sí han manifestado siempre un fuerte compromiso con su actividad docente, desde los parámetros morales y políticos que han ido asumiendo a lo largo de su historia profesional. Quizás podríamos hablar precisamente del deber como una de las características de su identidad profesional. Aunque, paradójicamente ahora mismo ambos intentan evitar la gestión. Especialmente en el caso de María, en que su condición de mujer y su posición familiar no le hacían candidata para este menester.

4.1. El sentido de las reformas educativas: nueva posibilidad política

Tanto Francisco como María viven diversas reformas educativas a lo largo de su vida profesional, como ya hemos manifestado. Cada una con su signo propio: en primer lugar la reforma del 70, en el franquismo tardío, de carácter fuertemente tecnocrático y personalista. Con la llegada de la democracia, y especialmente a partir de la llegada del socialismo al gobierno en 1982, ese sistema educativo sufre fuertes cambios, sin llegar a modificar el marco legislativo existente. No es hasta 1990 que se instaura una nueva Ley de Educación, la LOGSE, en la que se intenta dar un giro definitivo a la orientación del sistema educativo, aparentemente desde el constructivismo y una importante dimensión social y compensatoria. Esta ley es fuertemente recortada en los años siguientes hasta la aprobación de la Ley de Calidad de la Educación, del gobierno de centro derecha del momento (2002). Actualmente una nueva ley socialista intenta poner en funcionamiento otra nueva reforma, que, en cualquier caso, no modifica sustancialmente el sistema educativo implantado en la ley de 1990.

Después de toda, esta complejidad legislativa, la impresión general que les queda a ambos es de decepción: en particular en el caso de Francisco ya que se involucra más directamente en los procesos de reforma, tal como él mismo lo manifiesta:

> «(...) las reformas yo las viví con mucha ilusión y pensé que eran de verdad, luego me dí cuenta de cosas que me aburrieron mucho... Muchos habían hecho aquello (cursos) como un escalón para seguir, a lo mejor para meterse en la inspección o para ser orientador o para dar clases en la universidad... Luego casi nadie trabajó como asesor de la reforma, sino que fue como un mérito más que aportar o como un puente para otras cosas... La propia administración fue muy deshonesta, tampoco ellos aportaron una propuesta de reforma que probablemente tenía muchas cosas interesantes, pero luego no la fortalecieron... Muchas veces las reformas pasan por encima de ti y no te profundizan... Es que el matiz político que le dieron a la cuestión hizo que ellos seleccionaran una serie de centros a los que financiaron de forma especial, a los que dieron más profesorado y un apoyo especial y con eso hicieron una experimentación de la reforma y dijeron eso es bueno, pero claro a los siguientes centros no les dieron las condiciones que les dieron a la experimentación y entonces hay una documentación, unos medios, pero la ilusión que hace falta para implementar estas cosas... No digo que la falta de medios sea lo único (...)».

Esta idea de las reformas como campo abonado para el "oportunismo profesional", en particular, tal como Francisco lo manifiesta, la reforma de 1990, va fortaleciendo en ellos una concepción pesimista sobre estos cambios, así como una cierta imposibilidad de modificar nada en el sistema educativo. El panorama político era diferente al que tuvieron durante su formación, con una mayor apertura y libertad, pero esto no parecía garantizar un cambio real. Esto les lleva reforzar –negativamente– ciertos valores como la participación, el diálogo, el consenso, etc... Desde las lecturas y significados que elaboran Francisco y María, que vivieron, más de una reforma, estos procesos de supuesta mejora no son sentidos como tales. Además, en ciertos momentos son vividos como impuestos, donde no hay nada más que hacer ni decir. Este sentimiento cala muy hondo en el profesorado en general y provoca un fuerte malestar, ya que el día a día del trabajo cotidiano no es tomado en consideración.

Las reformas se ven como algo muy lejano, como anhelos imposibles y, a pesar de que los involucra, ellos no se sienten parte; es más, le temen, porque son los que las tienen que llevar a cabo. Las reformas, al no constituirse en procesos participativos reales (una consulta o algunos proyectos de experimentación no son suficientes) donde los legítimos actores tienen poco para aportar

La dimensión perdida. La construcción política
de la identidad docente

6

y donde los "expertos" tienen todo el poder; provocan una especie de sensación de inutilidad de la tarea o del quehacer docente.

Entendemos que esta situación, tal como ellos la viven, desencadena una cierta frustración política y social en el profesorado. Después del periodo franquista, fuertemente autoritario y marcado por la existencia de un poder muy localizado y represivo, se podría esperar unas dosis mayores de participación y de confianza en la acción de los docentes. Pero no es así. Si bien hay un proceso muy intenso de innovaciones docentes que involucraron a un buen número de profesoras y profesores, que por un breve tiempo se sintieron actores del sistema educativo, la desconfianza y el recelo hacia un profesorado supuestamente desprofesionalizado y poco formado hizo acto de presencia. La decisión se jerarquiza de nuevo marcándose las directrices de la reforma por parte de los "expertos" encargados de dirigirla. De nuevo el cuerpo docente es políticamente sospechoso, negándosele cualquier capacidad de gestionar y provocar el cambio en el sistema educativo. La desilusión y la desmovilización son efectos inevitables en este colectivo. Faltaría por valorar, quizás, cuál es el modo en que el profesorado formado en este nuevo contexto político interpreta y actúa en relación a estas reformas.

4.2. A modo de conclusión. Las identidades fragmentadas de los maestros

Como hemos ido viendo a lo largo de esta presentación, los contextos sociopolíticos por los que han trascurrido las trayectorias profesionales de Francisco y María han ido estableciendo características propias y modos particulares de vivir la profesión. Sin duda, la primera inmersión profesional en un contexto políticamente represivo, que sancionaba la participación y la opinión, dejan un poso que se va reconstruyendo con las nuevas experiencias. Lo mismo se puede decir del resto de las situaciones vividas, a lo largo de las cuales han ido configurando una identidad profesional determinada.

Las identidades las entendemos como configuraciones dinámicas y en constante cambio que se van elaborando como lectura que el sujeto hace de los contextos en los que vive. De este modo, más allá de una idea innatista, entendemos que las diversas experiencias van generando diferentes modos de actuar y de afrontar la profesión. No podemos hablar, por tanto, de una definición única de Francisco y de María como profesores. Más bien, es preciso entender todo su recorrido por la educación y por la sociedad española de los últimos 40 años. De qué modo cada uno de ellos ha ido haciendo sus compromisos y sus rupturas. De qué forma han integrado las diferentes propuestas y avatares sociales y políticos. Las respuestas, evidentemente, son múltiples y variadas y nos ponen de manifiesto una identidad fragmentada y compleja, pero al mismo tiempo sugerente. No obstante, sobre estos maestros y maestras ha recaído la responsabilidad de la educación de las últimas generaciones, de las que están construyendo el sistema social y político actual.

Lo que parece indudable, en cualquier caso, a lo largo de todo el proceso vivido, es que la dimensión política está permanentemente olvidada de un modo explícito en el sistema escolar. Los docentes no son considerados como sujetos activos en el quehacer político, en las decisiones sobre los modos de hacer y decir en la escuela. En uno u otro momento se han sentido de algún modo ninguneados. El resultado es el sentimiento de decepción y de desmovilización que provoca, ante los cuales solo resta seguir cumpliendo con el trabajo en la forma en que esto sea posible.

La otra constante, si se puede llamar así, es la del deber, la de la responsabilidad personal en el trabajo y en la vida. Posiblemente más allá del contexto político nos encontramos con un mandato de tipo social, producto del contexto sociofamiliar y cultural en el que se originan. Pero sin duda este es potenciado y acrecentado en la experiencia del magisterio, con la tradición del maestro apóstol propio de la modernidad, presente, aún hoy en día, en la ideología de la enseñanza. Sin duda se trata de una buena herramienta política ya que les hace cómplices de los procesos que se generan en las élites políticas, aún cuando no se sientan identificados con ellas.

Referencias

ARENDT, H. (1999). *La condición humana*. Barcelona. Círculo de Lectores.

BAUDELOT, C. y ESTABLET, R. (1976). *La escuela capitalista en Francia*. Madrid. Siglo XXI.

CARBONELL, J. (1996). *La escuela: entre la utopía y la realidad*. Barcelona. Octaedro y Eumo Editorial.

DAY, C. (2006). *Pasión por enseñar*. Madrid. Narcea.

DUBAR, C. (2002). *La crisis de las identidades*. Barcelona. Bellaterra.

FOUCAULT, M. (1990). *Tecnología del Yo*. Barcelona. Paidós/I.C.E. - U.A.B.

LERENA, C. (1989). "El oficio de maestro". Ortega, F.; González García, E.; Guerrero, A y Sánchez, M. E. (Comp.). *Manual de Sociología de la Educación*. Madrid. Visor.

SACHS, J. (2000). *The Activist Profession*. Buckingham. Open University Press.

VARELA, J. (1994). Postfacio "Elementos para una genealogía de la Escuela Primaria en España". Querrien, A. *Trabajos Elementales sobre la Escuela Primaria*. Madrid. Ediciones La Piqueta.

VARELA, J. y ORTEGA F. (1984). *El aprendiz de maestro. Un análisis sociológico de los estudiantes de magisterio del distrito universitario de Madrid*. Madrid. Ministerio de Educación y Ciencia. Centro de Investigación y Documentación Educativa.

Capítulo 7.
Hacer historias de vida. Reflexiones en torno a una experiencia[1]

Claudio Núñez
Universidad Nacional del Nordeste (Argentina)

1. Conversaciones para desandar un camino[2]

De qué callada manera[3] hemos entrado en relación, nos hemos encontrado, hemos dialogado como si fuera primavera, nos hemos dejado tocar, hemos sonreído, como si fuera primavera, aunque estuviéramos muriendo. Siempre hemos sido felices, aunque no fuera primavera, nos la inventábamos, nos la creábamos, dibujábamos sonrisas, entrábamos en diálogo como si fuera primavera. No nos fue fácil este tiempo, hemos atravesado momentos difíciles y muchos felices.

Nuevamente juntos, casi al final del camino, como aquella primavera en el CAC[4]. Entrando en relación, compartiendo caminos, así fue y así será. Mañana en Málaga, el verano ha llegado, estamos transitando las últimas etapas de este recorrido, será uno de los últimos momentos en los que nos encontraremos y no, pues cada tanto volveremos a esta relación que se ha transformado en imprescindible y necesaria, aunque la lejanía nos afecte, nos aleje.

De pronto surge algo que te "rumea", lo recoges, le das cabida e intentas mantenerte en ese camino, por placer y deseo de estar en el encuentro y en relación. Hay cosas que te remueven por dentro, te hacen pensar, te van transformando. Nos acercamos mutuamente, nos dejamos tocar, se inicia el diálogo. Nacen los sentidos, las experiencias y el saber, el placer de saber y saber que se sabe, dicen las mujeres de Sofías. No intenta demostrar, intenta mostrar-nos; otras voces, otras mujeres, diálogos, luego lo que se haga con ello no nos corresponde; lo que toque, lo que movilice ya no nos pertenecerá.

Felicidad, decisión, respeto, honestidad. Agradecer la vida. Creciendo en compañía. Situándose, ubicándose en el mundo y reconciliándose con él. Una práctica de pensamiento, acción y de vida, donde los sentidos radican no en la comparación sino en las historias particulares en las que se encuentra el valor en sí mismas, sin necesidad de ponerlas en contraposición con otras vidas. Creyen-

---

1. Lo que aquí expongo forma parte de mi tesis doctoral que desarrollo en el Departamento de Didáctica y Organización Escolar de la Universidad de Málaga (España); tutorizada por Ignacio Rivas Flores y en la que trabajo con la historia de vida de una maestra malagueña.
2. Ideas que surgen de diálogos mantenidos con la protagonista de mi tesis doctoral, en el mes de julio de 2013.
3. Así como dice la canción de Nicolás Guillén y Pablo Milanés.
4. Centro de Arte Contemporáneo de Málaga, España.

do en lo que realizamos, decidiéndonos, optando, manteniéndonos en ello, con alegría y responsabilidad por la opción y decisión asumida.

Nos cuesta superar la distancia, el ir y venir, nos gusta tener a las personas siempre presentes, tenernos presentes, sin perdernos, seguir estando, manteniendo la relación, que no nos duela estar lejos, es un continuo, que no vivamos un sentimiento de pérdida, que sigamos manteniendo una relación, una historia, deseando estar en relación.

Nunca nos han servido los guiones para entrar en relación. La relación y los diálogos se han ido construyendo. No podíamos ni deseábamos ir con guiones. En el transcurrir del camino se va dibujando el camino. Elegimos y optamos por la incertidumbre, eso ha sido vital en la relación. La experiencia y el deseo de estar en algunos lugares y no en otros, de entrar y estar en ciertas relaciones. Las miradas siempre presentes y en la búsqueda de un punto que te haga pensar, que te haga situar en la vida.

La historia, la historia compartida, la vida, el río, la historia tiene que ver con otras historias, genealogía. Ya nada volverá a ser lo que fue, nada será igual. El encuentro, siempre el encuentro. María Zambrano regresa cada tanto, nos "rompe la cabeza" y estruja el corazón. Otras voces, otras mujeres, fundamentalmente ellas. Agradecer la vida y el encuentro. Escribir pensándonos, y pensándonos en relación. Seguimos en el camino.

2. Hacia Ítaca

*Cuando emprendas tu viaje hacia Ítaca
debes rogar que el viaje sea largo,
lleno de peripecias, lleno de experiencias.
No has de temer ni a los lestrigones ni a los cíclopes,
ni la cólera del airado Poseidón.
Nunca tales monstruos hallarás en tu ruta
si tu pensamiento es elevado, si una exquisita
emoción penetra en tu alma y en tu cuerpo.
Los lestrigones y los cíclopes
y el feroz Poseidón no podrán encontrarte
si tú no los llevas ya dentro, en tu alma,
si tu alma no los conjura ante ti.
Debes rogar que el viaje sea largo,
que sean muchos los días de verano;
que te vean arribar con gozo, alegremente,
a puertos que tú antes ignorabas.
Que puedas detenerte en los mercados de Fenicia,
y comprar unas bellas mercancías:
madreperlas, coral, ébano, y ámbar,
y perfumes placenteros de mil clases.
Acude a muchas ciudades del Egipto
para aprender, y aprender de quienes saben.
Conserva siempre en tu alma la idea de Ítaca:
llegar allí, he aquí tu destino.
Mas no hagas con prisas tu camino;
mejor será que dure muchos años,
y que llegues, ya viejo, a la pequeña isla,
rico de cuanto habrás ganado en el camino.*

Hacer historias de vida.
Reflexiones en torno a una experiencia

7

No has de esperar que Ítaca te enriquezca:
Ítaca te ha concedido ya un hermoso viaje.
Sin ellas, jamás habrías partido;
mas no tiene otra cosa que ofrecerte.
Y si la encuentras pobre, Ítaca no te ha engañado.
Y siendo ya tan viejo, con tanta experiencia,
sin duda sabrás ya qué significan las Ítacas.

Konstantínos Kaváfis.

Hacía Ítaca he emprendido un viaje junto a la maestra, a las compañeras y los compañeros del Grupo de Investigación Profesorado, Cultura e Institución Educativa (ProCIE) de la Universidad de Málaga, varias mujeres del feminismo de la diferencia; contando con el acompañamiento y la formación de las compañeras de la Universidad Nacional del Nordeste en Argentina. Sin todas, sin todos y cada una/o de ellas y de ellos no hubiera sido posible el viaje, ni la llegada, para partir nuevamente. Un largo y lento viaje, lleno de experiencias, plagado de peripecias, de emociones, de pensamientos, de saberes y de felicidad, mucha felicidad por haber transitado el camino, por haber llegado, por seguir en el camino.

En el camino, me he encontrado con la maestra, me he enamorado de su historia, de su vida, de sus saberes y a partir de ahora ya nada será lo mismo. En el camino, junto a ella, se me atravesó el feminismo de la diferencia y no volví a ser el mismo, el mundo no sería lo que fue, ya no sería el que había sido en él. Pues, como dice Skliar (2013), algunos hechos han interrumpido mi pensamiento sin permisos, agregaría, han interrumpido mi vida, mi estar en la vida, mis modos y mis formas, y ya nada será lo que fue.

3. El largo camino hacia Ítaca. Un andar en primera persona

A veces, uno se despierta una mañana, muy temprano, antes de que amanezca –por suerte lo hace–, entonces, empiezan a aparecerte ideas que te llevan por otros caminos, no tan desconocidos pero de esos que te emocionan, de esos de los que no puedes escapar –ni deseas hacerlo–, de esos que la vida te regala y no, de esos que no debes dejar escapar. Así de preciosa es la vida, así de preciosas son algunas mañanas y algunos despertares.

En una mañana de esas es en la que intentas plasmar en palabras escritas lo que deseas comunicar, "transmitir", para que hagan eco y regresen a ti en otras formas; así, te encuentras con otras palabras que te ayudan a decir el mundo sin la claridad de esas palabras que clausuran el pensamiento, con la dificultad y la felicidad de las palabras que no lo dicen todo; pero que, sin embargo, encuentran eco en tú corazón. De esta manera, emprendes el largo camino hacia Ítaca.

Para ello, se requiere un tiempo en el que se detenga la rapidez con la que vivimos, actuamos, pensamos, hablamos y decimos; pero también necesitas un espacio que propicie el pensamiento, la lectura, el diálogo, la conversación, la escucha, el encuentro; se requiere un "cuarto propio", como señala Virginia Woolf. También es preciso resignar la primavera, las risas, el verano, para que luego la vida se transforme en primavera, en risas y en verano; pero eso vendrá luego, ahora toca disfrutar y también sufrir durante noches y noches, en los crudos inviernos y en las risas que resuenan en el exterior, que te llegan y que desearías compartirlas.

Cuando escribimos no estamos en soledad, sino con otros y otras, que nos permitieron decir el mundo, decir-nos, abrirnos al mundo y otras veces clausurarnos a él. Pero hay palabras que nos encuentran, nos conmueven y dicen. Pero, ¿cuáles fueron esas palabras que me sirvieron para decirme, para pensar-me, encontrarme, conmoverme? Tengo la seguridad de que me acompañan la maestra y otras mujeres del feminismo de la diferencia: María Zambrano, Gioconda Belli. También están Nacho Rivas entre otras y otros.

He transitado y recorrido un camino difícil y duro, con dolor y felicidad. El camino tiene que ver con esto que nos enseña María Zambrano; el camino refiere a la apertura y a las posibilidades que ofrece su andadura, pero también refiere a los obstáculos, a las piedras que en él van apareciendo y que es necesario enfrentarlas, moverlas del camino, sortearlas, para seguir andando hacia la libertad que produce el saber y el saber-se.

La particularidad que asume cada vida y cómo ha sido vivida, y tal como es vivida en el momento de ser mirada, tiene, así como el camino vinculado a la investigación, las mismas posibilidades y dificultades; es necesario que cada uno y cada una "camine" su propia vida y la "camine" tal como lo desea sin que, por más métodos que se inventen, pueda ser captada en su ser más íntimo; pues, en la vida algo permanece oculto a la mirada de las otras y de los otros, al intento de comprenderla y de agotarla en ella; por suerte nunca ocurrirá.

Para que ello suceda es necesario que nos vinculemos más con el saber que con el conocimiento. El saber nos conecta con las fibras más íntimas, más sensibles de nuestro ser y con las de otros seres. Una vez emprendido el camino nunca más podremos "salirnos" de él, nunca más podremos escapar, pues aunque nos detengamos, no desearíamos salir de él, siempre el camino nos transformará.

Deseosos de vivir allí y, desde allí, narrar y nombrar el mundo. Allí hay un acto de acompañamiento hacia el saber; un acompañamiento de quien nos "regala" su vida, y no al revés; se trata de un acto de amor de quien narra su vida y espera pacientemente qué es lo que podremos acoger de ella, qué es lo que como experiencia nos quedará, qué es lo que de saber ocurrirá, aunque no podamos narrarlo todo, y transformarlo todo en palabras escritas. Una vez allí, no podremos mirar el mundo con los mismos ojos con los que mirábamos antes, la mirada nunca más será la misma; el mundo nos será y sabrá distinto, aunque una vez allí el mundo no será distinto, será como siempre fue y será el que nos ha sido, al mismo tiempo, ocultado y negado bajo el dominio del patriarcado, del masculino, del neutro. Tampoco dejaremos, paradójicamente, de ser los que somos, sin embargo, no seremos los mismos y las mismas.

Cuando inicié este trabajo, casi por casualidad, por coincidencias de ciertas condiciones y por el propio deseo; siempre lo viví como un proceso personal que llevaría su tiempo, en el que el deseo y las necesidades irían fluyendo, para

Hacer historias de vida.
Reflexiones en torno a una experiencia

7

ello tenía que darle lugar y acogida. La protagonista de la tesis, el centro donde trabaja[5], el Grupo ProCIE, las nuevas lecturas, el feminismo de la diferencia[6], las nuevas palabras, las palabras con sentido, la propia situación personal, los seminarios de doctorado, entre otros aspectos, confluían en mí. Todo esto me orientaba y me reorientaba a medida que le daba cabida y lugar.

El camino, dice María Zambrano (2005):

> «(...) es primero unos pasos, unas huellas, y sólo cuando ya una línea trazada le distingue de la extensión inanimada que lo rodea, podemos verle. Y es lo que hoy nos sucede (me sucede); comenzamos (comienzo) a sentir nuestra vida en su transcurrir, estrechada y libre, por el cauce de una verdad que se nos revela, y desde él comenzamos a entender otros pensamientos para los que quizá hubiéramos quedado insensibles, o por el contrario, presos en asombro, imposible de traducir en ideas... (o de agotarlos en ellas)... Podemos permanecer insensible(s) ante la verdad... (o) darse cuenta, por una sensibilidad nacida de la necesidad que tenemos de esa verdad, de que está allí, y no poder, sin embargo, encontrarla... El camino ordena el paisaje y permite moverse hacia una dirección... En este... sentimos necesario un saber sobre el alma, un orden de nuestro interior».

(15-16)

Cuando el tiempo llegó, no podría permitirme que fluyera sin más, sin el esfuerzo para hacer que algo nazca y poder mantenerlo vivo. Hoy vive en mí y lo divulgo; no puedo vivir de otra manera, sólo puedo hacerlo gracias a la maestra y a otras mujeres, gracias a Ignacio Rivas. Gracias a él y gracias a ellas que me dan medida, libertad y autoridad. Gracias a ellas y a él en quienes confío y me indican el camino. Gracias a que me emocionan cada vez que nos encontramos y entramos en diálogo.

Alguna vez creí que necesitaba un lugar especial para "encontrarme"; hoy sé que no es el "lugar especial" lo que hace que una persona "se encuentre" sino el lugar que le hacemos a la vida en cada uno y en cada una, haciendo lugar a lo que ellas me dicen, a lo que él me dice, a las palabras que leo, a la experiencia, a las relaciones, al amor, a la libertad, a la confianza y a la belleza de ser. No se trata de un lugar físico ni tampoco de un tiempo cronológico —aunque algo haya de estos dos aspectos—, es un lugar y un tiempo simbólico, de amor, de vida y de libertad.

Cuando uno se decide por narrar una historia de vida, se asemeja a algo así como "un ojo de patio". El "ojo de patio", que por un lado es apertura, ilumina la vida, que mira la vida e ilumina la vida de una escuela, pero que a la vez es una

---

5. Centro de Educación Infantil y Primaria (CEIP), "Nuestra Señora de Gracia", ubicado en el centro de Málaga Capital, España.

6. El pensamiento, práctica y política del feminismo de la diferencia tiene algunas de sus expresiones más importantes en Italia con el grupo de mujeres DIÓTIMA, y en España con SOFIAS que reúne a un grupo de maestras, profesoras y pedagogas. También existen otras expresiones que profundizo en el capítulo noveno de esta tesis. Sin embargo, este pensamiento y práctica política me interesaría que quedara claro desde el inicio de este trabajo, pues significa un posicionamiento que asumo como propio e intento mantenerlo a lo largo del trabajo, en tanto vivo el mundo en primera persona y no en neutro, en tanto he renunciado a la abstracción y a lo universal del mundo, para entrar en contacto con las particularidades y las subjetividades, y por tanto intento moverme en el campo de la investigación ligado a la vida, a las vidas de las personas que tienen autoridad para mí.

entrada por donde mirar otra vida, donde otras vidas pueden verse. Es decir, que la vida puede narrarse, pero a partir de ella otra vida puede ser contada, otras vidas pueden ser narradas −como reza el título de esta tesis−; es un diálogo con una vida, con la vida misma y con más vidas que vienen a la memoria, a la necesaria memoria, con "otros ojos de patio" que nos llegan para iluminarnos, que desean mirarse y encontrarse en libertad, relación y deseo; deseo de saber, de saber que se sabe.

Por el "ojo de patio" ingresa la luz y la vida, la lluvia, el color del cielo, la brisa, las nubes, y por el mismo ojo sale la vida en forma de risas, de bullicios, de gritos, de llantos, de miradas hacia arriba, hacia abajo y a los costados; allí la vida se mezcla, se vuelve más vivible. A veces las aulas y los centros también se convierten en "ojos de patio", a veces las vidas transcurren como "ojos de patios".

Los caminos que recorro no son tan fáciles de transitar, ningún camino lo es, pero el camino es necesario, el ir andando caminos es imprescindible, aunque a veces nos desviemos, para ello es necesario regresar a la senda, a la senda a partir de relaciones de autoridad y confianza de aquellas y aquellos que nos dan medida. Muchas veces dudo, temo, la incertidumbre me invade, aunque también de ellas aprendí, que de eso se trata de estar y entrar en relación.

4. El camino que no tiene fin. Un camino es comienzo... otros caminos serán andados

«No todos los hombres se sienten arrancados de su cotidiano vivir, de su vivir despreocupado, para pensar, aunque sólo un instante sea, sin asistencia, sin nada»
Zambrano, 2011: 66.

Para María Zambrano (2005) *«(...) este es un periodo al que encontramos lleno de ciencia y conocimiento puro, aplicado a técnicas, a la fabricación de instrumentos, pero inmensamente pobre de todas las formas más activas, las que nacen del anhelo de penetrar en el corazón humano (...)»* (65-66). Así como para ella, en este tiempo me he encontrado con la maestra inmensamente preocupada por encontrarse con sus alumnos y con sus alumnas, porque se sintieran queridos y queridas, buscando las estrategias que puedan cohesionar en amor, vida, libertad y educación.

Las historias de vida no desean ni pretenden alcanzar propósitos de la ciencia y del conocimiento vaciado de humanidad, de corazón humano. En este mismo sentido, la experiencia, no sólo no se deja atrapar por la pretendida objetividad científica sino que además reacciona ante ella. Hay una cierta intimidad de la otra y del otro que no deja mostrarse, un ser del otro y de la otra que resguarda su propia intimidad al ojo externo.

En este mundo en crisis, dice María Zambrano (2000), también la mediación lo está; no sólo del/la maestro/a sino también de la historia y del tiempo, de las generaciones, que sería como renunciar a vivir despojado de lo que nos viene como tradición, sin techo y sin tiempo. Y vivir, para Larrosa (2003), es ese sentirse vivos

Hacer historias de vida.
Reflexiones en torno a una experiencia

7

que a veces nos conmueve hasta las lágrimas. Vivir es sentirse viviendo, gozosa y dolorosamente viviendo. Y vaya si este tiempo de formación y de relación no podría ser llamado vida. Vaya si no lo hemos vivido, con sus mediaciones, con las de mujeres que entraban y salían, con personajes y momentos, con historias, entre risas y lágrimas.

Pero hay formas de vivir y formas de aparente vivir. Quien "vive" bajo el imperativo de la heteronimia no vive, aparenta vivir, hace como que vive, pero realmente no es, nunca lo será, no existe; es como estar muerto, es como no existir aún pareciendo que existe en todas partes. Sin embargo, hay quien realmente vive, existe y lo hace con sentido propio, bajo imperativos absolutamente distintos a aquellos otros. Imperativos vinculados necesariamente con la confianza y la autoridad; no con una "autoridad externa", sino con una autoridad que es confianza y que nace de la fidelidad a uno mismo y una misma, desde el haberse atrevido a ser medida propia, a partir de sí.

Hemos entrado, en este tiempo, en varias oportunidades, en contacto con la maestra, lo hemos realizado a través de varios medios y en distintos momentos, uno de ellos tiene que ver con las entrevistas que mantuvimos. En algunas oportunidades no he grabado o tomado notas, simplemente me he dejado llevar por la situación, por el momento que estábamos viviendo; sabía que aquello quizás no quedaría registrado aunque si dejaría una huella; huella/s surgida/s del encuentro, del estar en relación. Allí hay que crear cierta intimidad que es necesaria para estar/entrar en relación; no puedes, no podemos estar todo el tiempo sintiendo la urgencia de la información y del "dato" por encima de la urgencia de la relación; ésta es siempre necesariamente primera, aunque aquel propósito de investigación nunca desaparecería, nos dejábamos atrapar por la relación; allí nació la experiencia, allí nació el deseo. A veces el único recurso es la memoria y lo que permanece en el corazón a modo de huella.

Sin embargo, en esta relación y a pesar de ella, este trabajo, esta tesis es mía, profundamente mía, esencialmente personal, aunque no únicamente mía, aunque no únicamente personal, pero necesariamente mía.

De ninguna manera quiero señalar con esto que no exista un diálogo con otras y con otros, pero ese camino lo emprendí en función de mis propios deseos y de un camino andado y desandado que conllevó dolor, pero inmensa felicidad. Por supuesto que siempre estuvo presente el componente académico y acreditativo, pero fue el deseo lo que motivó esta tesis.

El camino más adecuado, lo que el hombre necesita, es un lugar que sea "otro" pero del que se pueda salir para volverse a lo "mismo". Cuando esto ocurre ya no se está propiamente en el mismo lugar.

5. La experiencia en palabras... palabras para la experiencia

Comprender la vida de un sujeto es intentar comprender quién es el sujeto y quién soy en esa relación. Quien escuche esta narración, quien entre en relación y en diálogo con ella se convertirá en parte de la historia y construirá su propia historia —la suya propia y la narrada—. Querer estar donde se está e inventando el sentido de la propia acción. El pensamiento surge como una construcción compartida con otros y con otras pero a partir de eventos, de acontecimientos... «*(...) que de pronto nos han hecho ver las cosas de un modo distinto. Un acontecimiento imprevisto es el que provoca el pensamiento: irrumpe en la continuidad temporal y atrae nuestra atención. Resquebraja nuestra tendencia a un saber ya dado. Nos obliga a empezar desde el principio. Lo que ya ha sido pensado es insuficiente para decir lo que ha acontecido. Es algo que no encuentra palabras para ser reconocido (...)*» (Zamboni, 2004: 22).

Una de las mañanas que pasé por el centro en el que trabaja la protagonista de mi tesis, encontré sobre la mesa un texto de esos que te invitan a abrirlos. Un texto muy pequeño, de una escritora nicaragüense, Gioconda Belli; ese precioso texto de poemas no pasó por mis manos como otros textos; ese texto y esa mujer son hoy una de las principales emociones para comprender la política de las mujeres, la pedagogía, la riqueza de los vínculos y la interminable sensación de creación cuando estamos en el mundo con otras y con otros. Algunos días después me acercó una copia. Apogeo, decía en una de sus páginas primeras, "ha sido un placer", lo firmaba la maestra. Es así, el placer surge en relación. Para mí ha sido, además, un regalo, una oportunidad, una experiencia de riqueza, de creación, de vida, de amor, de libertad, de autoridad, de confianza, y de sentido, sobre todo de sentido; del sentido que nace en relación, de la relación que da sentido, de la apertura al sentido a partir de estar en relación con otras... porque son otras, y lo digo con vehemencia, nunca otros y nunca muchas otras, las que me transmitieron el profundo significado de la diferencia que radica en mí y en cada una de mis alumnas y de mis alumnos, de la riqueza de la diferencia, de la diferencia como oportunidad en oposición al obstáculo, del conflicto y el obstáculo como posibilidad.

Ellas me transmitieron, además, la necesidad de suspender todo juicio sobre los alumnos y las alumnas, porque lo necesario que es que algo suceda en ellos, dejando lugar y acogiendo sus emociones; dejar hablar a sus corazones e intentar abstenerse de intervenir para normalizar a través de correcciones; ayudarlos y ayudarlas a encontrar su propio lenguaje; apoyarlas y apoyarlos en las escritura, crear junto con ellos y con ellas, sometiéndonos a su juicio, como al de nuestros/nuestras colegas; «*(...) dar espacio y tiempo a las palabras y a los argumentos; identificando sus posibilidades y potencialidades; confiar en ellas y ellos; abriéndonos a los imprevistos; siendo pacientes, aprovechando los conflictos como fuentes para el aprendizaje; apasionándonos en el encuentro; siendo responsables; reconociendo autoridad en otras y otros; buscando continuamente el equilibrio y la justa tensión entre el espacio interno/privado del aula y el externo de otros espacios y otras figuras... escogiendo... el lugar que queremos ocupar en las instituciones; encontrando el sentido a nuestro estar en la escuela con nuestros alumnos y nuestras alumnas (...)*» (Migliavaca, 2004).

El saber de la experiencia es aquel que surge de lo vivido, en tanto lo vivido es acompañado de pensamiento, es un saber por el que se opta, se elige, del que se parte de sí mismo y de sí misma para comprender e intervenir en el mundo, es un modo de construir lazos sociales/tejido social.

No es posible estar constantemente interrogando sobre el sentido de la experiencia, sí es preciso pararse para mirar, para pensar, suspender la acción y la tendencia a actuar siempre y con plena confianza en los propios saberes y en los saberes acreditados, detener la acción para reflexionar y pensar en los criterios que la guían y orientan.

Son las mujeres quienes nos han ayudado a muchos hombres a atrevernos a nombrar el mundo en femenino y masculino, a nombrarnos –diversos y diferentes–, a no reconocernos en el uno, a reconocernos en nosotros mismos y desde allí nombrarnos y nombrar el mundo sin los imperativos de la lógica masculina, pero bajo los imperativos de la lógica personal y diversa que me dice lo que tengo que hacer, que piensa por sí misma, que actúa por sí misma y que se mueve con el corazón, la vida, los afectos, la pasión, la ideología y la política.

La pedagogía y sus "lenguajes neutrales" han contribuido a este desconocimiento del otro de la pedagogía, transformándolo en problema más que en posibilidad y riqueza, reduciendo la diferencia, eliminándola, negándola, ocultándola e intentando borrarla.

Aprendí de las mujeres a dejarme tocar por la diferencia que radica en mí, por el saber que radica en mí; son ellas las que me enseñaron a entrar y mantenerme en relación con otras y otros, con mis alumnos y alumnas, conmigo mismo; son ellas las que me ayudan y sostienen en el mantenimiento de estos vínculos y relaciones; son ellas las que cuando entro en relación con sus textos y sus palabras me dan medida, autoridad y saber.

Posibilidad de existir, eso es lo que me proporcionaron mis abuelos, mi abuela con su amor, la universidad y yo mismo cuando me reconocí y me animé a ser quien soy, a defenderlo y sostenerlo con orgullo. Ella ha confiado en mí, ellas han confiado en mí y yo en ellas, su amor me cobija, me da confianza, reconocimiento y autoridad. Ahora soy feliz sabiendo y sabiendo quien soy y lo que quiero. Esto lleva tiempo entenderlo y acogerlo como propio, hacerlo propio es un ejercicio que dignifica. Me llevó tiempo comprenderlo pero una vez que lo hice nada fue igual, ni mi mirada sobre el mundo, ni estar en él.

He nacido y renacido; he nacido y me he mantenido en la vida gracias a mujeres, sobre todo a mi madre, y por oposición a otra, y he renacido gracias a otras mujeres. El primer nacimiento necesario, el segundo, imprescindible para poder seguir viviendo. Sin embargo, muchas relaciones que mantengo con mujeres con las que trabajo están sostenidas y fundadas, o destruidas, a partir del conocimiento experto.

6. A veces, un cuerpo puede modificar un nombre

«A veces, las palabras se posan sobre las cosas como una mariposa sobre una flor, y las recubren de colores nuevos.
Sin embargo, cuando pienso en tu nombre, eres tú quien le da a la palabra color, aroma, vida.
¿Qué sería tu nombre sin ti?
Igual que la palabra rosa sin la rosa:
un ruido incomprensible, torpe, hueco».

Ángel González.

Siempre regreso a la historia de vida de la maestra, aún cuando creo que he finalizado; siempre me encuentro con ella, con su voz, con su palabra y me vuelve a hablar... a emocionar, a revivir, a vivir, a creer en que puede haber un mundo mejor... me da esperanza regresar a ella, me llena de ilusión...

Esta vez no he temido dejar escritas mis palabras, he sido libre y si el saber, a pesar de todo, es lo que queda después del conocimiento, el saber es un placer, escribió Ana Domínguez Loschi en **Saber es un placer** (2007). Este sentimiento que comparto al reiniciar nuevamente el camino, que no será el mismo...

Referencias

DOMÍNGUEZ LOSCHI, A. (2007). "Dentro de cien años". Montoya Ramos, M. M. *Saber es un placer. La práctica política de mujeres que buscan dar sentido libre a la educación (9-14). Cuadernos Inacabados*, N° 50, Madrid. Horas y Horas.

LARROSA, J. (2003). "Prólogo". Larrosa, J. (Coord.). *La experiencia de la lectura. Estudios sobre literatura y formación* (1-8). México D. F. Fondo de Cultura Económica.

LARROSA, J. (2003). "El ensayo y la escritura académica". *Revista Propuesta Educativa*, 12(6).

MIGLIAVACCA, F. (1999). "Dejarse tocar". DIOTIMA. *El perfume de la maestra. En los laboratorios de la vida cotidiana* (60-71). Barcelona. Icaria-Antrazyt.

SKLIAR, C. (2013). *Educar a todos significa educar a cualquiera y cada uno. Sobre la singularidad y la pluralidad en educación*. Conferencia. Departamento de Teoría e Historia de la Educación, Facultad de Ciencias de la Educación, Universidad de Málaga. Málaga, España. 8 de mayo.

WOOLF, V. (2010). *Un cuarto propio*. Madrid. Alianza.

ZAMBONI, C. (2004). "Adelina Eccelli: la Universidad es mi pueblo". DIÓTIMA. *El perfume de la maestra. En los laboratorios de la vida cotidiana* (13-21). Barcelona. Icaria-Antrazyt.

ZAMBONI, C. (2004). "Intermedio. Inventar, agradecer: pensar". DIÓTIMA. *El perfume de la maestra. En los laboratorios de la vida cotidiana* (22-28). Barcelona. Icaria-Antrazytt.

ZAMBONI, CH. (2004). "Intermedio. Sentimientos que iluminan". DIÓTIMA *El perfume de la maestra. En los laboratorios de la vida cotidiana* (176-181). Barcelona. Icaria-Antrazyt.

ZAMBRANO, M. (2000). *La vocación de maestro*. Málaga. Ágora.

ZAMBRANO, M. (2005). *Hacía un saber sobre el alma*. Buenos Aires. Losada.

ZAMBRANO, M. (2011). *Notas de un método*. Madrid. Tecnos.

3 Narrativas de acción socioeducativa

Capítulo 8.
Relatos de vida y mediación intercultural. Otras experiencias que muestran la escuela

María Jesús Márquez García
Daniela Padua Arcos
Universidad de Almería

1. Introducción

Presentamos una reflexión acerca del trabajo de mediación intercultural que las entidades sociales vienen desarrollando en los últimos años en centros educativos multiculturales y con alumnado en riesgo de exclusión social.

El enfoque narrativo, basado en los relatos de vida cotidiana de dos mediadoras interculturales con población gitana, nos ha permitido profundizar, a través de entrevistas abiertas, en sus percepciones, sus preocupaciones y sus vivencias en torno a la escuela. Las mediadoras son el foco central de la investigación, las relatoras en primera persona, y sus biografías el eje de la indagación. En sus narraciones se evidencian los contextos escolares en los que trabajan; por un lado un centro abierto a los cambios organizativos para propiciar el trabajo socioeducativo coordinado, intercultural e inclusivo y por otro, un modelo de escuela disciplinar, centrada en una enseñanza unidireccional y con una organización burocrática.

Las narraciones autobiográficas nos llevan a la comprensión del mundo por parte de cada sujeto, pero también nos abren puertas a los relatos de los actores con los que interactúan; en este caso, a los profesores y profesoras, familias y alumnado con los que trabajan las mediadoras, a partir de los cuales sus interpretaciones cobran sentido.

Trabajamos a partir de los relatos de dos mediadoras, una de ellas de etnia gitana que ha trabajado desde los años noventa con diversas entidades sociales en el ámbito socioeducativo y titulada en Magisterio; y otra no-gitana con dos años de experiencia en el campo de la mediación intercultural y que es licenciada en Pedagogía. Las dos trabajan en una ONG en un programa socioeducativo que se lleva a cabo en una zona con necesidad de transformación social, en la que cohabita una mayoría de población gitana con una minoría inmigrante. El propósito principal del programa es contribuir al éxito escolar de la población juvenil en riesgo de exclusión, preferentemente de etnia gitana, incidiendo para ello en el acercamiento familia y escuela. Este colectivo cuenta con un alto número de abandono escolar sobre todo al iniciar la educación secundaria obligatoria.

2. Centros educativos, comunidad gitana y mediación intercultural

Tres realidades se entrecruzan en la aproximación al trabajo de mediación en centros: la escuela considerada en sentido amplio (todas las etapas de la Educación Obligatoria), la comunidad gitana en su heterogeneidad, por ser ésta en la que las actoras realizan su trabajo y la mediación entre el centro educativo y el colectivo de alumnado gitano.

- La escuela como espacio institucional[1] donde se producen los procesos de enseñanza aprendizaje, está regulada por una "cultura", formada por una serie de creencias y formas de relación, elaboradas por las personas que a lo largo de su historia, han ido pasando por ella y dejando una impronta que en ocasiones, impide el desarrollo de normativas, decretos y leyes, elaboradas y dictadas para impulsar esta institución y su incorporación a los cambios[2] y situaciones emergentes que vienen surgiendo con el paso de la sociedad industrial a la sociedad de la información o del conocimiento[3].

  El prototipo de escuela transmisiva, heredada de la sociedad industrial, no es útil para alcanzar los objetivos que se les demanda a las instituciones educativas de la sociedad de la información. Este modelo se centra en una igualdad homogeneizadora que olvida la necesidad del reconocer las diferencias culturales para el éxito escolar. El planteamiento hegemónico de estas escuelas ha generado exclusión, ya que sólo es posible tener éxito en ellas si el alumnado se asimila a la cultura mayoritaria en un proceso impuesto de aculturación.

  Desde el último tercio del siglo XX y el recién iniciado siglo XXI, la sociedad multicultural cada día lo va siendo más. Las instituciones y las personas se transforman para responder eficazmente a las nuevas demandas. En este contexto también los centros educativos han de realizar cambios para ofrecer una educación de calidad, que contribuya al desarrollo de una sociedad de la información para todas las personas (European Commission, 2000), independientemente de cualquier diferencia individual, colectiva, cultural, económica, social o sexual.

- Comunidad gitana: del inicio del trabajo socioeducativo a la problemática actual. A partir de la publicación de la Ley Orgánica del Derecho a la Educación (LODE), en la que se configura el derecho a una educación integrada de todos los españoles, surgen iniciativas de trabajo socioeducativo que incorporan a agentes sociales que de forma externa a la institución escolar, colaboran en la universalización del derecho a la educación y la escolarización de gran parte de la población gitana desescolarizada hasta

---

1. Durkheim, (1963), dice acerca de la institución: «*Puede denominarse institución a todas las creencias y a todos los modos de conducta instituidos por la colectividad,...*» (en Dubet; 2006: 30).

2. Estos cambios se están produciendo a diferentes niveles: económico, laboral, social, personal, etc.

3. En la sociedad del siglo XXI, Sociedad de la información (Castell 1997), estamos asistiendo a la creación de un nuevo tipo de sociedad basado en un modelo social antigualitario (Flecha 2005), que se ve agravado por un nuevo sistema de producción que exige una mano de obra cualificada, por lo que aquellos colectivos minoritarios con fracaso escolar están doblemente excluidos: por pertenecer a una minoría étnica (históricamente excluida, como es el caso de la comunidad gitana), y por no tener titulación académica.

el momento o escolarizada en las segregadoras "escuelas puente[4]". Es en esta etapa cuando aparece el "monitor de seguimiento escolar", más asociado al origen étnico de la persona y su reconocimiento en la comunidad gitana, que a una adecuada formación (García, 2005), que en ocasiones realizaban acciones de mediación natural.

Con la población gitana la prioridad del trabajo socioeducativo, hasta hace menos de veinte años, era el acceso y la matriculación de niñas y niños en edad escolar. Actualmente la escolarización es del 95%, y lo que preocupa es la permanencia en el sistema educativo, el acceso al *currículum* y desarrollar experiencias de aprendizaje exitosas y la emancipación social. Según cifras estimativas de la **Secretaría para la Comunidad Gitana en Andalucía**, el absentismo gitano en las Zonas de Transformación Social viene a suponer en torno a un 70% del absentismo total, es decir, casi tres de cada cuatro niños y niñas absentistas son gitanos; y aún son mayores los índices de abandono escolar antes de terminar el nivel de escolarización obligatoria, dándose una mayor incidencia en la transición de primaria a secundaria.

Los nuevos retos que nos plantea la inclusión de la comunidad gitana y el trabajo mediador ya no es convencer a las familias para la escolarización y su intervención extraescolar, sino la creación de un contexto favorable para el aprendizaje y la participación. Para ello es necesario que el mediador/a profesional acceda a aspectos como la organización escolar, el *currículum*, la acción tutorial, etc., vetados en gran parte de los centros educativos para la mediación externa.

- Un aspecto que preocupa en la mediación intercultural en la escuela es que sigue siendo ajena a "lo docente", como destaca Dubet (2006: 307). Mientras la pedagogía sigue siendo el ámbito reservado a los docentes, los mediadores se destinan al tratamiento de problemas de conducta, con la creencia de que el conflicto viene del entorno social, es decir de "fuera". Esto se agrava con la tendencia mantenida en la escuela actual de la división del trabajo y la "superespecialización", lo que supone el establecimiento de límites parciales a un problema común, inhibiendo las necesidades reales de cambio que surgen en el contexto escolar. Por ejemplo, cuando el trabajo mediador es subsidiario de un modelo de escuela disciplinar, también llamado intermediación, corre el riesgo de cerrar su práctica en la de "intermediario apagafuegos", entrando en la rutina de resolución de conflictos cotidianos, con la creencia de que los problemas de la población en riesgo de exclusión se pueden quedar a las puertas de la escuela. La presencia del mediador/a, aparentemente imprescindible que se hace cargo de los problemas del "afuera", deja reducido el trabajo docente a la mera instrucción y contribuye a la incomunicación entre los distintos sectores, interponiéndose como interlocutor/a entre ellos.

Como indica Fried, en el paso de una sociedad industrial a la actual sociedad del conocimiento, «*(...) la reivindicación de los procesos de mediación en*

---

4. Las Escuelas Puente surgen a finales de los años setenta, en un convenio entre el Apostolado Gitano y el Ministerio de Educación y Ciencia, para escolarizar a chicos y chicas gitanas en centros específicos para "normalizarlos" a fin de que se incorporen a las escuelas hegemónicas.

medio de una nueva configuración social que revoluciona la redistribución del poder, ahora basado en el reconocimiento y la información, –anteriormente en los recursos naturales, la fuerza y el capital–, afronta una necesidad urgente: la de la relación y la comunicación cara a cara de los distintos actores. (...) Sin lugar a dudas las sociedades disgregadas se nos muestran como realmente pobres y el acceso a las nuevas riquezas exige cohesión en base a la construcción de lugares sociales legítimos para los participantes» (Fried, 2000: 18 Cit. por Boqué, 2003: 115).

Para estos nuevos retos, y como hemos señalado, se han venido incorporando nuevos actores como mediadores/as interculturales formados que intervienen en el campo educativo desde las fronteras de lo institucional y sus acciones pueden contribuir a la construcción de una escuela inclusiva, desde una práctica transformadora o bien quedarse en un servicio subsidiario asimilado por la cultura disciplinar de los centros. Uno de los principios de la acción mediadora en la escuela es salir del marco de referencia propio para conocer y comprender el marco de referencia del otro o los otros (escuela y entorno). Como afirma García (2005), existe cierta decepción y desencanto sobre la validez y el sentido de la figura mediadora, porque de alguna manera puede caer en el error de facilitar al profesorado un trabajo de intermediación que asumen como fuera del trabajo pedagógico, y dar continuidad a una falsa costumbre identificada con la mediación, que es la conocida figura del monitor de absentismo escolar, centrado en el trabajo fuera de la escuela.

Sin embargo, cuando el mediador/a accede, analiza y conoce el marco cultural en el que se mueven ambos colectivos (familias y profesorado), y realiza un trabajo creativo cuya finalidad es el acercamiento de las partes y la creación de espacio de comunicación entre ambos, sin interponerse, dando protagonismo y autonomía a ambos sectores, estamos ante un mediador/a crítico que contribuye a la transformación social y educativa. Sin embargo, en la práctica, estos aspectos de la teoría de la mediación serán controvertidos a partir de las experiencias relatadas por dos mediadoras.

3. Los relatos de dos mediadoras interculturales

Los relatos de vida serán, además de un instrumento de investigación, una estrategia para escuchar la "voz" de las participantes (Sepúlveda y Rivas, 2000). Los relatos biográficos, tal y como plantea Rivas (2009), no sólo hablan de sujetos individuales, sino que también ponen de manifiesto los contextos sociales, políticos y culturales de la escuela.

Dos mujeres que trabajan en un programa de mediación educativa nos hablan de cómo sus prácticas están muy ligadas a la cultura del centro escolar. Sus relatos personales nos permiten acercarnos a realidades concretas y a partir de ellas, relacionar la teoría y la práctica para desentrañar los caminos recorridos en la escuela y aquellos por los que continuar.

Ellas cuentan cómo ven limitadas sus acciones de mediación, bajo la influencia del conflicto, cómo se consideran ellas mismas y cómo son consideradas por los otros/as. La tradición de este trabajo les ha dejado una gran influencia: cualquier agente social, era considerado externo al centro educativo y con intervenciones puntuales según las necesidades de los docentes. Incluso en sus relatos encontramos encubierto el temor a que en cualquier momento pueden encontrarse con las puertas de los centros educativos cerradas, si su práctica no es coincidente con el enfoque del centro y sin posibilidad de negociación o entendimiento alguno.

Candela es una mujer gitana, casada y madre de tres hijos. Su preocupación por la problemática educativa de la comunidad gitana comienza durante sus estudios de Magisterio. Cuando comienza a trabajar en este ámbito, en los años noventa, fue "monitora de seguimiento escolar" de un programa de educación dirigido a la promoción y desarrollo de la comunidad gitana, especialmente en el ámbito educativo. La aparición de esta figura se vivió como una oportunidad de acceso al mercado laboral para mediadores naturales[5] de la comunidad gitana, claro que a un mercado laboral muy vulnerable y poco reconocido. Algunos/as ya venían haciendo este trabajo de forma voluntaria, pero la pertenencia étnica del mediador o mediadora a la comunidad gitana, puede ser a la vez una ventaja y/o un inconveniente ya que la cuestión debe girar no a la pertenencia sino a la necesidad de que el mediador conozca suficientemente el marco cultural de referencia de las partes con las que ha de mediar y no a su adscripción a un grupo cultural o étnico concreto (García, 2005).

Candela nos cuenta que su principal atributo era desenvolverse en el marco cultural de referencia de la comunidad gitana y en el marco cultural de la sociedad mayoritaria, sin embargo, tuvo que ir descubriendo y afrontando cuestiones personales que emergían en su relación con ambos colectivos: por una parte era gitana «(...) *pero todos y todas las gitanas no somos iguales*».

Al comenzar el trabajo de mediación en un barrio gueto de su ciudad, fue la primera vez que veía situaciones de tanta marginalidad, ya que había vivido en un pueblo en el que «(...) *todos estábamos bastante integrados, ser gitano no era motivo de exclusión y mi familia estaba muy bien vista, todos íbamos a la escuela, mi padre era herrero y a los 18 años me vine a estudiar filología semítica, luego me cambié a Magisterio (...)*».

Por otra parte el profesorado de los centros en los que trabajaba esperaba que al ser gitana tuviera respuestas a todos los problemas que planteaban los chicos y chicas gitanas en la escuela «(...) *piensan que represento a todos los gitanos, que tengo que saber por qué hacen una cosa u otra, me veían llegar y parecía la responsable de los gitanos (...), sin embargo a mi no me veían como gitana, decían que era diferente que yo no era como ellos (...), pues sí lo soy, y cuando usan tópicos y generalizaciones a la comunidad gitana me siento ofendida (...)*».

Refiere que en sus comienzos todo era nuevo para ella, incluso la novedad e improvisación a la que tiene que hacer frente. Esto unido a la emergencia de

---

5. Mediador/a natural: en los primeros años de escolarización de alumnado gitano aparecen lo que llamamos la mediación natural en la escuela, que viene de la tradición en mediación de la comunidad gitana. Con un perfil próximo a la población gitana y a la mayoritaria, de étnia gitana que aunque sin formación en mediación cuenta con habilidades para informar y sensibilizar a la población gitana para su confianza en la institución escolar, acompañando y acercando a la población gitana a la escuela.

una corriente de formación en educación no formal, la estimula a asistir a cursos, jornadas, reflexiones conjuntas que la llevan a desarrollarse profesionalmente en el ámbito de la mediación y la interculturalidad como herramienta necesaria para el desarrollo de una acción crítica en los centros y no sólo subsidiaria.

> *«Cuando empecé, trabajaba con las familias y en educación un poco, lo que se hace ahora pero no tan elaborado, trabajaba fundamentalmente, necesidades básicas: llevarles al centro de salud, explicarles el tema de vacunas, hablar con la ATS, con el médico y organizar reuniones con las madres, planificación familiar, economía doméstica, temas de higiene..., es decir..., necesidades básicas. También trabajaba el tema de absentismo con los hijos. Y sobre todo escolarizarlos. Al principio no trabajaba directamente con los centros educativos, trabajaba con las familias, de vez en cuando sí tenía algún contacto con el profesorado, pero no estaba todo tan regularizado.*
>
> *Trabajábamos viendo las necesidades que había de chicos desescolarizados, no porque el centro nos demandara que tenía problemas de absentismo, sino que era una preocupación social. En aquel tiempo el sentimiento de los centros era que no fueran (niños y niñas gitanas), porque cuanto menos asistieran, menos guerra daban y menos problemas en las clases (...).*
>
> *Recuerdo que cuando empecé, a los mediadores, o las que empezamos trabajando haciendo de puente entre las dos realidades, no se nos consideraba como piezas claves de nada, yo creo que nos consideraban como personal al que se podía recurrir cuando había una situación conflictiva que ellos/as no podían resolver porque lo consideraban un problema cultural, y bueno, como había gente que pertenecía a esa cultura y que estaban más "normalizados" pues, podían entenderse mejor con ellos. Desde esa perspectiva nos veían y ahora eso está cambiando.*
>
> *Ahora algunos ya nos ven como técnicos formados, capaces de resolver situaciones y no sólo resolver, sino actuar a nivel preventivo trabajando para que no se den las situaciones que se daban. Para eso hemos tenido que trabajar mucho y demostrar día a día mucho más que cualquier otro profesional. Con quien he tenido más trabajo para que me reconozcan como mediadora es con los centros, porque no era un trabajo reconocido y entonces muchos pensaban –bueno pues lo hace porque como es gitana, trabaja para los gitanos–. Pero no, porque los mediadores no tienen por qué ser gitanos.*
>
> *Medio porque hay dos posturas, dos realidades que no se encuentran, no tiene por qué ser una confrontación abierta, pero algún desencuentro hay. En este caso entre las familias y los profesores.*
>
> *Los profesores lo entienden de una manera distinta, ahora parece que lo empiezan a entender de otra manera, ellos pensaban que nosotras, como mediadoras, estábamos de la parte más afectada y en contra de ellos y ellas y sin embargo, intentamos explicar que un mediador no está de parte de nadie porque está mediando y si toma partido ya no media.*
>
> *Nosotras tenemos que llegar a un acuerdo entre las partes, y hacer que se entiendan y se relacionen...».*

Candela.

La segunda mediadora con la que trabajamos, Pepa, lleva dos años realizando el trabajo de mediación con comunidad gitana. Para ella es poco tiempo, cree que no tiene mucho que contar en su autobiografía como mediadora. Sin embargo le explicamos que las autobiografías no son sólo relatos diacrónicos en el tiempo, sino que su experiencia es personal no comparable, y la intensidad con la que describe sus vivencias, reflexiones y los relatos que se entrecruzan son tan relevantes como la experiencia en el tiempo de su compañera.

**Relatos de vida y mediación intercultural.
Otras experiencias que muestran la escuela**

8

Acabó Pedagogía hace pocos años, pero curiosamente no recuerda prácticamente nada de aquella etapa, sólo las optativas de género y los cursos que paralelamente hacía en algunas entidades sociales, donde según ella conoció las claves para un trabajo intercultural. Finalizó la carrera con una idea clara, no quería trabajar en un centro educativo, pese a que esta renuncia suponía arriesgar su estabilidad laboral, «*(...) tal vez más adelante no te digo que no, pero hoy por hoy no me veo en un instituto, lo veo demasiado burocrático, todo demasiado establecido (...)*».

Es compañera de Candela y en su narración se refleja la historicidad que se ha ido conformando en torno al trabajo de mediación desde las experiencias anteriores de otras compañeras. No es necesario que viva la historia, de hecho ella no la vive, sino que en la interacción con Candela y otras compañeras con experiencias en este trabajo, se impregna de la historicidad para explicar el momento en que se encuentra el trabajo de mediación respecto al sentir colectivo de los centros educativos y la comunidad gitana.

De Pepa nos llama la atención la claridad de su mensaje y la espontaneidad al hablar de su práctica, es muy reconocida por las familias gitanas y mantiene una buena relación con el profesorado de un centro muy colaborador, sin embargo cuando el centro no colabora con el barrio, no se acerca a las familias y mantienen una postura excluyente, ella se inhibe y se identifica como parte "fuera de la escuela". En su opinión, se ha creado una cultura del trabajo socioeducativo y de mediación escolar, marcada por las necesidades momentáneas de los centros educativos.

Trabaja en varios centros de una zona de transformación social, en concreto dos de primaria y dos de secundaria con un alto número de población gitana y magrebí. Pero los centros son muy diferentes aunque cercanos y en cada uno de ellos su trabajo tiene un sentido diferente. Su práctica y cómo se siente depende en gran medida del centro y de la relación que se establezca como profesional que viene de una entidad social.

> «*En la comunidad gitana hasta ahora más que mediar se ha venido haciendo un favor a la escuela. ¿Qué era mediar hace treinta años? Coger el niño para escolarizarlo, temas de higiene, temas de alimentación y también temas de cómo utilizar las casas que les daban. Es que lo único que contaba era ir en busca de los niños y niñas, capturarlos (para que fueran a la escuela)[6] porque era obligatoria. En lavarlos y darles de comer ha consistido trabajar con los gitanos.*
>
> *Y como mediadora en este centro (cerrado) siento que estoy haciendo las cosas por hacer, sinceramente. En un centro así, mi trabajo se limita, pues... a la hora de hacer actividades con el centro las hago porque las tengo que hacer, porque es parte de mi trabajo de mediación, pero se te quitan las ganas... mi trabajo se reduce, es que voy en un plan técnico y mecánico, mirar las faltas y ya está.*
>
> *Sin embargo, en el otro centro pues me veo más humana, se amplía y tengo más autonomía para poder proponer, se reconoce el trabajo y se valora, cuando hay algo que mejorar, lo mejoramos entre todos/as y te escuchan, nos sentamos a pensar cosas juntos, cada uno desde su parte.*

---

6. Texto incluido por las autoras para la mejor comprensión del lector y lectora.

Bloque **3**

Un día fui a coger las notas al centro piedra[7] con una madre y la tutora cuando nos sentamos a hablar no sabía decir otra cosa que la niña hablaba mucho y que tenía que mejorar la actitud, nada más, como si no la conociera, y la única que dijo algo bueno y más cercano fue la profesora de apoyo y no la tutora.

Casi siempre te llaman para el tema de expulsiones. Este año he tenido a dos niñas con una expulsión de once días por acumulación de partes[8].

La mediación también debía ser una técnica de los profesores. Vamos a ver, los niños no van a la escuela, −¿en la escuela quién hay? los niños y los profesores−, pues ellos lo tienen que arreglar, o al menos poner de su parte.

Con la comunidad gitana, vamos, que…, un colegio que lleva treinta años en un barrio, no sepa acercarse a las familias…, es que ¡vamos!, eso debería ser trabajo del profesor.

Estando cerca de las familias se consiguen cosas, se consigue que el niño vaya a la escuela y que se porte bien, pero que se sienta más a gusto o que se motive, o que no se vaya al día siguiente, pues eso es más difícil, porque el profesorado tiene que hacer parte del trabajo, también ellos tienen parte. Claro que cuando te encuentras con un centro piedra…

Que se comparta la filosofía del centro educativo y la filosofía del mediador, es decir, que tengan una metas comunes, porque como no tengan metas comunes… qué se va a mediar, si parece que siempre vas contracorriente… Incluso al trabajo le ves sentido cuando tiene una continuidad en el profesorado, e incluso en actividades que tú haces, las coordinas para que sirvan en el aula y con lo que están aprendiendo. Por ejemplo, en él −centro abierto−, ellos tienen un lema, −si quieres que tus clases salgan adelante, haz que sean un grupo, que no haya guerra entre ellos− o sea, el principio es cohesionar el grupo y que se lleven bien. Esto hace que las actividades que hacemos y el trabajo con las familias, les das un montón de herramientas para mover los hilos y eso sí lo valoran en relación con el currículum y tiene que ver con la mediación.

Y ahora se tienen en cuenta otras cosas, ahora el futuro de la mediación siento que… veo que va a seguir existiendo, pero creo que como no hagamos metas comunes, se va a enquistar y va a seguir como "apagafuegos", porque cómo está considerada esta profesión, con contratos de siete meses, sin continuidad, etc., entonces ya sabes por dónde van los tiros. Es decir, creamos una profesión para decir; como hay nuevas situaciones, creamos nuevas profesiones, para decir que ya hay mediadores, pero ¿en qué condiciones? Pero también está el tema de la escuela, que como no tomen la mediación de otra manera y la enseñanza, es decir, como no se recicle la cabeza del profesorado, pues será una profesión más "enquistada"».

Pepa.

Normalmente, cuando hablamos de diversidad, solemos referirnos a la diversidad presente en el alumnado, sin embargo, como se evidencia en los relatos de las mediadoras, también podemos hablar de la diversidad en el profesorado o de los mismos centros. Trabajan en centros del mismo barrio, muy diferentes entre sí, unos son centros cerrados, jerarquizados, inflexibles, burocratizados definidos

---

7. Pepa al referirse a los centros de los que nos habla denomina centro "piedra" a aquellos cerrados y burocráticos en los que su trabajo se reduce a las demandas puntuales del profesorado para intermediar. Por el contrario denomina centro abierto aquellos con los cuales realiza un trabajo de mediación reconocido y compartido por el claustro.

8. Los partes son unos protocolos en los cuales se describen las faltas cometidas por el alumnado y por acumulación de los mismos se decide una sanción.

como "centro piedra", y otros más colaboradores y flexibles se definen como "centro abierto".

Las finalidades del trabajo mediador en unos y otros centros son las mismas: cohesionar la comunidad para coordinar acciones y recursos que faciliten el aumento del aprendizaje y el éxito en los logros académicos, crear acercamiento familia y escuela, apoyar procesos de inclusión e interculturalidad. Sin embargo, la "cultura" y el *currículum* oculto incide en las relaciones de manera que en los primeros centros el trabajo de mediación está limitada y se reducen a demandas "técnicas", mientras que en los segundos se amplía el ámbito de trabajo, las posibilidades de actuación y la creatividad.

4. El sentido de la mediación intercultural en los centros educativos. De las circunstancias a lo deseable

Los relatos de las dos mediadoras son la base para desvelar categorías en torno a la mediación en la escuela: por un lado, la fractura entre lo que podría ser su trabajo en los centros educativos y lo que realmente hacen, y por otro, la importancia de compartir procesos de cambio con el profesorado y no instalarse en un frágil trabajo puntual desfasado en el que se puede incluir la experiencia de los últimos treinta años de trabajo socioeducativo con comunidad gitana.

Para ellas es necesario estar dentro y fuera de los centros, en las familias, el alumnado y el profesorado, en las potencialidades, en la confidencialidad y en la difícil imparcialidad, pero todo ello con la necesidad de sentir que los procesos de cambio e implicación han de surgir de los propios involucrados y sobre todo desde el centro educativo.

Lamentan que el término "mediadores/as" se haya utilizado tanto, que se haya convertido, en pequeños tapagujeros, en beneficio de organismos o instituciones, destinados a remediar con inmediatez los problemas que se presentan y eludiendo entrar en ellos a fondo. Como dice Six (2005), en mediación se trata de superar el inmediatismo y «*retornar a la fuente, lo cual significa responder a una exigencia y una llamada*» (p. 100).

La exigencia consiste en darle a la mediación todo su sentido. Es decir, no es una caja de herramientas, sino un ideal, y ese ideal no es una profesión aprendida por unos pocos sino que se dirige a todos/as, debe ser cosa de todos/as y debe difundirse a todos/as.

La llamada significa que todo el mundo es invitado a practicar la mediación y hacerlo en todos los ámbitos de la existencia. Es el diálogo en todas las direcciones y escalas. «*La verdadera mediación comienza cuando alguien se conciencia y decide comprometerse en la mediación él mismo y por sí mismo con responsabilidad activa*» (Six, 2005: 101) y desde una perspectiva crítica aquí entrarían todos los actores que intervienen en el centro educativo.

Para las dos mediadoras está claro que para mediar en los centros con población gitana, no es necesario que existan problemas visibles, aunque reconocen que de hecho los hay, como es el absentismo de chicos y chicas, pero junto a estos existen problemas latentes que para ellas no pasan desapercibidos, como por ejemplo, la falta de comunicación y relación entre el profesorado y la comunidad gitana; la falta de metas comunes y participación de ambos, en el centro y en la vida del barrio, etc.

De sus apreciaciones al explicar el día a día de su trabajo en centros con un alto número de chicos y chicas de etnia gitana, extraemos lo importante que es para avanzar hacia el éxito escolar de estos chicos y chicas, la interacción de ambas partes: la escuela y la comunidad gitana; pero, como diría Freire (1970): en comunión, desde el diálogo.

4.1. Mediar sólo en un sentido es un trabajo a medias. La creencia es que primero ha de cambiar la familia para que cambie la escuela

Este es un pensamiento muy extendido en gran parte del profesorado y en la sociedad, sin embargo para Candela y Pepa es muy importante trabajar en el encuentro de familias y profesorado, desde ambas partes, aunque esto tiene sus riesgos en el día a día. Y es que el hecho de trabajar para la comunidad gitana, según esta creencia, requiere que la mediadora sea quien solucione los problemas históricos con las familias o haga de interlocutor de estas con el centro.

Este aspecto se hace más evidente cuando el centro educativo trabaja desde un modelo disciplinar[9], también llamado servicio de intermediación, instalado en el trabajo subsidiario y desde el déficit. En estos casos la mediación intercultural entra en juego cuando hay un problema explícito y reconocido entre el profesorado, como puede ser la falta de asistencia continuada, un conflicto en el centro o falta leve o grave que requiera la expulsión, etc.

El modelo disciplinar está relacionado con las concepciones etnocentristas, culturalistas, que piensan que primero tiene que cambiar la cultura minoritaria, o la población externa y no la institución ya que ésta es útil para el éxito escolar de la población "mayoritaria". Es una perspectiva homogeneizadora cuya pretensión es que primero cambien las familias, desde procesos externos a la escuela, para que así cambie la actitud del alumnado en el centro, o se endurece la disciplina para que cambien las relaciones y la motivación hacia el aprendizaje. Es un modelo basado en la autoridad del centro educativo dotado de normas incuestionables, donde las sanciones son la base de la convivencia.

Estas creencias desde el enfoque disciplinar de la escuela, requieren una figura del mediador o mediadora que actúe como intermediario entre dos realidades y dos culturas: la escolar y la familiar. Lejos de mediar, se interpone entre los actores, no hay un propósito de transformación desde la interacción, no se pretende facilitar la comunicación de los dos sectores, sino mantener a cada uno en su lugar y atender a demandas superfluas como: informar, llevar, traer,

9. Recogido del artículo *Mediación Intercultural y Comunidades de Aprendizaje* de Rosa Valls Carol publicado en: http://www.comuniversidad.com/sansofe/cd/material/TEMA%204/LECTURAS%20 COMPLEMENTARIAS/Comunidades%20aprendizaje%20T4.pdf (página visitada el 2 de noviembre de 2008).

avisar, acompañar, casi siempre unidireccionalmente, del centro a las familias. La acción y el valor del mediador/a quedan reducidos a la aceptación de la cultura disciplinar escolar y a la negociación con las familias y el entorno para la asunción acrítica de la cultura escolar.

El mediador/a se convierte en la persona que tiene la responsabilidad social del alumnado, permitiendo que el profesorado reduzca su responsabilidad a ser meramente especialista de su materia. Esto se hace más evidente en la educación secundaria donde las mediadoras encuentran una mayor tendencia al trabajo atomizado.

La mediación en la resolución de conflictos, en los centros que no se plantean un proyecto educativo comunitario, se reduce a una mera "ritualización banalizante" en sí misma, en la que los actores no revisan sus estrategias de convivencia en situación de diferencia (Eduardo Corbo, 1999: 141).

4.2. La mediación intercultural en la escuela. De una técnica especializada a un trabajo comunitario. El experto o experta en solitario no cambia nada

Otra de las categorías que emergen de los relatos de las mediadoras es la necesidad de formarse en técnicas y procedimientos de mediación. No basta con tener ciertas habilidades o reconocerse como persona referente para la comunidad gitana, como el caso de los llamados mediadores naturales; por encima de este aspecto hay que tener formación y "profesionalidad", este término lo entiende como tener formación y recursos para proceder de manera autónoma y realizar propuestas basadas en el análisis y reflexión sobre la realidad con una pretendida imparcialidad. Para ambas es la única manera de poder ganar un lugar de reconocimiento entre el profesorado, aunque sigue siendo un lugar vulnerable, ya que las circunstancias pueden quebrar lo conseguido.

Este otro modelo nos recuerda al llamado "mediador experto", muy reconocido como herramienta de trabajo en muchos centros educativos. Se trata de un profesional "experto" formado en mediación desde la perspectiva de la resolución de conflictos; facilita encuentros entre los actores y es solucionador de conflictos centrados fundamentalmente en las familias, en los chicos y chicas y en sus problemáticas explícitas. Como dice una de las mediadoras, hay muchos centros educativos que reconocen tu experiencia para dar cursos al profesorado, mostrarle herramientas y técnicas para que ellos y ellas la incorporen a sus prácticas, de ahí a convivir como mediadoras en los centros educativos aún queda el proceso de incorporar nuevos profesionales en el día a día. Eso requiere emprender un trabajo interprofesional por parte del profesorado y del mediador o mediadora.

El modelo "experto" supone una especialización en diversas técnicas de intervención para crear puntos de encuentro, de acercamiento al centro, de cambio en la concepción que la comunidad gitana tiene sobre la escuela, etc. El mediador/a mantiene una cierta independencia de la cultura escolar y se centra en el desarrollo de la metodología de mediación. Éste trabajo puede ser útil pero provisional en un modelo de escuela disciplinar, sin embargo, puede contribuir a la creación de un espacio dialógico en un centro "abierto".

Aunque este modelo es un paso más, con respecto al modelo "disciplinar", puede seguir siendo paliativo, sobre todo si se interviene una vez que se produce el conflicto explícito. En este caso se hace imprescindible la intervención del experto en el centro pero en estos casos hay que seguir trabajando para involucrar al resto de la comunidad en la participación y prevención de conflictos. Para Corbo (1999: 147-148) «*(...) la mediación no es una forma de resolver conflictos como se repite aburridamente; es una forma de gestión de la vida social y por tanto una trasformación cultural (...) en nuestra escuela y en el contexto de nuestra realidad implica la posibilidad de participación, lo que introduce el problema de la recuperación de la participación de los actores sociales en lo colectivo*».

4.3. Hacia una cultura de mediación en los centros educativos. El centro como mediador. El mediador o mediadora creativa[10]

Como nos cuenta la mediadora, en los centros en los que predomina la cultura disciplinar, la mediación está condicionada por las demandas insistentes del centro para que apoyen procesos segregadores. Cuando hay una expulsión buscan a la mediadora para que se ponga en contacto con las familias y le lleven la notificación al domicilio. En esta situación, cada una de las partes sigue manteniendo su posición inicial, entrando en la espiral de la incomunicación.

Sin embargo, en los centros inclusivos, "centro abierto", no hay expulsiones ni son necesarias medidas coercitivas para la convivencia y el aprendizaje. Se trabaja desde la coparticipación en la prevención y búsqueda de espacios de diálogo, que aunque pueden partir desde una posición dualista, el trabajo mediador consiste en establecer un objetivo compartido para todo el proceso, en el que ya no existen dos problemas sino uno, en el que se incluye lo que cada parte quiere, es decir el papel de la mediadora no queda fuera de la búsqueda del diálogo, su misión no es ayudar a los demás, sino conseguir que se ayuden a sí mismos (Boqué, 2003).

El trabajo de mediación no puede quedar circunscrito sólo a la intervención de la mediadora, cuando se tiene el propósito de acercar la familia y el centro educativo, sino que tiene que ver con como ambos continúan procesos de comunicación y transformación a partir del encuentro, lo que supone según Six (2005) un cambio relacional. Esto supone que el profesorado como profesional asuma su función social y crítica y no sólo la instructiva. Recordemos en este sentido que en el enfoque crítico de la enseñanza (Carr y Kemmis, 1988), el/la docente crítico asume un compromiso transformador del contexto social y educativo en el que se desarrolla su trabajo. Desde el enfoque crítico de la educación, la función del docente promueve la indagación sobre la enseñanza y los contextos en los que ésta se desenvuelve para mejorar su práctica.

Sin embargo, no podemos olvidar que aunque deseable, este enfoque es el menos extendido globalmente entre los programas de formación del profesorado, pues es difícil la convivencia entre las condiciones estructurales burocrá-

---

10. La Mediación Creativa consiste en un proceso de transformación de las normas, o más bien de creación de nuevas normas, nuevas acciones basadas en unas nuevas relaciones entre las partes (AEP Desenvolupament Comunitari, Andalucía Acoge 2002).

ticas y técnicas de la enseñanza que se mantienen, en ocasiones, como incuestionables; y el compromiso de "reconstrucción social", que define la formación del profesorado como elemento crucial del movimiento a favor de una sociedad más justa y democrática (Liston y Zeicnher, 1993) y por lo tanto el profesorado como mediador/a en el *currículum* y la vida social del centro y el entorno.

Lo deseable en este sentido es avanzar hacia un **enfoque comunitario, donde el entorno forme parte del centro.** Esto no significa prescindir de la figura del mediador/a u otros profesionales del ámbito social, todo lo contrario, lo engloba como parte clave de un trabajo común en la creación de una cultura mediadora en la escuela, base para una praxis intercultural. Este enfoque se sustenta en una perspectiva crítica y transformadora de la mediación en la escuela desde la reflexión en y desde la acción. El/la mediador/a buscará la creación de espacios para la interacción y el diálogo en igualdad entre las partes para la transformación y la creación desde ellos/ellas mismos/as, de una comunidad educativa participativa, centrada en el aprendizaje y el éxito escolar. En esta tarea, la mediación y los mediadores/as, como profesionales críticos, han de buscar acciones interculturales dialógicas que acerquen ambos sectores.

Este reto supone la elaboración de proyectos educativos que se basen en el diálogo entre iguales, pues como indica Wrigley (2007) frente a una escuela descohesionada y fragmentada el trabajo ha de comenzar por buscar una escuela comunitaria desde la comunicación y el diálogo igualitario[11] de cada uno de sus implicados, y desde ahí ver cómo se inicia un efecto en el currículum y la extensión de una cultura mediadora. Según este autor, las escuelas comunitarias pueden trabajar para fortalecer a grupos marginados mediante proyectos de desarrollo comunitario en los que el aprendizaje informal se vincule con la generación de nuevas estructuras democráticas y el aprendizaje formal. Para una escuela comunitaria es necesario un enfoque de mediación comunitaria y viceversa en una relación transprofesional.

Referencias

AA. VV. (2002). *Mediación Intercultural. Una propuesta para la formación.* Madrid. Editorial Popular.

BAUMAN, Z. (2003). *Comunidad. En busca de seguridad en un mundo hostil.* Madrid. Siglo XXI.

BOQUÉ, M. C. (2003). *Cultura de mediación y cambio social.* Barcelona. Gedisa.

CARR, W. y KEMMIS, S. (1988). *Teoría Crítica de la Enseñanza. La Investigación - Acción en la Formación del Profesorado.* Barcelona. Martínez-Roca.

---

11. Diálogo Igualitario: por el que todas las aportaciones de los actores se consideran en función de la validez de los argumentos y no en función de las relaciones o posiciones jerárquicas o de poder. La validez de los argumentos vendrá dada por la inteligibilidad de las emisiones, esto es, la comprensividad de su sentido; por la verdad del enunciado; por el reconocimiento de la rectitud de la norma; y, por último, porque no se pone en duda la veracidad de los sujetos implicados (Flecha, 1997).

CORBO ZABATEL, E. (1999). "Mediación: ¿cambio social o más de lo mismo?". Brandoni, F. *Mediación escolar. Propuestas, reflexiones y experiencias*. Barcelona. Paidós.

DUBET, F. (2006). *El declive de la institución. Profesiones, sujetos e individuos en la modernidad*. Barcelona. Gedisa.

ELBOJ, C.; PUIGDELLÍVOL, I.; SOLER, M. y VALLS, R. (2002). *Comunidades de Aprendizaje. Transformar la educación*. Barcelona. Graó.

F. S. G. (2001). "Evaluación de la normalización educativa del alumnado gitano en educación primaria". *Revista Bimestral: Gitanos, Pensamiento y Cultura*. Fundación Secretariado Gitano. N° 11.

F. S. G. (2006). "El acceso del alumnado gitano a la enseñanza secundaria". *Revista Bimestral: Gitanos, Pensamiento y Cultura*. Fundación Secretariado Gitano. N° 34/35.

FLECHA, R. (1997). *Compartiendo palabras*. Barcelona. Paidós.

FREIRE, P. (1970). *Pedagogía del oprimido*. Madrid. Siglo XXI.

GARCÍA, H. (2005). "Mediación con el pueblo gitano". AA. VV. *Memoria de Papel*. Valencia. Asociación de Enseñantes con Gitanos.

LIASTON, D. P. y ZEICHNER, K. M. (1993). *Formación del Profesorado y Condiciones Sociales de la Escolarización*. Madrid. Morata.

MÁRQUEZ, Mª. J. y PADUS, D. (2004). "Las voces de las adolescentes gitanas. Propuestas para superar el fracaso escolar". *Revista Perspectiva*. N°8.

RIVAS, J. I. y SEPÚLVEDA, M. P. (2000). *Biografía profesionales*. Málaga. Universidad de Málaga.

SIX, J. F. (2005). *Los mediadores*. Santander. Sal Terrae.

WRIGLEY, T. (2007). *Escuelas para la esperanza. Una nueva agenda hacia la renovación*. Madrid. Morata.

Capítulo 9.
Convivir, sobrevivir, vivir. Estudio biográfico sobre convivencia y conflicto en un barrio desfavorecido. La voz de Logan

Pablo Cortés González
Universidad de Málaga

Lo que se presenta en estas páginas es parte de la voz de Logan, pudiendo sin embargo representar en sí misma la situación de muchos/as jóvenes que se ven sistemáticamente azotados por las adversidades que supone vivir y crecer en un contexto excluido socioculturalmente y en el seno de problemas que, evidentemente, no debería tener que afrontar un menor: sustento básico, desarrollo social, educación, familia…

Logan es el protagonista de una investigación biográfica realizada de 2007 a mediados de 2008, justo después de que saliera de un centro de menores infractores (centros de internamiento, en adelante CMI), donde conoció al investigador y autor del presente escrito. El foco de este estudio se sitúa en comprender la realidad social y experiencia de un joven de 18 años inmerso en un barrio marginado de Málaga[1] y con vivencias relacionadas con la exclusión social tales como con el desamparo familiar, medidas de privación de libertad, conductas delictivas, etc. Logan, además de mostrar el deseo de participar, era un caso claro de menor que ha vivido dichas situaciones de sustento escabroso.

Los tres ejes de discusión fundamentales, que son convivir, vivir, y sobrevivir, se asumieron dentro de lo forma en que Logan explica su realidad y sirve por tanto de medio por el que poder abordar el resto de temas emergentes. El proceso tanto de entrevistas y construcción del relato de vida, como el proceso analítico-interpretativo, se han visto mediados continuamente por aquellos elementos que emanan de su historia. En este sentido, lo que se presenta en este libro es un reflejo del proceso de investigación desarrollado, haciendo hincapié en quién es Logan y en la presentación de varios hitos esenciales que se enmarcan dentro de su historia de vida, y que se adentra en la comprensión del sentido y foco del estudio. Por último, y fruto del trabajo realizado junto al protagonista, se plantean unas reflexiones finales conducentes a generar otras formas de actuar en torno al trabajo educativo y compromiso social de menores en situación de exclusión social.

1. ¿Quién es Logan?

Logan nació en el seno de una familia mestiza (gitana y paya) en un barrio de Málaga con trayectoria y situación conflictiva y en desventaja sociocultural. Ahí

---

1. No se menciona el nombre del barrio por deseo propio de Logan y respeto a su intimidad.

se concentra parte de la droga que se trafica en la ciudad, además de constituirse como un núcleo conflictivo de violencia y carencias sociales y económicas.

La familia y las personas que han envuelto la vida de Logan, han supuesto un cúmulo de encuentros y desencuentros identitarios que desde muy niño afectaban a su desarrollo personal y social. Su universo simbólico (que representa su forma de ser y actuar), se ha ido construyendo y reforzando en el estilo de vida familiar –cómo viven– y en la forma de soporte económico –cómo subsisten–.

> *«Pues mis tíos eran delincuentes, robaban a las viejas, pegaban tirones de bolsos, roban coches, motos (…) sobre todo uno. Y cosas así. Estuvo en reformatorios, salía, hacía lo mismo, entraba y salía otra vez (…) pues claro como yo me he criado en ese ambiente pues ya (…) se te pega algo y ya efectivamente robas coches, motos y todas esas cosas».*

Logan.

La trayectoria basada en conflictos y desorientación continuos ha sido la base vital de Logan; desde que nació sufrió el desamparo que ocasionó la droga al poseer la vida de su padre y su madre, encontrándose prácticamente solo todo el día, a la espera de que se abriera la puerta de casa para ver la cara de su abuela, que a última hora del día (después de salir de trabajar), fuera a darle la cena. Más tarde fue su tutora legal y asumió la crianza, aunque con serias dificultades ya que el trabajo de limpiadora, además de llevarle todo el día ocupada, no le suponía un sustento económico sólido.

El resto de referentes de Logan se ganaban la vida a través de los robos y la venta de drogas, convirtiéndose en el lazo directo que motivó y acogió formas de representación en el lado de lo "ilegal"[2]. En este sentido el barrio condiciona abriendo las puertas de la posibilidad a un tipo de vida muy concreto que estaba al alcance de su mano y que bastaba con reproducir lo que veía y aprendía entre sus allegados. A esta influencia Logan lo denomina "las junteras", que se establece como el grupo de personas de referencia y los roles que se adquieren dentro del mismo.

Por su lado, durante mucho tiempo Logan se ha ganado la vida con trabajos esporádicos y la venta de objetos robados; esta ha sido su forma de sobrevivir en el contexto. Posteriormente se introduce en el mundo de la delincuencia juvenil y las drogas, por lo que ha tenido que estar seis meses en un Centro de Menores Infractores (CMI), el cual le cambió por instantes la vida al ver un reflejo de luz entre sus educadores más cercanos, pero que al mismo tiempo, paradójicamente, marcó una profunda experiencia de marginación. Su estancia le llevaba a tener miras a la emancipación y cambio, pero al mismo tiempo le relegaba a un nuevo estigma experiencial y social.

> *«Pues yo que sé una vez que estas ahí encerrado, que no tienes libertad, que estás ahí amargado todo el día, pues te pones a pensar si yo fuera hecho esto, si yo fuera hecho lo otro, tenía que haberle hecho caso a mi abuela, cosas así. Te pones a pensar en lo que te decían y todo eso (…). Esto me ha hecho de reflexionar, de estar en libertad, hay gente que no se merecía que le pegara ni nada».*

Logan.

---

2. Ilegal desde un punto de vista normativo, no entro en este texto en valoraciones ni juicios de lo que está bien o mal.

Convivir, sobrevivir, vivir. Estudio biográfico sobre convivencia y
conflicto en un barrio desfavorecido. La voz de Logan

9

Durante el desarrollo de este trabajo, Logan ha estado intentando buscar un empleo y procura dar un giro a su vida, pero se está encontrando diariamente con barreras realmente difíciles de superar, espirales que le absorben a su forma de vida habitual y fuertes conflictos consigo mismo y su contexto próximo. Esta situación se podría decir que representa, como he apuntado antes, no sólo a Logan sino a muchos jóvenes, hombres y mujeres que desafortunadamente sus experiencias vitales rondan alrededor y a través del fenómeno de la exclusión y marginación social. No es una cuestión solo de responsabilidad individual o familiar, sino que se encuentran evidencias de la presión histórica de rechazo hacia procesos sociales constituyentes en pro de la dignidad y emancipación social.

2. Fragmentos de su historia

A continuación, se va a proceder a resaltar fragmentos de la historia de vida de Logan (trabajada en la investigación), en forma de hitos analíticos, con el fin de comprender en qué contexto se ha desarrollado y así ofrecer una visión más cercana de su experiencia. Cabe apuntar y mencionar la excelente obra de Robert Mac-Donald y Jane Marsh (2005), donde reivindican la necesidad de poner en entredicho las teorías tradicionales sobre qué significa vivir en un entorno en exclusión sin contar con las voces o grupos que se identifiquen en ellas. En otras palabras, creen necesario la creación de teorías mucho más ricas desde el campo a través de micro experiencias. Esto es lo que de algún modo se intenta desde la perspectiva biográfica narrativa que planteo en este trabajo y que posteriormente se expresa.

2.1. Vivir bajo la ley del más fuerte

> *«¿Cómo es mi barrio? Mi barrio es una mierda, es un entorno hostil donde el respeto se basa en la ley del más fuerte; pero fuera de las relaciones personales, el respeto por el cuidado del mismo es nulo, la gente tira la basura, los muebles por la ventana, todo está mal cuidado».*

Logan, ent. 1, pp. 1-5.

El barrio, es para Logan uno de los factores más importantes en la creación de su identidad. Se ha convertido en los últimos 30 años en un espacio multicultural pero ausente de un proyecto sólido comunitario; cada etnia o grupo suele ir por su lado. Sí se encuentra, de acuerdo con Logan, un factor común en casi todos los grupos o guetos y es la proliferación de modos de vida al margen de la ley. Las actividades ilegales tales como la venta de drogas, delincuencia (atracos, robos…) y/o prostitución, se han establecido como un icono de esta zona. Bien es cierto que no se puede hablar en términos generales, y cabe mencionar la existencia de muchos estigmas en torno a este tipo de territorios, pero se encuentran altas cifras de desempleo que evidencian las situaciones de exclusión en la zona y de cara al resto de la sociedad. Ahora bien, esta situación no es una cuestión precisamente única de un sector determinado de la sociedad, sino que es una situación que debería preocupar por supuesto al resto de la ciudad.

Bloque **3**

Este contexto hostil ha influido en la experiencia de Logan a la hora de conformar su identidad, sus vivencias en el barrio le han ido adjudicando una serie de valores que lo identifican de una manera determinada. Este fenómeno, se podría decir de profecía auto cumplida, es algo que Logan afirma haber explotado a la hora de mostrar su imagen a la sociedad, ya que se comportaba tal y como se espera de alguien perteneciente a este contexto.

Vivir, sobrevivir y convivir

Dentro de la idea de entender el contexto donde se desarrolla el protagonista, Logan hace un análisis interesante a través de tres ejes de discusión que han servido para comprender otros elementos importantes de su vida. Se trata de las nociones y experiencia de: vivir, sobrevivir y convivir en su barrio.

En primer lugar, Logan se remite a la idea de vivir, −dentro del marco de estudio donde se sitúa−, aludiendo a las relaciones vecinales pasivas, "vivir por vivir, vives en una zona concreta, pero intentas pasar casi de manera desapercibida"; esto significa mantener relaciones que evitan cualquier tipo de interacción, conflicto... y que en definitiva provocan, bajo esta dimensión analítica, el deseo de salir del barrio, contribuyendo a la inexistencia de un intento de vecindad. Logan cataloga a las personas que viven bajo este criterio como "decentes o trabajadoras", que "no se meten con nadie" y que intentan no hacerse notar.

En segundo lugar, se encuentra el concepto de sobrevivir referido a las experiencias, normalmente individuales, de "buscarse la vida con lo que haya". Esto es, las estrategias que las personas idean para poder tener un sustento mínimo, evitar problemas o alcanzar una meta personal; estos actos de supervivencia suelen ser actos individuales y que ocasionan tipos de relaciones no democráticas y poco dignas para el individuo o para los que le rodean. No hay un sentimiento de comunidad generalizado ni de hacer un proyecto de barrio común. Desafortunadamente en zonas de exclusión social, la supervivencia se convierte en la única salida alcanzable a "estar vivo" y poder mantener a su familia o así mismo, teniendo que acudir a prácticas ilegales o que atentan contra la dignidad de la persona.

En tercer y último lugar se alude también a vivencias en el marco del significado de convivir, que se definiría, de acuerdo con Logan, como el acto de respetar y apoyar a las personas a través de la interacción, sin obviar fricciones ni conflictos pero con un interés común de hacer un barrio mejor; es decir, hay relación entre la gente del barrio y la manera de buscar lo mejor para todas las personas. Logan expresa, «un vecino mío siempre me daba consejos, y quería que me fuera con él a trabajar. Notaba que se preocupaba por mí y sin recibir nada ni ser nada mío». Los actos de convivencia, son los facilitadores de un sentido de comunidad e identidad construida por todos y todas, y no por unos cuantos/as. Estos actos de convivencia según Logan, se suelen dar, por un lado, entre personas de una misma familia, donde los vínculos afectivos o culturales vienen determinados por el parentesco y arraigo parental, o, por otro lado, por personas concretas que luchan por la mejora del barrio.

Logan ha experimentado los tres modelos de concebir su zona, aunque primordialmente se ha visto dirigido a relacionarse bajo la lógica de la supervivencia:

Convivir, sobrevivir, vivir. Estudio biográfico sobre convivencia y
conflicto en un barrio desfavorecido. La voz de Logan

9

*«ser de una manera para defenderte, saber cómo actuar… etc., ya que la protec-
ción es casi escasa».*

Respeto y miedo

Una cuestión importante y fundamental en la vida de Logan era el rol que
jugaba dentro de su barrio y grupo de amistades. La imagen que se tuviera de su
persona en la calle era de las cuestiones más importantes para sentirse bien como
persona; esto estaba muy directamente relacionado con la necesidad de destacar y
ser conocido, por lo que es capaz de hacer (dentro de la ilegalidad), lo que le lleva
a la fama.

Tener fama, según Logan, es al mismo tiempo lo que le brinda el respeto,
y se consigue a través de la intimidación y el miedo. El respeto es necesario defenderlo para sobrevivir en el grupo de amigos, en el contexto de desarrollo y al
fin al cabo en configurar quién eres, de otro modo se pueden tener consecuencias
negativas. *«El respeto es miedo, si tú quieres respeto tienes que meter miedo. Y si
metes miedo hablando no vas a tener que pegar, pero si no metes miedo hablando
vas a tener que reventarle la cabeza. Ya está eso es, el respeto es miedo»* (Logan).

Como se puede observar en las palabras de Logan, el respeto en la calle se
configura en términos negativos o perjudiciales: miedo, hacer daño, fama, etc. y no
se habla en clave positiva como un afán de construir. La cultura donde se sumerge
Logan durante toda su vida está construida en términos donde la crudeza de la
vida y la necesidad de "no ser pisoteado" son la base donde comienza a construir
su identidad social o rol. *«Pues hay dos maneras de supervivencia a la hora de
enfrentarte a un conflicto, buena hay tres. Una hablando, una apuñalándote y otra
peleándote, una de las tres. Según cómo veas el tema»* (Logan).

En muchos pasajes Logan identifica dos roles concretos para conseguir el
respeto. Por un lado, el que se asume tener "mala leche", es decir, la persona que
tiene la sangre fría de hacer ciertos actos violentos y se le respeta por ello (y por el
temor a represalias), o por otro lado, en términos de "locura", que suele atribuirse
a quienes no le importan demasiado su propia vida y son capaces de cometer actos
que a otros no se le ocurriría tales como: enfrentarse a la policía, matar, etc.

Se comprende que estas experiencias hostiles configuran el entramado que
hace ser una persona como tal, situándose en un circuito complejo donde las confluencias, las curvas, las resistencias… son elementos que hacen tener un significado, en muchas ocasiones difuso, de qué y por qué esa persona es cómo es.
Esta visión poco nítida, se aprecia en los relatos que Logan construye de su vida,
teniendo afán de destacar en algo, pero se ve siempre limitado y no se haya en un
entorno específico.

2.2. Libertad

La libertad es un elemento muy cercano a la vida de Logan, en el sentido
que es un punto clave en su experiencia, entendida como la forma de anhelar constantemente la posibilidad de decidir por sí mismo y no tener que estar dispuesto a

reaccionar de manera hostil ante cualquier tipo de normas que le permitan salir de un lugar determinado o hacer cosas concretas.

El sentimiento contrario a la libertad es estar vigilado todo el tiempo, lo que repercute en un control externo de su vida y al mismo tiempo como tapón a poder realizar lo que desee en cada momento. «*Lo mejor del mundo (…) la libertad, yo prefiero andar por la calle antes de estar encerrado, que es como me siento aquí y a veces fuera de aquí. (…) ser libre es hacer lo que te dé la gana*» (Logan). Expresa cómo el sentimiento de falta de libertad impera en sus vivencias tanto dentro como fuera del CMI, y tiene relación en cómo se muestra a los demás y configura su identidad. En este sentido, observo profundas respuestas de baja autoestima y consideración.

La reflexión sobre la libertad en sí, se centra básicamente en quien tiene el dominio de la vida: uno mismo, un CMI, la policía, la abuela…; el resto lo que se plantea es si quiere volver a repetir esos actos cometidos que le ha llevado al encarcelamiento y/o castigo, o bien "pasar página"… Estas opciones, se forjan de manera "causa-consecuencia", sin entenderlas de una manera más amplia y profunda. Es al fin al cabo cómo funcionan las lógicas sancionadoras de muchas de las instituciones educativas, judiciales, sociales, etc.

Libertad carcelaria

«*No sé, no se fían, ese es delincuente y ese ya está marcado para toda su vida. Como el toro de la mancha blanca*» (Logan). Se encuentra un estigma en la vida de Logan desde que entró y salió del CMI. A pesar que relata que en general su experiencia le ha servido para plantearse al menos dar un cambio a su vida y no caer en lo mismo, hay cuestiones que repercuten en la identidad del joven tras el contacto con dicha institución. Se aprecian dos sentimientos. Primero el de estatus ya que al haber pisado una institución de encierro se adquieren nuevos códigos en su contexto próximo, y segundo, se genera un sentimiento de miedo al poder retornar nuevamente.

A estos sentimientos se le atribuyen rasgos identitarios que he denominado como libertad carcelaria. Después de transitar por todos los procedimientos legales y vivenciales anteriores y posteriores al paso por el centro de internamiento, se adquiere una forma de ver la libertad de manera muy peculiar, dependiente de factores externos a la persona. La libertad no depende de uno, sino de los otros.

Esta manera de desarrollarse socialmente procede no exclusivamente de la experiencia de ser detenido y encarcelado, sino que se nutre de los relatos de aquellas personas que Logan idolatraba.

> «*Ese es otro, ese cogió se peleó con cinco moros y cogió y apuñaló a los cinco. Y ese ha estado desde chiquitillo, desde los doce años, todo el día en comisaría, robaba coches, motos, robaba de todo. Todos los coches, vendía las piezas de los coches (…) se daba la fuga de la policía con los coches, iba a la comisaría, salía (…) Ha estado en un centro de menores también, ha estado en la cárcel, ha apuñalado a cinco moros (…) ese es un prenda bueno, pero míralo ahí está con su niño, va a tener una niña y ahora está con su mujer y su propia casa*».

Logan.

Convivir, sobrevivir, vivir. Estudio biográfico sobre convivencia y
conflicto en un barrio desfavorecido. La voz de Logan

9

De acuerdo a lo dicho, también se observa como las relaciones que se crean entre libertad y encierro alcanzan un carácter unidireccional, en el sentido que se configuran como pasos entre uno y otro; es decir, qué se espera de un chico que vive en un barrio en desventaja sociocultural, cómo se conforma una vez que entra en un centro de menores y qué pasa cuando sale. Se establece como un laberinto con salida difusa, o al menos no se aplican planteamientos normativos y socio-lógicos profundos que abran nuevas formas experienciales y alternativas a esta relación constante entre causas y consecuencias.

> *«A lo que lleva cada cosa. Vamos a ver, si te pones a robar co-ches y todo eso, pues (...) vas a estar en comisaría, vas a tener causas, vas a estar en un centro de menores. Que te pones a consumir drogas pues más la vas a liar, te pones a fumar porros y luego te pones a fu-mar base, o por meterte chutes. Y más la vas a liar, digo yo (...)».*
>
> Logan.

En este sentido, se puede ver en la experiencia de Logan otro estigma pe-netrado por la sociedad en general, es el de la visión que tiende a generalizarse sobre aquellas personas que han salido de un centro de internamiento. Él mismo lo denomina "el toro de la mancha blanca", y se manifiesta en "el que es delincuente siempre lo será". En la experiencia de Logan se puede ver eso como freno al de-sarrollo digno de su persona. Es decir, Logan una vez que vuelve a reincorporarse a la comunidad después del internamiento, se topa con una situación de aversión por parte de la sociedad ante lo que supone un chico que ha sido internado como menor infractor. Por lo tanto los estímulos de apoyo los recibe de aquel contexto donde a pesar de que prima la lógica de la supervivencia, lo que ha hecho y de dónde viene Logan se valora como acto de valentía positivo; y en cambio el lugar donde quiere acceder el joven le pone barreras y se le atribuye un perenne sello de infractor; no sabe desenvolverse en ese contexto.

Estos fragmentos, hay otros muchos en la investigación, representan parte dela vida de Logan, y hacen plantear cómo se representan los espacios vitales en la experiencia de Logan. Un menor infractor, en este caso, no es una simple consecuencia de conductas concretas, sino que suele arraigarse a vivencias que se enmarcan dentro de un contexto familiar, social, cultural... determinado. Con esto no se quiere decir, que sea directamente relacional contexto hostil con actos hosti-les, sino que motivan a la construcción social de ser y actuar. Al fin al cabo, Logan tuvo más facilidades para llevar la vida que llevaba que optar por otras salidas. Este hecho se puede ver en investigaciones realizadas posteriormente en zonas, igualmente, de exclusión social (Cortés, 2013).

3. ¿Cómo hemos construido la historia de Logan?

Este estudio no aspira a hacer una valoración de los delitos cometidos por Logan, sino que se centra en la comprensión de la identidad, la repercusión social de contextos en exclusión y el significado de ser un joven perteneciente a trayectorias profundamente conflictivas. Por ello, el enfoque metodológico y las estrategias desarrolladas van de acuerdo a los intereses investigadores y foco de estudio.

La peculiaridad de este trabajo de investigación se basa en situar como eje discursivo y analítico central la voz del protagonista, en este caso Logan. Así el relato que se va forjando como proceso interpretativo se nutre, por un lado, de las evidencias que ofrece el relato de Logan, junto a las interpretaciones que emergen tanto del diálogo entre ambos (investigador y protagonista) y, por otro lado, los propios análisis que se va elaborando desde el prisma del investigador. No obstante, aunque se van conjugando ambos relatos, en el propio estilo narrativo se da cabida a entender de quién proviene las valoraciones o análisis que se expresan en el texto final (o informe).

Por lo tanto, dicho esto, hay dos objetivos metodológicos esenciales. Primero, comprender una realidad concreta requiere aprender a escucharla (diseñando estrategias apropiadas), y segundo, la puerta de acceso a la comprensión de dichos contextos y espacios son las personas que lo integran. Cada individuo representa en sí mismo parte del contexto donde se representa. Dubar (2002), lo expresa, en relación a la construcción de las identidades, desde la diferenciación y la generalización, esto es, desde la singularidad (subjetividad) y la pertenencia común.

3.1. Perspectiva metodológica

«*Todos tenemos algo que contar, o simplemente todos tenemos algo que jamás nadie nos puede robar, y es la experiencia vivida*» (Cortés, 2013). Esa afirmación es la esencia que enmarca una perspectiva que ofrece la posibilidad de desarrollar estudios socioeducativos desde la visión de los investigados, y se alude inevitablemente al enfoque biográfico narrativo. Esta visión investigadora se centra en narrar las experiencias vividas por una o varias personas, con la finalidad de interpretar dicha realidad desde un análisis colectivo.

Es necesario, de acuerdo a lo expresado, entender que las vivencias y su reconstrucción, «*(...) no son tablas rasas donde poder comenzar una historia, sino que hacen una ruptura con cualquier linealidad vital para adentrarse a una cuestión de apreciaciones (subjetividades), símbolos y emociones*» (Cortés, 2013). Estos elementos se entienden en la forma en cómo el ser humano trasmite los significados de la realidad y los actos que la componen; Bruner (2009: 82) expresa:

> «*Culturalmente el desarrollo se ve enormemente ayudado por los recursos narrativos acumulados por la comunidad y por los instrumentos igualmente preciosos que suponen las técnicas interpretativas: los mitos, las tipologías de los dramas humanos y, también, sus tradiciones para localizar y resolver narraciones divergentes*».

La intencionalidad y sistematización a la hora de rescatar una historia de vida, queda sujeta a elementos profundos relacionados con el modo de experimentar la reflexión (reinterpretación). Las fronteras analíticas que las marcan son los hitos experienciales que tornan en relevantes una serie de hechos y que ayudan a la comprensión profunda del acto de conocer.

Dentro de esta perspectiva biográfica narrativa, existen varios modos de llegar a concluir a través del lenguaje una historia que nos haga replantearnos el conocimiento que tenemos sobre algo concreto. De acuerdo con Rachel Thomson

Convivir, sobrevivir, vivir. Estudio biográfico sobre convivencia y
conflicto en un barrio desfavorecido. La voz de Logan

9

(2009) y Bolívar (2002), se ha desarrollado, metodológicamente hablando, una historia de vida (*life history*), que se entiende como la incorporación del relato de vida (*life story*) de una persona participante junto «*(...) a las elaboraciones externas de biográficos o investigadores, así como los registros, entrevistas, etc. que permiten validar esta narración o historia*» (Bolívar, 2002). Es decir, se extraen evidencias de un relato tal y como lo expresa el protagonista y se construye una nueva producción narrativa en clave interpretativa, mediada por el investigador.

En el caso de este estudio, ha sido de este modo. Se centraron cuatro entrevistas formales y más de veinte encuentros, que comenzaron de manera informal en el CMI. Durante el proceso de análisis se iba devolviendo toda la información y relatos a Logan, de manera que pudiera ir tomando decisiones en lo que finalmente se plasma. En este proceso de ida y vuelta se han ido matizando, detallando y eliminando aspectos que el protagonista deseaba. En mi opinión, este proceso es la clave de una investigación biográfica, sabiendo el papel y el posicionamiento que adquiere el investigador.

4. Reflexiones para la acción

Finalmente, y de acuerdo a los dos hitos generales extraídos del estudio realizado junto a Logan (barrio y libertad), voy a proceder a presentar algunas reflexiones finales e interpretaciones realizadas después de todo el proceso analítico y que se sitúa como parte de las conclusiones finales del estudio. Estas reflexiones, tienen el objetivo de intentar revertir en la construcción social del contexto de estudio, y que sirva de algún modo a personas relacionadas con la educación o implicadas de alguna manera en la mejora de dichas situaciones.

4.1. En contextos marginados

¿Qué labor socioeducativa se hace en los barrios en desigualdad sociocultural?, ¿cuáles son las premisas y el enfoque que se le da a las acciones socioeducativas?, ¿cómo podemos consensuar unos mínimos para trabajar colaborativamente?

Estas y otras son algunas de las muchas preguntas que me hago constantemente cuando reflexiono sobre temas relacionados con la exclusión o la marginación social. Creo esencial volver a estos orígenes como perspectiva crítica que plantee otra forma de construir sociedad donde los baremos de lo bueno y lo malo, de lo positivo y negativo, de lo que se debe hacer o no... adquiera un matiz colectivo, esto es, un consenso donde las personas intervinientes se sientan identificadas.

Esta reconstrucción sirve al mismo tiempo para desmontar y montar los modelos expresados por Logan en torno al significado de convivir en detrimento de los de vivir o sobrevivir, y también, para definir el papel político social en clave prospectiva, ante los barrios con desventaja sociocultural. Para ello es necesario centrarse en las acciones y experiencias concretas que desarrollan todos los agentes que intervienen en el contexto desde la mayor amplitud de prismas. Se podría materializar en la creación de asambleas ciudadanas y profesionales participativas –con voz y toma de decisión– como motor de desarrollo social.

Dicho esto, dentro de este proceso constituyente y desde el plano educativo, es necesario redefinir en qué consiste la acción socioeducativa en este tipo de entornos y lo que realmente se debería conseguir, como forma de proyección para la construcción social comunitaria. Estas discusiones se deben llevar a los barrios, a los centros de internamiento y, en definitiva, a los espacios donde las personas representan a sus territorios, desde el intento de conciliar y diseñar modos de actuar.

De manera más concreta, se debe tener en cuenta, apoyar y subsanar de manera urgente aspectos básicos como los siguientes:

- *Los recursos mobiliarios e infraestructuras en estos barrios.* En este sentido, se debe dotar a los barrios en desigualdad social de los mismas ventajas que el resto de barrios, debiendo haber y ser incentivada aquellos servicios sociales que apoyen el desarrollo sociocultural de dichos contextos (escuelas, bibliotecas, parques, cines...). En este sentido significa, no simplemente instalarlos, sino que estén abiertos, es decir, hacerlos llegar a los vecinos y vecinas de la zona y otras zonas de la ciudad, con la intención que el barrio no se convierta en gueto sino que ofrezca al resto de la ciudadanía recursos de ocio, culturales, etc. Paralelamente, el desarrollo de estas zonas debe ser implicación no sólo de la Administración o entidades privadas, sino que las gentes del territorio sean los generadores (material y filosóficamente) de dichos recursos. Esto es, una perspectiva local de organización y gestión que conlleva elementos fuertemente pedagógicos.

- *Los agentes que intervienen en la acción socioeducativa en estos barrios (modelo comunitario).* Se debe tener muy en cuenta el papel que cobran los agentes que intervienen en estos barrios. Expreso dos perspectivas que pueden estar hermanadas. La primera: la de modelos participativos antes expuestos, donde se defiende una forma comunitaria de construcción social solidaria (de gente de fuera y dentro el territorio), y la segunda perspectiva, que actúa como premisa freireana, se trata de la relación no paternalista de los agentes externos que apoyan al desarrollo de estos barrios.

Por un lado, un modelo participativo lleva a cabo y propone medidas de acción comunitaria, donde se identifican unos problemas concretos y se actúe junto y a partir de las personas del barrio colaborativamente para llevarlo a cabo; se trata de una cooperación entre los ciudadanos y ciudadanas del barrio, teniendo en cuenta sus posibilidades y posicionamiento social (quién soy y qué puedo hacer). Estos procesos deben ser respetados y respaldados por las distintas autoridades, profesionales e instituciones.

Por otro lado, Freire habla de la relación paternalista del poder sobre los súbditos. Normalmente la voz de la persona asalariada que llega al

Convivir, sobrevivir, vivir. Estudio biográfico sobre convivencia y
conflicto en un barrio desfavorecido. La voz de Logan

9

barrio de manera casual (políticos, técnicos, profesionales) para hacer
una propuesta de mejora suele ser validada más que la de cualquier vecino o vecina; así que, quien no se acople a los códigos de la persona que
viene al barrio, queda inmediatamente excluido. Esto hace que finalmente se trabaje con las mismas personas, y no con las más necesitadas.
Diariamente se ve en el barrio, cómo se margina a los marginados.

En este sentido, no se trata de hacer intervenciones motivadas por una
demanda social de moda o porque está insertada en los discursos correc-
tos –políticamente hablando–. Esta visión recae en un cambio donde la
acción la establece los de arriba, con sus intereses y formas de hacer (que
no suelen coincidir con las necesidades reales). Ante esto, se debe propiciar que los contextos se cambien en procesos de participación desde
abajo, como se expresa en párrafos anteriores, donde los profesionales
más que expertos son parte y mediadores de las acciones.

Por lo tanto, lo que planteo es una forma de llevar a cabo acciones en
contextos de marginación sociocultural, aprendiendo de los códigos que se utilizan en cada territorio, no para juzgarlos, sino para trabajar con éstos, con
la intención de incentivar a los movimientos vecinales para que recuperen el
espacio público como suyo. Esta última idea, se establece como configuraciones sociopolíticas que propician movimientos ciudadanos relevantes, siendo las
acciones sociales de mayor repercusión que los modelos tradiciones.

4.2. Centro de menores

La vida de Logan está llena de vivencias duras que conforman sus representaciones y actos sociales. Pero estas experiencias no se plantean cómo las
decisiones particulares que como individuo toma, sino que es además fruto de
la sociedad en general. Las propias culturas sociales, profesionales, institucionales... conforman abismos entre distintas clases sociales, que a su vez generan
situaciones en desigualdad que acaban por la exclusión. Exclusión y delincuencia en este constructo sociocultural suelen ir de mano. No me refiero a justicia,
sino la dicotomía que el propio sistema hace para constreñir a las personas y
que opten inevitablemente por los caminos hacia la marginación (MacDonald y
Marsch, 2005).

Una de las herramientas más usuales en el "tratamiento" dirigido a los
jóvenes que delinquen son los CMI. A pesar de ser costoso y de fundamentos
educativos cuestionables, la inversión en prevención es aún mucho menor. Pienso que un centro de menores tal y como se consideran o actúan hoy en día,
son una excusa para justificar que se hace algo contra la delincuencia, con la
iniciativa o idea de tener un compromiso real para apoyar a los más desfavore-
cidos. Estamos viendo que sólo se queda en excusa. Pongo por tanto en duda la
efectividad de estos centros de internamiento.

Los gobiernos e instituciones públicas y la propia ciudadanía en extensión deberían tomar partido y llevar a cabo acciones educativas reales, más que
justificadoras. Se le quita la libertad individual a alguien porque se piensa que

no está "educado" bajo los requisitos de la sociedad, y se debe evitar que vuelva a delinquir a través de dicho castigo. Sin embargo, se observa que por ejemplo bajo la experiencia de Logan no fue así. Él se sintió empujado a salir y enfrentarse nuevamente con una realidad sin medios ni posibilidades. Igual pasa con otros muchos jóvenes en la misma situación.

A raíz de esto creo que las normas de socialización, "comportarse" en sociedad, no es algo que se enseña bajo unas simples medidas de control, sino que se lleva a cabo a través de la interacción democrática, de la compresión de los derechos y deberes mutuos, del desarrollo de justicia de base para todos/as, de actuaciones cotidianas solidarias, etc. El llevarlo a cabo es un proceso colectivo, no es una norma asentada e irrompible, significa configurar un proceso democrático real.

Esta visión me vino reforzada desde que pasé unos meses trabajando en un Centro de Menores como educador. Mi objetivo no era convencer a los chavales de lo que es bueno o es malo, pero sí crear un contexto de discusión y reflexión que posibilite plantearse al menos otras vías e intentar generar otras posibilidades.

Las medidas de detención pueden tener una lógica, pero siempre y cuando la finalidad no sea simplemente detener, sino por un lado evitar y mejorar, en términos democráticos, la vida de cada uno de los ciudadanos y ciudadanas. Debe establecerse como una lucha contra la desigualdad. En otras palabras, la sinrazón de muchos procedimientos legales, los prejuicios ante lo desconocido, la desidia sobre la situación del vecino/a, provocan una sociedad que se aísla en sí misma, que se individualiza y que solo se compromete con lo que me afecta directamente. La lógica del sálvese quien pueda debe cambiar. Y el trabajo hay que hacerlo desde el prisma de la prevención y actuación. Hay mucho trabajo de campo que hacer, donde la generación de redes entre escuelas, servicios sociales, empresas, colectivos sociales… se deben desarrollar de con compromiso y responsabilidad. La solución no está en el castigo a través del internamiento, sino en intentar que no se llegue a ese lugar. Mientras un niño o una niña no esté a salvo, no puedo afirmar que yo lo estoy. Logan me representa y nos representa a todos y todas, el fracaso no es sólo suyo, también nos pertenece. Ya expresaba el gran Federico García Lorca en su precioso poema **Ruina**, la inconexión con este mundo… quizás hay que buscar, efectivamente otra realidad.

Sin encontrarse.
Viajero por su propio torso blanco.
Así iba el aire.

Pronto se vio que la luna
era una calavera de caballo
y el aire una manzana oscura.

Detrás de la ventana,
con látigos y luces, se sentía
la lucha de la arena con el agua.

Yo vi llegar las hierbas
y les eché un cordero que balaba
bajo sus dientecillos y lancetas.

Volaba dentro de una gota
la cáscara de pluma y celuloide
de la primera paloma.

Convivir, sobrevivir, vivir. Estudio biográfico sobre convivencia y
conflicto en un barrio desfavorecido. La voz de Logan

9

Las nubes, en manada,
se quedaron dormidas contemplando
el duelo de las rocas con el alba.

Vienen las hierbas, hijo;
ya suenan sus espadas de saliva
por el cielo vacío.

Mi mano, amor. ¡Las hierbas!
Por los cristales rotos de la casa
la sangre desató sus cabelleras.

Tú solo y yo quedamos;
prepara tu esqueleto para el aire.
Yo solo y tú quedamos.

Prepara tu esqueleto;
hay que buscar de prisa, amor, de prisa,
nuestro perfil sin sueño.

Referencias

BOLÍVAR, A. (2002). "¿De nobis ipsis silemus? Epistemología de la investigación biográfico-narrativa en educación". *Revista Electrónica de Investigación Educativa*, 4 (1). http://redie.uabc.uabc.mx/vol4no1/contenido-bolivar.html

BRUNER, J. S. (1998). *Actos de significado: más allá de la revolución cognitiva*. Madrid. Alianza.

CORTÉS GONZÁLEZ, P. (2013). *El guiño del poder, la sonrisa del cambio. studio pedagógico sobre identidad resiliente en situaciones de desventaja social, cultural y jurídica*. Málaga. Servicio de publicaciones Universidad de Málaga.

DUBAR, C. (2002). *La crisis de las identidades. La interpretación de una mutación*. Barcelona. Bellaterra.

FREIRE, P. (2002). *Pedagogía del oprimido*. Barcelona. Siglo XXI Editores.

MACDONALD, R. y MARSCH, J. (2005). *Disconnected Youth? Growing up in Britain's poor neighbourhoods*. UK. Palgrave Macmillan.

THOMSON, R. (2009). *Unfolding lives*. Bristol. The Policy Press.